VERGNÜGEN

DREILÄNDERECK AACHEN

21 1/2 TAGESTOUREN
FEIERABEND-RIDES
WOCHENEND-BIKEAWAYS

EINFACH RAUS!

BERND SCHADOWSKI

ist begeisterter Langstreckenradler, Blogger und Autor. Er liebt Radtouren. Die Nähe zur Natur. Unvorhergesehene Begegnungen mit unkonventionellen Menschen. Nach 20 Jahren kündigte er 2019 seinen Bankjob und widmet sich seitdem seiner Leidenschaft, den Radreisen. Bernd lebt mit seiner Familie in Jülich und teilt seine Erlebnisse und Kenntnisse rund ums Radreisen auf seinem Blog **„Radreiseglück“**.

LIEBE LESERIN, LIEBER LESER,

Radfahren in den Regionen Aachen, Düren, Heinsberg und Mönchengladbach zeichnet sich oft durch grenzüberschreitende Touren aus. Denn ehe du dich versiehst, rollen deine Reifen über niederländische oder belgische Wege – und genauso schnell bist du wieder in Deutschland.

21 ½ Touren habe ich für dich erkundet und dabei bekannte Radrouten neu verbunden, meine regionalen Insidertouren verknüpft und mir völlig unbekannte Wege entdeckt. Daraus sind fantastische Auszeit-Abenteuer, erlebnisreiche Tagestouren und ausgedehnte Wochenendtouren entstanden. Obwohl ich ein Kind dieser Region bin, überraschten mich ganz oft Orte wie aus einer anderen Welt. Aber genau das ist es, was Radfahren schon immer für mich bedeutet: Neue Wege entdecken, den Fahrtwind im Gesicht spüren und die Erlebnisse nach der Tour Revue passieren lassen. Am besten bei einer gemütlichen Einkehr.

Die Freiheit beginnt, sobald ich den Helm aufsetze und die erste Pedalumdrehung mache. Wenn du nun neugierig bist, dann gibt's nur eins: Ab geht's, auf geht's, tritt in die Pedale, egal ob elektrisch oder als klassischer „Bio-Biker". Denn deine Heimat ist so viel größer, als du denkst!

Viel Spaß beim Entdecken wünscht

INHALT

DEINE ORIENTIERUNG
APP & GPX-DOWNLOAD

Alle 21 ½ Touren in der KOMPASS App: Dort findest du Livetracking, GPS-Ortung, Offline-Karten und -Touren, Navigation zum Start und viele weitere nützliche Features. Einfach QR-Code scannen und Tour starten. Oder den Menüpunkt *Produkte* in der App wählen. Los geht's!

GPX-Tracks zum Download: www.kompass.de/gpx
Für das Navigationsgerät deiner Wahl haben wir alle Touren auch als GPX-Track auf unserer Homepage.

AUFGESATTELT!

FEIERABEND-RIDES

RAUF AUFS RAD ZUM RUNTERKOMMEN

TOUR, DIE DU SO NIE GEMACHT HÄTTEST

LECKER RADELN!

Ich mag die kulinarische Vielfalt dieser Tour, kombiniert mit ihrer überraschend hübschen Landschaft direkt vor den Toren Mönchengladbachs.

➤ **1 /** Am Parkplatz Bresges Park starten und beenden wir die Tour

➤ **2 /** Eine Esskastanienallee mit Seltenheitswert entdecken

➤ **3 /** Wir bewundern Schloss Dyck

➤ **4 /** Das beste Frühstück gibt's bis nachmittags im Ambientehof

➤ **5 /** Bestaune Schloss Liedberg

➤ **6 /** Erklimme die Stufen des Mühlenturms

➤ **7 /** Erlebe Brauhauskultur im Im Alten Brauhaus

➤ **8 /** Ein kurzer Halt am Haus Horst

➤ **9 /** Frisch Gebrautes im Restaurant Bolten Landwirtschaft

➤ **10 /** Zum Abschluss zum Schloss Rheydt

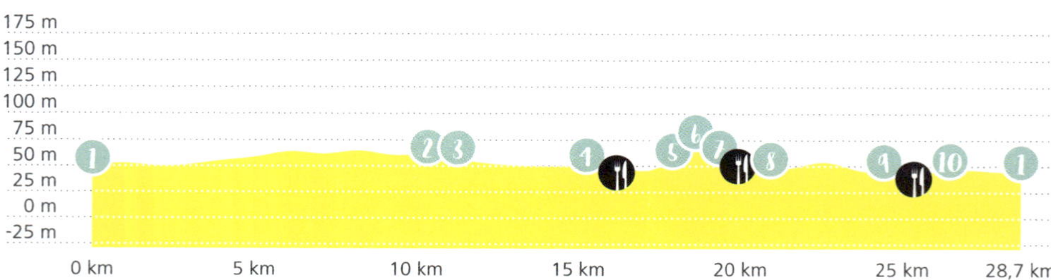

SCHLEMM DICH HAPPY

Mönchengladbachs Schlemmer- & Schlössertour

Wir verlassen Mönchengladbach entlang der Niers, durchstreifen blühende Felder über beinahe autoverkehrsfreie asphaltierte Wege, bewundern historische Schlösser und lassen keine Gelegenheit aus, uns zwischendurch glücklich zu schlemmen.

29 Kilometer
73 Höhenmeter
1:50 Stunden
Rundtour

Heraus aus der Stadt

Den 1 / Parkplatz Bresges Park verlassen wir nach links und folgen dem Knotenpunkt (KP) 38 Mülfort links in den Park hinein. Auf dem Hauptweg überqueren wir eine kleine Brücke und radeln auf hübschem unbefestigtem Weg entlang des schmalen Bachs Niers. Am KP 38 biegen wir links ab Richtung KP 37 Giesenkirchen. Wir wechseln hier nicht die Straßenseite, sondern folgen der Zwischenmarkierung sofort wieder links in die Straße Am Torfbend. Im Zickzack folgen wir der Route auf Nebenstraßen durch ein ruhiges Wohngebiet und erreichen den Marktplatz von Giesenkirchen, mit der ihn prägenden 1908 erbauten St.-Gereon-Kirche. Hier kannst du an einem der Cafés eine Pause einlegen und erreichst anschließend geradeaus über den Marktplatz und die Fußgängerzone KP 37. Wir überqueren die Straße und halten

CHARAKTER

Sportlich	●●○○○
Abkühlung	●○○○○
Schlemmen	●●●●●
Panorama	●●●○○

◂ links / Der Weg hinauf zum Schloss Liedberg lohnt in jedem Fall

uns Richtung KP 5 Schelsen. Nach etwa 500 m folgen wir dem rechten Abzweig, passieren den Ort Schelsen und setzen unsere Tour Richtung Schloss Dyck über die Felder zwischen den kleinen Ortschaften fort. Alles scheint hier ruhig, nur Schwalben und Bussarde rufen laut und ziehen über uns ihre Bahnen. Die schmalen Feldstraßen führen uns nach Schlich, und wir halten uns von einer kleinen Kapelle weiter Richtung KP 5 bald leicht bergauf. Wir durchfahren den kleinen Ort und biegen am KP 5 links ab Richtung KP 2 Wallrath. Leicht bergauf verlassen wir den schmucken Ort mit seinen vereinzelten schwarz-weißen Fachwerkhäusern und erreichen kurze Zeit später einen Radweg, dem wir nach rechts folgen. Wir erreichen KP 2 und folgen nun Richtung KP 3 Schloss Dyck auf dem Radweg.

Schloss Dyck

Kurz vor dem Schloss passieren wir die auf der linken Seite gelegene 2 / Esskastanienallee, die 1811 zwischen Schloss Dyck und Nikolauskloster angelegt wurde, das wir später noch sehen werden. Am KP 3 biegen wir rechts ab zum bereits im Blick befindlichen 3 / Schloss Dyck (Park u. Schloss ganzjährig geöffnet, Mo Ruhetag, Wintersaison: Schloss Di–Fr geschlossen, 41363 Jüchen). Mit seinen Vorburgen und dem Wirtschaftshof erstreckt sich das barocke Wasserschloss über vier Inseln im Kelzenberger Bach, umgeben von einem malerischen englischen Garten. Zurück am KP 3 radeln wir Richtung KP 9, den wir bald erreichen, und folgen KP 55 vorbei am Kloster St. Nikolaus, das schon häufig Drehort für Fernsehproduktionen wie dem Tatort war. Wir folgen dem Radweg hinein nach Glehn, dessen Ortsschild mit der plattdeutschen Aussprache „Jleähn" die rheinische Frohnatur dieser Gegend durchblicken lässt. Über KP 55 und dem 100 m weiter

SCHLOSS MIT SCHLOSSGARTEN

Die beeindruckende Schlossanlage von 3 / Schloss Dyck mit ihrem gepflegten weitläufigen Park ist zwar kostenpflichtig, aber sehr sehenswert!

➤ rechts groß / Die großzügige Anlage von Schloss Dyck ➤ rechts klein / Eine herrliche Parkanlage umgibt Schloss Dyck

1.100 m

So lang ist die größte und wahrscheinlich auch älteste noch vorhandene 2 / Edelkastanienallee Deutschlands, die als einfache Wegverbindung „Fuepat vom Schloß Dyck, nach dem Kloster“ 1811 gepflanzt wurde. Von den einst 214 Bäumen sind immer noch 206 Bäume erhalten.

WIE IM URLAUB

Der **4 / Ambientehof** bietet die beste Auswahl an Frühstücken an, die ich je probiert habe – all day long bis 17 Uhr! Mit regionalen Spezialitäten und zauberhaftem Hof.

folgenden KP 59 halten wir uns nun Richtung KP 43 bis zum Ende des Ortes. Hier versteckt sich ein wahres Kleinod auf der rechten Seite: Der 4 / Ambientehof (Di–So 9–17 Uhr, Hauptstr. 1a, 41352 Korschenbroich-Glehn). Es empfiehlt sich sehr, zu Frühstückszeiten zu reservieren! Von hier fahren wir zurück zum KP 55 und wenden uns Richtung KP 54 Liedberg. Wir passieren die Kirche und biegen der Radroute folgend am Wegekreuz links ab. Hinter einer dichten Lindenallee biegen wir ab und erreichen bald KP 54, um von dort dem Weg am Feld entlang geradeaus Richtung Liedberg zu folgen.

FACHWERKHÄUSER & KOPFSTEINPFLASTER

Historisches Liedberg

Im Ort angekommen biegen wir die erste Straße links in die Schloßstraße ab. Wir fahren über Kopfsteinpflaster an einigen Fachwerkhäusern vorbei links zu 5 / Schloss Liedberg hinauf. Vom Schloss abwärts biegen wir links ab und erreichen den markanten 6 / Mühlenturm, der bereits um das Jahr 900 erbaut worden sein könnte. Hier musst du rauf, denn es gibt eine tolle Sicht über Liedberg (tgl. 9–19 Uhr, 0,50 €). Wir passieren den Turm rechts bergab und errei-

chen nach links die 7 / Gaststätte Vennen – Im Alten Brauhaus mit dem zum schönsten Biergarten gekürten Biergarten im Kreis Neuss (Di–Sa ab 17, So u. Feiertage ab 11.30 Uhr, Am Markt 5, 41352 Korschenbroich). Abgeschirmt im Innenhof kannst du deftige Speisen wie den halven Hahn, eine kölsche Spezialität, genießen. Wir folgen dem Weg bergab, fahren rechts in die Straße An der Tränke und folgen ihr bis zu der Stelle, an der wir am Ortseingang zum Schloss abgebogen sind. Dort biegen wir nun nach links in die Schloßstraße, der wir bis zur Landstraße folgen, wo wir wieder links abbiegen, um etwa 300 m weiter rechts KP 36 zu folgen.

KM 19

5 / Schloss Liedberg wurde im 14. und 17. Jahrhundert erbaut, die Grundmauern datieren aus dem 11. Jahrhundert. 2007 als Ruine privat gekauft, wurde es aufwendig restauriert, sodass es wieder in voller Pracht erscheint und von außen bewundert werden kann.

Rittersitz

In einem Waldstück liegt auf der rechten Seite hinter einer Kapelle 8 / Haus Horst, ein ehemaliger Rittersitz, dessen erste Erwähnung von 1338 datiert und dessen Torhaus noch aus dem 17. Jahrhundert stammt. Im Schloss ist eine Privatklinik untergebracht, sodass wir das von einem breiten Wassergraben umgebene Gebäude nicht besichtigen und nur durch das Eingangstor linsen können. Von den Wanderwegen ums Schloss lässt sich jedoch ein guter Eindruck der Anlage gewinnen. Weiter geht es geradeaus in ein ruhiges Waldstück hinein und, der Route folgend, nach links auf einen

< links / Am gemütlichen Ambientehof lässt es sich hervorragend entspannen ^ oben / Hier geht's rauf – vom Mühlenturm gibt's eine tolle Aussicht über Liedberg

PICKNICK IM BIERGARTEN

Das gefällt Radlern: Im 9 / Restaurant Bolten Landwirtschaft darfst du deine eigenen Speisen von zuhause mitbringen oder von der Karte schlemmen.

unbefestigten Weg, dem wir an einer hölzernen Schutzhütte nach rechts weiter durch den Wald folgen. Nach der Überquerung eines kleinen Bachs biegen wir, auf der schmalen Straße Am Trietenbroich angelangt, links ab und folgen 500 m weiter der Zwischenmarkierung nach rechts. Wir überqueren eine Brücke und erreichen KP 36.

450

10 / Schloss Rheydt mit seinem 450 Jahre alten Herrenhaus ist das einzige vollständig erhaltene Renaissanceschloss am Niederrhein und beherbergt das Städtische Museum Mönchengladbach. Besonders spannend ist ein Rundgang durch die vollständig begehbaren ober- und unterirdischen Kasematten, die Festungsanlagen.

Ausklang in der Brauerei

Hier machen wir einen Schlemmer-Abstecher nach rechts Richtung KP 52 zur Brauerei Bolten, in der du im 9 / Restaurant Bolten Landwirtschaft nach Herzenslust Gebrautes und Deftiges genießen kannst (tgl. ab 11.30 Uhr, Rheydter Str. 138, 41352 Korschenbroich). Zurück am KP 36 geht es weiter Richtung KP 10 Mönchengladbach. Wir verlassen Neersbroich, wechseln die Straße auf den linksseitigen Radweg bis zum KP 10 und halten uns Richtung KP 7 Schloss Rheydt, bis wir schließlich die Straße überqueren und das 10 / Schloss Rheydt erreichen (Städtisches Museum, Di–Fr 11–17, Sa–So 11–18 Uhr, Schlossstr. 508, 41238 Mönchengladbach). Fahre optional auf dem Weg um das Schloss herum, so siehst du es von allen Seiten. Wir fahren zurück zur Stelle, an der wir zum Schloss abgebogen sind, und folgen dem Weg nun Richtung Rheydt. Nach dem Sportplatz wenden wir uns Richtung KP 13 Giesenkirchen und von diesem Richtung KP 38. Wir begleiten noch einmal ein Stück den Lauf der Niers und überqueren schließlich am Wegende Niers und Straße, um nach links zurück zum 1 / Parkplatz Bresges Park zu gelangen.

TOURENINFO / Gut geeignet für Familien mit Anhänger, beinahe durchgehend asphaltiert, kaum Steigungen.
E-Bike-Ladestellen: 3 / Schloss Dyck 3x Schuko mit Vorhängeschloss verschließbar, 9 / Restaurant Bolten Landwirtschaft mehrere Schuko.

➤ **1** / Parkplatz Bresges Park ➤ **2** / Esskastanienallee ➤ **3** / Schloss Dyck ➤ **4** / Ambientehof ➤ **5** / Schloss Liedberg ➤ **6** / Mühlenturm ➤ **7** / Im Alten Brauhaus ➤ **8** / Haus Horst ➤ **9** / Restaurant Bolten Landwirtschaft ➤ **10** / Schloss Rheydt

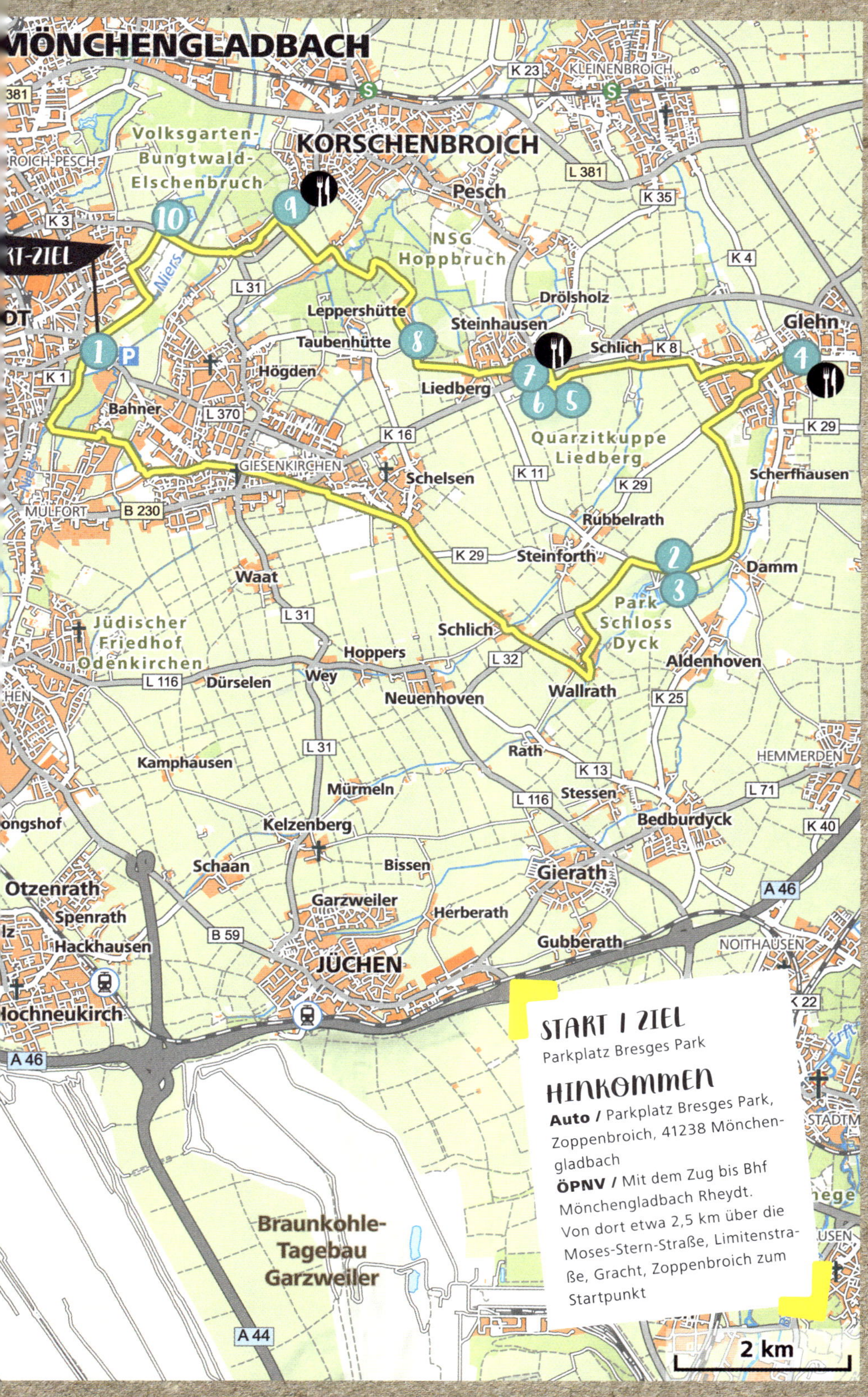

MÖNCHENGLADBACH
KORSCHENBROICH
KLEINENBROICH
Volksgarten-Bungtwald-Elschenbruch
NSG Hoppbruch
Pesch
Drölsholz
Glehn
Steinhausen
Schlich
Leppershütte
Taubenhütte
Högden
Liedberg
Quarzitkuppe Liedberg
Bahner
GIESENKIRCHEN
Schelsen
Scherfhausen
MULFORT
Rubbelrath
Steinforth
Damm
Waat
Park Schloss Dyck
Jüdischer Friedhof Odenkirchen
Schlich
Hoppers
Wey
Dürselen
Neuenhoven
Wallrath
Aldenhoven
Rath
Kamphausen
Mürmeln
Stessen
HEMMERDEN
Bedburdyck
Kelzenberg
Bissen
Gierath
Schaan
Otzenrath
Spenrath
Garzweiler
Herberath
Hackhausen
Gubberath
NOITHAUSEN
JÜCHEN
Hochneukirch
Braunkohle-Tagebau Garzweiler
2 km
START / ZIEL
Parkplatz Bresges Park
HINKOMMEN
Auto / Parkplatz Bresges Park, Zoppenbroich, 41238 Mönchengladbach
ÖPNV / Mit dem Zug bis Bhf Mönchengladbach Rheydt. Von dort etwa 2,5 km über die Moses-Stern-Straße, Limitenstraße, Gracht, Zoppenbroich zum Startpunkt

BUNTE ALLTAGSFLUCHT

Diese Tour liebe ich besonders im Frühjahr und Sommer, denn im Wechsel der Jahreszeiten zeigen sich Felder und Wälder in immer anderen bunten Farben.

› **1 /** Start und Ziel ist am Brückenkopfpark Jülich

› **2 /** Kurzes Innehalten an der Willibrordus Kapelle

› **3 /** Feinste Eisspezialitäten in BerSha's Eismanufaktur genießen

› **4 /** Bewundere die zerbrechliche Kunst im Deutschen Glasmalerei-Museum

› **5 /** Enstpannen am Linnicher Rurwehr

› **6 /** Staune über das Nulandtkreutz und seine Legende

› **7 /** Längst vergangene Zeiten am Wasserschloss Kellenberg

› **8 /** Springe zur Abkühlung in den Barmener See

› **9 /** Fahre entlang der historischen Festung Zitadelle Jülich

› **10 /** Genieße die Gastronomie auf dem Jülicher Marktplatz

› **11 /** Wir verlassen Jülich durch den Hexenturm

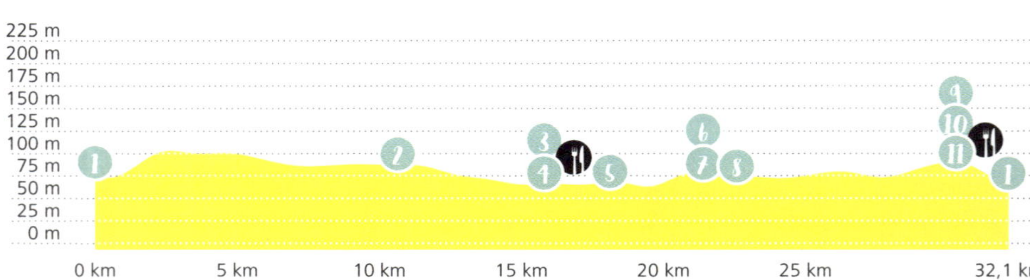

An Flur und Rur

Goldene Felder und grüne Auen der Jülicher Börde

Eine beinahe autofreie Tour führt uns über die Felder der Jülicher Börde nach Linnich mit seinem bekannten Glasmalereimuseum. Entlang der Rurauen geht's mit Bademöglichkeit im Barmener See zurück zur Festungsstadt Jülich.

32 Kilometer
74 Höhenmeter
2:10 Stunden
Rundtour

Start am Brückenkopfpark

Wir starten am 1 / Brückenkopfpark Jülich, der mit weitläufigen Spielplätzen und seinem Tierpark ein überregionaler Publikumsmagnet ist. Hier finden auch regelmäßig tolle Events statt, wie das Epochenfest an Pfingsten, eine Reise durch die Epochen. Unsere Orientierung ist meist das rot-weiße Knotenpunktnetz (KP). Zunächst radeln wir auf der Allee Rurauenstraße Richtung Koslar und queren die Hauptstraße dem Wegweiser nach Engelsdorf folgend.

Charakter

Sportlich	●○○○○
Abkühlung	●●●○○
Schlemmen	●●●●○
Panorama	●●●○○

Eintauchen in die Felder der Jülicher Börde

Leicht aufwärts passieren wir eine Pferdekoppel und tauchen rasch in die Stille der weitläufigen Felder der Jülicher Börde ein. Wir befinden uns auf einem Teilstück der Via Belgica, die einst als 400 km lange römische Heerstraße Köln mit der

‹ links / Die Zitadelle in Jülich ist ein beeindruckendes Tourhighlight

Atlantikküste verband. Ein Wegekreuz mit der Aufschrift „Wanderer bist du bereit heute zu gehen in die Ewigkeit" lädt zu einem Halt ein, doch die Ewigkeit darf gern noch etwas warten. Also weiter und direkt die nächste Straße rechts abbiegen in den kleinen Ort Engelsdorf, bis wir die schon 1080 erwähnte Burg Engelsdorf erreichen, die Privatgelände ist. Wir folgen der Route Richtung Merzenhausen über weite Felder und erhaschen nach 200 Metern, wenn wir uns umdrehen, noch einen Blick auf die Burg. An der Landstraße angekommen, folgen wir dieser etwa 1 Kilometer nach rechts bis Merzenhausen und durchfahren den von alten Bauernhöfen geprägten Ort, bevor wir Richtung KP 24 Ederen abbiegen. In Ederen lädt uns die 1896 erbaute 2 / Willibrordus Kapelle und der gleichnamige Brunnen ein, kurz innezuhalten, bevor wir am KP 24 Richtung Welz abbiegen. In Welz geht es neben dem Welzer Brauhaus (in den Sommermonaten Sa 14–21, So 11–20 Uhr) links ab Richtung KP 22 Linnich, und wir folgen der Route auf einem von bunten Wildblumen gesäumten Schotterweg. Eine wundervolle Bank mit Blick über die weiten Felder nimmt uns in Empfang, kurz bevor wir KP 22 erreichen und rechts auf die Hauptstraße abbiegen. Du denkst, es ist Zeit für eine Pause? Exakt, denn nach etwa 500 m erreichst du 3 / BerSha's Eismanufaktur (in den Sommermonaten tgl. 12–21 Uhr, Mahrstr. 31, 52441 Linnich). Der Hauptstraße durch Linnich folgend Richtung KP 21 erreichen wir das 4 / Deutsche Glasmalerei-Museum (Di–So 11–17 Uhr, Rurstraße 9–11, 52441 Linnich), das sehenswerte und landesweit einzige Museum für Flachglasmalerei. Bevor wir uns kurze Zeit später am KP 21 vor der Rur rechts auf den RurUfer-Radweg begeben, lohnt sich ein kurzer Abstecher links zum Place de Lesquin, der uns neben einem Brunnen mit Bodenfontänen auch

ICE, ICE, BABY

Ich liebe die selbstgemachten Eisspezialitäten und den Cappuccino bei 3 / BerSha's Eismanufaktur. Dazu gibt's tolle Snacks wie Bagels und Poffertjes.

➤ rechts groß / Bänke wie hier bei Linnich sind ein perfekter Zwischenstopp ➤ rechts klein / Blühende Feldraine entlang der Strecke bringen Farbe in die Tour

KM 10

Direkt hinter der 2 / Willibrordus Kapelle versteckt sich der Willibrordus Brunnen, dessen Quellwasser früher sogar Pilger aus den Niederlanden anzog. Der Sage nach nahmen im Mittelalter die Ritter der Umgebung zum Schutz um Mitternacht im Brunnen oder Bach ein Bad, bevor sie in den Kampf zogen.

mit einem Rastplatz mit Klettergerüst überrascht. Ich musste einfach zwischen den Fontänen durchlaufen und mich abkühlen!

WASSERSPIELE

Tosendes Wasser

Zwei Kilometer weiter erreichen wir das 1875 nach Plänen des Wasserbauingenieurs Prof. Otto Ludwig gebaute 5 / Linnicher Rurwehr. Ludwig hat europaweit Talsperren entworfen, zum Beispiel das Jugendstilkraftwerk in Heimbach und die Urfttalsperre. Das Linnicher Rurwehr diente der Bewässerung des Mühlenteichs zum Mühlenbetrieb. Wir sind dem Fluss bereits begegnet, er fließt unter dem Glasmalereimuseum hindurch. Immer am Wasser entlang folgen wir dem schönen RurUfer-Radweg Richtung KP 19 Jülich bis unterhalb von Floßdorf. Dort verlassen wir ihn und folgen auf gleicher Rurseite einem schmalen Weg, der wenig später auf den Mühlenteich trifft. An der Brücke rechterhand neben dem Mühlenteich lohnt es sich anzuhalten. Hier befindet sich eine Replik vom 6 / Nulandtkreuz, das zu Ehren von Freiherr von Nulandt errichtet

wurde, der 1681 beim Versuch ertrank, mit seiner Kutsche die Rur zu überqueren.

Blauer Wald

Im Naturschutzgebiet Kellenberger Kamp hinter der Brücke findest du ein besonderes saisonales Highlight: Etwa Ende April tüncht das Blaue Hasenglöckchen den Waldboden in ein herrliches Blau und ist überregionaler Magnet für Naturliebhaber.

Ab ins Wasser

Wir bleiben auf dem Weg, passieren das Mühlrad der um 1500 entstandenen Kellenberger Mühle und erblicken 7 / Schloss Kellenberg, umgeben von einem breiten Wassergraben. Der Weg mündet anschließend in einen schmalen Pfad. Vorsicht in der Kurve und am Ende, denn er mündet direkt auf den Bürgersteig! Wir biegen links ab, folgen kurz darauf dem Wegweiser Richtung 8 / Barmener See und können dort am Badestrand des Baggersees ins Wasser springen. Denselben Weg vom See zurückfahrend, biegen wir eine Straße weiter links in den Steineweiher ab und folgen ihm

LEGENDE

Die Geschichte vom 6 / Nulandtkreuz erzählt vom versunkenen Ritter, der wütend auf der Jagd nach einem Gefangenen gerufen haben soll: „Nicht in Gottes Namen, nein, in des Teufels Namen fahre ich hindurch!", worauf seine Kutsche in den Fluten der Rur versank.

< links / Rurwehr bei Linnich, eines der beeindruckendsten Wehre im Rurverlauf ^ oben / Schloss Kellenberg bei Barmen besitzt einen breiten Wassergraben

DER MUTTKRAT

Gebürtige Jülicher nennen sich stolz „Muttkrat", vom plattdeutschen „Mutt" für „Modder" und „Krat" für „Kröte", beides gab es einst im Burggraben der 9 / Zitadelle Jülich reichlich.

etwa 500 m, bis wir die Franz-von-Sales Straße erreichen. Links abbiegend erreichen wir KP 30, von dem wir weiter Richtung KP 15 fahren. Unser Weg führt uns am hübschen Seeufer entlang, bis wir die Rur über eine hölzerne Brücke überqueren und rechts dem RurUfer-Radweg zurück nach Jülich folgen. Wir erreichen die Brücke zum Brückenkopfpark. Wer die sehenswerte Festung Zitadelle und die letzte Einkehr am Jülicher Marktplatz auslassen möchte, kann rechts über die Brücke zum Startpunkt abkürzen.

43 m

So dick sind die Wälle zwischen den Bastionen der 9 / Zitadelle Jülich an der breitesten Stelle. Die imposante vierzackige Festung ließ sich Herzog Wilhelm V. Mitte des 16. Jahrhunderts erbauen, nachdem ein verheerender Brand die Stadt zerstörte.

Festungsstadt Jülich

Wir biegen links ab in Richtung KP 13 Zitadelle, überqueren den Probst-Bechte-Platz und folgen der Route rechts. Vor der Einfahrt zum Parkplatz biegen wir links auf den Radweg entlang der beeindruckenden Festung der 1545 von Baumeister Alessandro Pasqualini erbauten 9 / Zitadelle Jülich ab, der ältesten Zitadelle nördlich der Alpen. An der Pasqualini-Brücke folgen wir rechts dem Weg entlang des Schlossplatzes, auf dem du Mitte Juli den Jülicher Weinsommer genießen darfst. Weiter geht es rechts durch die Fußgängerzone, und wir lassen in einem der Restaurants am 10 / Jülicher Marktplatz gemütlich die Tour ausklingen. Wir verlassen die Innenstadt durch die Kleine Rurstraße und den Anfang des 14. Jahrhunderts erbauten 11 / Hexenturms und kehren vor der Rur wieder rechts auf den RurUfer-Radweg zurück. Ihm folgend überqueren wir an der Brücke zum Brückenkopfpark den Fluss und erreichen kurze Zeit später den Startpunkt 1 / Brückenkopfpark Jülich.

TOURENINFO / Gut geeignet für Familien mit Anhänger. Nur kurze moderate Steigungen, überwiegend gut fahrbarer Schotterweg, teils Asphalt. Badesachen nicht vergessen!
E-Bike-Ladestation: Am 4 / Glasmalereimuseum Linnich

➤ **1 /** Brückenkopfpark Jülich ➤ **2 /** Willibrordus Kapelle ➤ **3 /** BerSha's Eismanufaktur ➤ **4 /** Deutsches Glasmalerei-Museum ➤ **5 /** Linnicher Rurwehr ➤ **6 /** Nulandtkreutz ➤ **7 /** Wasserschloss Kellenberg ➤ **8 /** Barmener See ➤ **9 /** Zitadelle Jülich ➤ **10 /** Jülicher Marktplatz ➤ **11 /** Hexenturm

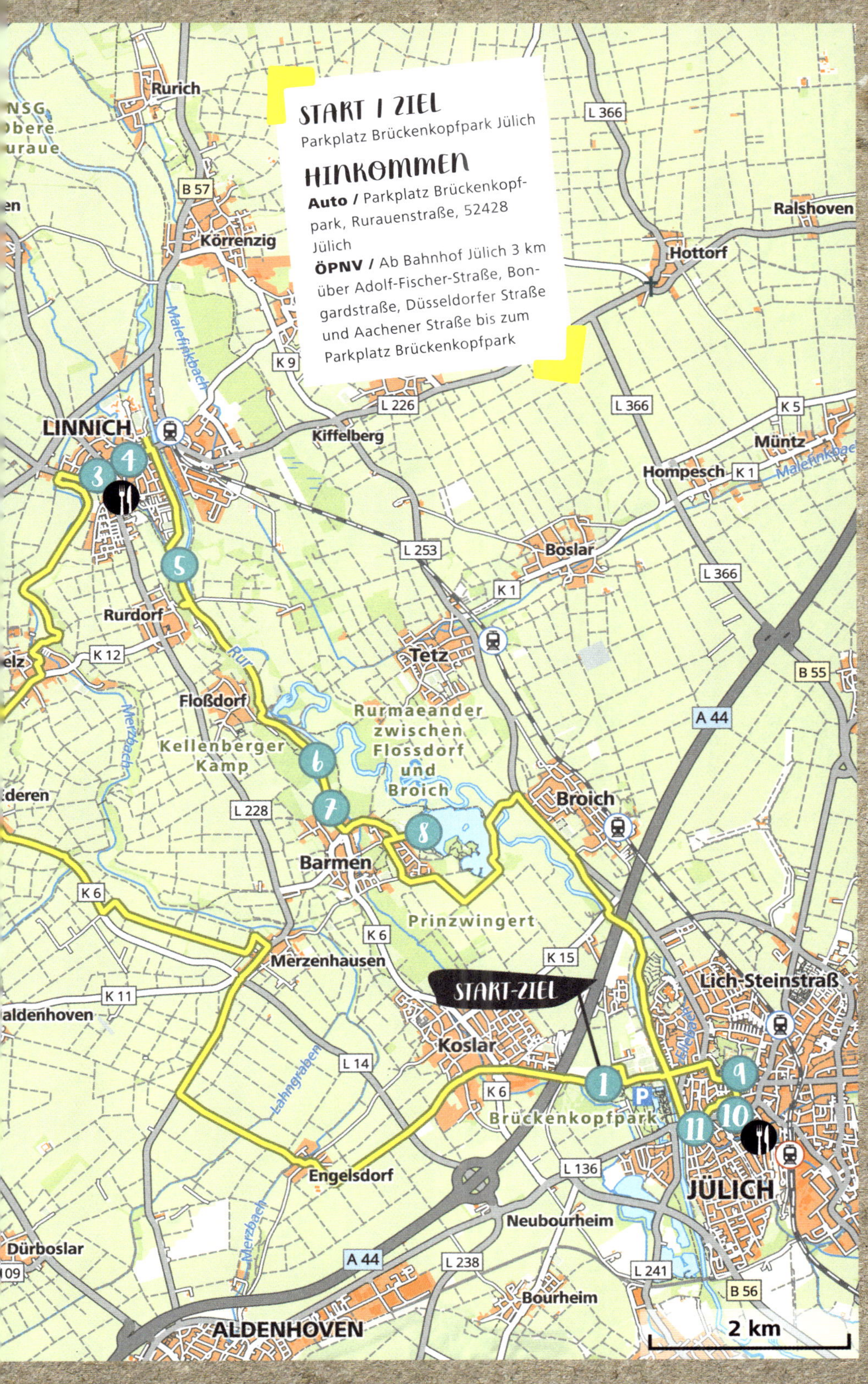
START / ZIEL
Parkplatz Brückenkopfpark Jülich
HINKOMMEN
Auto / Parkplatz Brückenkopf-park, Rurauenstraße, 52428 Jülich
ÖPNV / Ab Bahnhof Jülich 3 km über Adolf-Fischer-Straße, Bongardstraße, Düsseldorfer Straße und Aachener Straße bis zum Parkplatz Brückenkopfpark
START-ZIEL
Rurich
NSG Obere Ruraue
B 57
Körrenzig
Malefinkbach
K 9
L 226
L 366
Ralshoven
Hottorf
K 5
Müntz
Hompesch
K 1
Malefinkbach
LINNICH
Kiffelberg
L 253
Boslar
K 1
L 366
Rurdorf
K 12
Rur
Tetz
B 55
Floßdorf
Merzbach
Kellenberger Kamp
Rurmaeander zwischen Flossdorf und Broich
A 44
L 228
Broich
Barmen
K 6
Prinzwingert
K 6
Merzenhausen
K 15
K 11
Lich-Steinstraß
Koslar
L 14
Lahngraben
K 6
Brückenkopfpark
Ellebach
Engelsdorf
L 136
JÜLICH
Neubourheim
Dürboslar
A 44
L 238
L 241
B 56
Merzbach
Bourheim
ALDENHOVEN
2 km
1
2
3
4
5
6
7
8
9
10
11

BERGBAU-EINBLICKE

Diese Tour gibt dir einen Einblick in den Steinkohlebergbau des Aachener Reviers und lässt dich im Tierpark und an der Wurm durchatmen.

- **1 /** Am Parkplatz Carl-Alexander-Park in Baesweiler ist unser Start und Ziel
- **2 /** Geschützte Natur im Schutzgebiet Wurmtal erleben
- **3 /** Wirf einen Blick auf die Baalsbrugger Mühle
- **4 /** Leg eine Pause im Restaurant Seehof ein
- **5 /** Durch den Tierpark Alsdorfer Weiher schlendern
- **6 /** Auf's Boot umsteigen am Boat House
- **7 /** Staune über das Fördergerüst Hauptschacht Anna
- **8 /** Erspüre am Franzschacht 898 m Tiefe
- **9 /** Genieße die Gastronomie im Restaurant Eduard
- **10 /** Im Museum Energeticon entdeckst du alles zur Energiewende
- **11 /** Vom Carl-Alexander-Park zur Aussichtsplattform wandern
- **12 /** Schick dinieren im Restaurant CAP 21

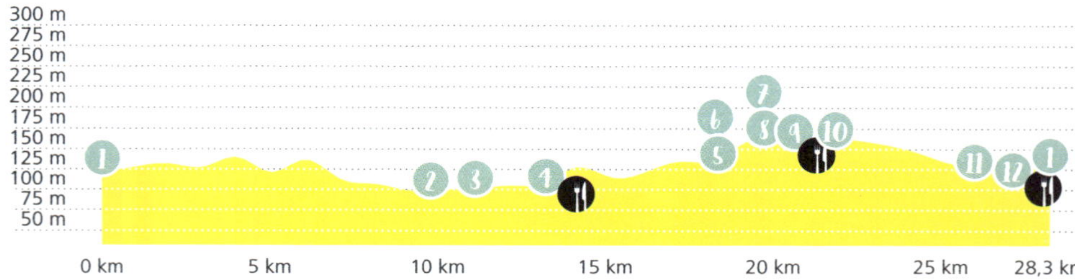

MAULWURFLAND

Kohlehalden-Hopping im Aachener Revier

Diese Tour führt dich entlang ehemaliger Steinkohlebergwerke und ihrer weithin sichtbaren Halden, die wie Maulwurfshügel über das Aachener Revier verteilt sind. Dabei bekommst du Einblicke zu Energieformen und Ausblicke über die flache Landschaft.

28 Kilometer
117 Höhenmeter
2 Stunden
Rundtour

Kohlehalden

Los geht's in Baesweiler am 1 / Parkplatz Carl-Alexander-Park links bergauf zum Kreisverkehr. Wir nehmen die erste Ausfahrt rechts Richtung Carl-Alexander-Park und nutzen den Radweg bis Knotenpuntkt (KP) 53. Den Ausblick von der Bergehalde Carl-Alexander gegenüber heben wir uns für das Ende unserer Tour auf. Wir rollen entlang der Bergehalde Richtung KP 34 Herzogenrath, unsere Route führt uns bald durch Holthausen. Über die querende Thornstraße geht's geradeaus auf dem asphaltierten Wirtschaftsweg weiter entlang einiger Felder. Linkerhand taucht bereits der nächste Hügel auf, die Bergehalde Grube Adolf. In seine Richtung abbiegend erreichen wir KP 34 und biegen rechts ab Richtung KP 33 Herbach.

CHARAKTER

Sportlich ●●○○○
Abkühlung ●●●○○
Schlemmen ●●●○○
Panorama ●●●●○

< **links / Von der Bergehalde Carl-Alexander das ganze Aachener Revier im Blick**

Durchs Wurmtal

Über einen gepflasterten Weg führt uns der Weg kurz mit starkem Gefälle bergab und links Richtung HZ-Herbach zum KP 33. Weiter rechts Richtung KP 35 Wurmtal befinden wir uns auf einem Teilstück der West-Bike Route. Wir fahren durch Herbach an einem Kriegerdenkmal vorbei weiter geradeaus und überqueren die Hauptstraße. Vor Hofstadt folgen wir der Rechtskurve. Wir umrunden nun den Hügel der ehemaligen Braunkohle-Abgrabung Ottilie. Es geht rasant bergab durch den Rimburger Wald zum KP 35 und links weiter Richtung KP 42 HZ-Zentrum. Der Weg wird bald unbefestigt, über Bahngleise hinweg radeln wir entlang eines Sandsteinblocks der Nivelsteiner Sandwerke weiter, begleiten nun ein Stück den Fluss Wurm bis zum KP 42 und halten uns dem 2 / Schutzgebiet Wurmtal folgend Richtung KP 22 Herzogenrath. Die hier natürlich mäandrierende Wurm markiert in diesem Bereich die Grenze zwischen Deutschland und den Niederlanden. Am KP 22 biegen wir rechts ab Richtung KP 20 HZ-Zentrum. Auf der rechten Seite liegt die 3 / Baalsbrugger Mühle hinter einer kleinen Brücke, von der ein Wanderweg entlang der Wurm startet. Wir bleiben auf der Straße und befinden uns einige Meter weiter in den Niederlanden – für etwa 800 m, denn dann sind wir bereits wieder in Deutschland. Nach einer Kirche wenden wir uns von KP 20 links Richtung KP 18 Alsdorf, unterqueren eine markante Eisenbahnbrücke und biegen nach dem Kreisverkehr rechts in die für Radfahrer freie Fußgängerzone von Herzogenrath. Von KP 18 geht's links weiter Richtung KP 25 Alsdorf über Broichbachtal. Wir folgen der Route über den Parkplatz Bergerstraße und biegen vor einem Weiher links ab. Vorher pausieren wir beim 4 / Restaurant Seehof mit seiner hübschen Seeterrasse (Mi–Fr ab 17 Uhr, Sa–So

ABTEIMÜHLE

Die mehr als 900 Jahre alte 3 / Baalsbrugger Mühle ist die einzige Abteimühle der Niederlande. Sie war bis zur französischen Zeit im Besitz der Abtei von Rolduc.

➤ rechts groß / Bergehalden durchziehen die weite flache Landschaft wie Maulwurfshügel ➤ rechts klein / Im Schutzgebiet Wurmtal stoßen wir auf Biberspuren

KM 9

Das 2 / Schutzgebiet Wurmtal ist eins der wenigen Gebiete in Deutschland mit einem natürlich mäandrierenden Flussabschnitt, sodass du dein Rad kurz abstellen solltest, um durch ein Gatter zum kleinen Fluss Wurm hinabzugehen. Hier lebt auch der Biber, gut an seinen Nagespuren an den Bäumen zu erkennen.

EINTRITT FREI IM TIERPARK

Im 5 / Tierpark Alsdorfer Weiher kannst du Waschbären und Lamas beobachten, Kinder können im Streichelzoo Ziegen kraulen. Spende willkommen!

ab 11.30 Uhr, Erkensmühle 21, 52134 Herzogenrath). Wir begleiten den Weiher weiter am Parkplatz entlang und biegen rechts ab. Vor dem nächsten Parkplatz nehmen wir rechts den schmalen Abzweig, um dann der Radmarkierung Richtung HZ-Noppenberg zu folgen. Ein Stück am Seeufer radelnd folgen wir dem Waldweg durch das Broichbachtal, dessen 8,2 km langer Broicher Bach ein Zufluss der Wurm ist. Wir erreichen in Noppenberg eine Kapelle, radeln nun geradeaus Richtung KP 27 Alsdorf und überqueren einen kleinen Bach auf unbefestigtem Weg.

STRANDFEELING

Am Alsdorfer Weiher

Am Wegekreuz fahren wir links und erreichen KP 27, um unseren Weg rechts Richtung KP 63 Alsdorf fortzusetzen und schließlich auf einem Radweg Alsdorf zu erreichen. Links von uns befindet sich ein weiterer Maulwurfshügel, die Bergehalde Anna. Wir überqueren etwa 400 m weiter die Straße rechts über die Ampel und gelangen zum 5 / Tierpark Alsdorfer Weiher (kostenfrei zugänglich, tgl. 10–18 Uhr, Theodor-Seipp-Straße, 52477 Alsdorf).

Gegenüber liegt das 6 / Boat House (ab März Mi–Fr 14–19.30, Ferien ab 11, Sa–So 11–20 Uhr), hier kannst du Tretboote leihen, Adventure-Minigolf spielen und etwas Kühles trinken. Wir folgen dem Radweg zurück bis zur Ampel, überqueren die Straße und fahren rechts bis zu einer weiteren großen Kreuzung mit KP 63, die wir überqueren, um dann sofort links den Radweg bergauf zu radeln. Nach Überquerung des Bahnübergangs befinden wir uns wieder auf der Radroute, nun Richtung KP 28. Wir folgen ihm, indem wir die Straße überqueren, ein Stück bergan fahren und die Straßenseite wechseln.

Energieerlebnis

Am Steigerweg machen wir einen Abstecher zum bereits in Sicht befindlichen 7 / Fördergerüst Hauptschacht Anna und stehen in der Mitte des Platzes auf dem früheren 8 / Franzschacht. Wir fahren zurück zur Straße und folgen dem rötlich gepflasterten Radweg rechts. Dabei passieren wir den markanten alten Wasserturm, erreichen nach ihm einen Kreisverkehr und überqueren die Straße zum gegenüberliegenden 9 / Restaurant Eduard (Mi–Do 11–22, Fr–Sa 11–23, So 11–21 Uhr, Konrad-Adenauer-Allee 7, 52477 Alsdorf),

898 m

So tief führte der 8 / Franzschacht nach unten. Hier stehst du auf einer vertieften kreisrunden Fläche genau dort, wo er einst in die dunkle Tiefe hinabführte. Das aktuell höchste Gebäude der Welt, der Burj Kalifa in Dubai, ist zum Vergleich „nur" 828 m hoch.

< links / Das Boat House am Alsdorfer Weiher lädt mit Tretbooten zum Ausspannen ein ^ oben / 898 m tief war der Franzschacht der Grube Anna, der hier unterm Rad liegt

ENERGIE-WANDEL

Im 10 / Museum Energeticon erfährst du alles über den Bergbau der Region Aachen sowie den Wandel von fossiler und atomarer Energie zu regenerativen Formen.

in dem du prima rasten kannst. Es liegt im gleichen Gebäude wie das anschaulich über die Energieformen aufklärende 10 / Museum Energeticon (Di–So 11–17 Uhr, Eintritt 8 €, ermäßigt 5 €). Das Museum will nicht nur junge Menschen für die Engergiewende begeistern. Wir fahren wieder zum Kreisverkehr und radeln Richtung KP 59 Baesweiler. Dabei halten wir uns zunächst immer geradeaus und umfahren verwinkelt die Alsdorfer Burg, eine typisch rheinische Wasserburg aus dem 15. Jahrhundert, die heute als Standesamt dient. Etwas weiter erreichen wir KP 59 und halten uns links Richtung KP 58 Baesweiler. In Baesweiler passieren wir KP 58 in Richtung KP 54, um schließlich an einem Kapellchen links abzubiegen. Wir bleiben bis zum KP 54 auf dem Radweg durch die Stadt und halten uns nun Richtung KP 53, um im Kreisverkehr Richtung Carl-Alexander-Park geradeaus zu fahren. Wieder am KP 53 vom Beginn unserer Tour angelangt, radeln wir diesmal den Zickzackweg hinauf zum 11 / Carl-Alexander-Park mit seinem markanten roten Gebäude und einem ausgedehnten Spielplatz. Auf der Terrasse des im Gebäude befindlichen Barbaros (tgl. 12–24, So bis 22 Uhr, Carl Alexander Park, 52499 Baesweiler) genießen wir einen Kaffee. Vom Gebäude aus kannst du optional einen tollen Weg hinauf zum Aussichtspunkt der Halde gehen. Zurück am KP 53 fahren wir zurück zum Kreisverkehr. Am rechterhand gelegenen 12 / CAP 21 (Di–Do, So 9–22, Fr–Sa 9–23 Uhr, Carl-Alexander-Pl. 1, 52499 Baesweiler) können wir hervorragend essen, bevor wir über den Kreisverkehr bergab nach 200 m unseren Parkplatz erreichen.

PANORAMA

An der Bergehalde 11 / Carl-Alexander-Park wartet noch ein Highlight: 80 Höhenmeter führen dich teils durch Baumkronen über Treppen mit Schwebestegen hinauf zu einem fantastischen Panorama. Wie Maulwurfshügel liegen die umliegenden Bergehalden vor uns.

TOURENINFO / Flache Tour mit wenig Höhenmetern und guten Oberflächen. Meist asphaltiert, gut für Familien mit Anhänger fahrbar.
E-Bike-Ladestelle: 10 / Museum Energeticon 3 x Schuko

➤ **1 /** Parkplatz Carl-Alexander-Park ➤ **2 /** Schutzgebiet Wurmtal ➤ **3 /** Baalsbrugger Mühle ➤ **4 /** Restaurant Seehof ➤ **5 /** Tierpark Alsdorfer Weiher ➤ **6 /** Boat House ➤ **7 /** Fördergerüst Hauptschacht Anna ➤ **8 /** Franzschacht ➤ **9 /** Restaurant Eduard ➤ **10 /** Museum Energeticon ➤ **11 /** Carl-Alexander-Park ➤ **12 /** CAP 21

START / ZIEL
Parkplatz Carl-Alexander-Park
HINKOMMEN
Auto / Parkplatz Carl-Alexander-Park, Zum Carl-Alexander-Park, 52499 Baesweiler
ÖPNV / Vom Bhf Palenberg durch Unterführung auf andere Seite des Bahnhofs und von P+R Parkplatz links etwa 2,5 km bis zum Toureinstieg am KP 36
START-ZIEL
GEILENKIRCHEN
HÜNSHOVEN
B 56
K 27
Hommerschen
Teveren
K 3
Siepenbusch
Windhausen
Frelenberg
Wurm
Gut M
Stegh
L 164
L 42
L 47
Marienberg
Hoverhof
PALENBERG
Deutschland
Nederlande
Rimburg
ÜBACH-PALENBERG
BEGGENDORF
K 27
ÜBACH
HOLTHAUSEN
L 225
Rimburger Busch
K 11
BAESWE
BOSCHELN
HERBACH
Bergehalde Carl-Alexander
L 47
HOFSTADT
Finkenrath
PLITSCHARD
Floes
B 57
L 240
Grube Adolf-Park
Wildnis
Worm
Streiffeld
L 164
B 57; L 240
Naturpark Worm-Wildnis
Schleypenhof
MERKSTEIN
NEUWEILER
Magerau
BUSCH
L 164
B 57
SCHAUFENBERG
Thiergarten
K 5
HERZOGENRATH
ALSDORF
SIEDLUNG OST
NOPPENBERG
ZOPP
L 47
Broich
KELLERSBERG
K 10
Ruif
AFDEN
K 3
Feldgen
Reifeld
Kärnerhof
DUFFESHEIDE
OFDEN
BLUMENRATH
STRASS
WEFELEN
B 57
NIEDERBARDENBERG
Radsberg
Schleibach
2 km
Pesch

LANDSCHAFT IM UMBRUCH

Ich mag es, auf dieser Tour die Evolution des Klimakillers Braunkohle hin zu Renaturierung und Zukunftsperspektiven zu erradeln.

➤ **1 /** Am Parkplatz Indemann in Inden/Altdorf beginnt und endet unsere Tour

➤ **2 /** An der einsamen Gedächtniskapelle anhalten

➤ **3 /** Vom Aussichtsturm in Baggerform überblicken wir das Braunkohlerevier

➤ **4 /** Zum Indeufer und die Füße erfrischen

➤ **5 /** Vom Aussichtspunkt Kirchberg den Tagebaufortschritt sehen

➤ **6 /** An der Kapelle Viehöven innehalten

➤ **7 /** Das Rittergut Müllenark hat eine stolze Vergangenheit

➤ **8 /** Wechselnde Spezialitäten in der Gaststätte Alt Bonsdorf genießen

➤ **9 /** Der Wasserturm Merken beeindruckt schon aus der Ferne

➤ **10 /** Den besten selbstgemachten Kuchen gibt's beim Minigolf Café Bahn 19

➤ **11 /** Den 36 m hohen Indemann mit grandioser Aussicht besteigen

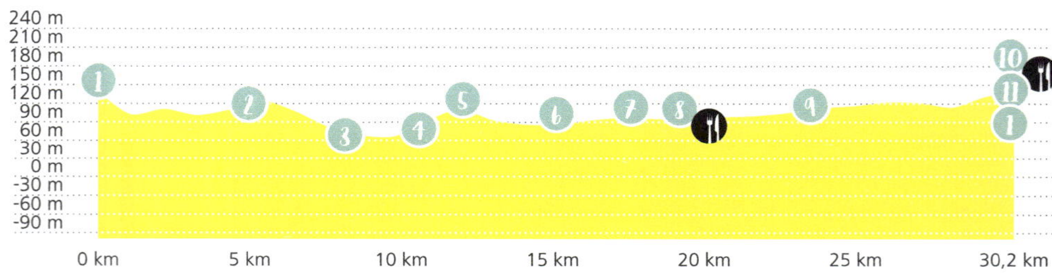

Zukunftsmusik

Rund um den *Tagebau Inden*

Wir umrunden den aktiven Tagebau Inden. Der Weitblick vom Indemann, dem Aussichtsturm am Freizeitzentrum, zeigt uns das Gestern des Tagebaus und die Zukunft der Region mit ihren neuen Perspektiven hier und am entstehenden See. Zum Abschluss gibt's tolle Spiel- und Einkehrmöglichkeiten.

30 Kilometer
223 Höhenmeter
2:15 Stunden
Rundtour

Die Inde entlang

Vom 1 / Parkplatz Indemann machen wir uns auf zum Indeufer. Wir rollen die Straße der Goltsteinkuppe hinab bis zum Ende der Serpentinen und überqueren die Kreuzung. Über die Inde hinweg folgen wir der Straße und biegen an ihrem Ende rechts bergauf ab. 250 m weiter wechseln wir rechts auf den unbefestigten Schwarzen Indeweg entlang des renaturierten Gebiets oberhalb des Indelaufs. Etwas vor uns sehen wir das Kraftwerk Weisweiler, das durch den Tagebau versorgt wird, und biegen nach etwa 1 km rechts ab, weiter dem Schwarzen Indeweg folgend. Vorbei an einer Schranke geht es vorsichtig bergab bis zur Inde. Wir folgen dem rechten Weg unter der Kieswerk-Brücke hindurch auf einem von Wildblumenstreifen begleiteten

◄ links / Wer grüßt hier? Aussichtsplattform Indemann mit Freizeitmöglichkeiten

Weg Richtung Himmelsleiterbrücke. Bevor wir auch diese unterfahren, radeln wir unter Förderbändern hindurch, die Braunkohle zum Kraftwerk führen. Dieser Wegabschnitt ist etwas hügelig und wir dürfen an dem folgenden steileren Stück ruhig schieben, bis wir dem Hinweis „Zum Kapellchen" folgen. An der 2 / Gedächtniskapelle können wir von der kleinen Steigung verschnaufen. Weiter rollen wir über den Feldweg, den im Sommer leuchtend blau blühender Natternkopf säumt. An seinem Ende passieren wir eine Schranke und biegen, der Wegmarkierung folgend, links in einen schmalen Pfad ein. Am Gedächtniskreuz 100 m weiter halten wir uns rechts. Wir radeln nun zwischen großen Windrädern hindurch und erblicken schon bald einen 3 / Aussichtsturm in Baggerform, von dem wir die Aussicht genießen können. Der Braunkohleabbau erfolgt nämlich mit riesigen Schaufelradbaggern. Parallel zum Abbau wird Schüttgut wiederverfüllt, um die Rekultivierung der Landschaft zu ermöglichen. Als letzte Rekultivierungsmaßnahme soll der Tagebau nach seiner Stilllegung mit Rurwasser befüllt werden, um einen See entstehen zu lassen. Wir folgen weiter der Radroute oberhalb der renaturierten Inde Richtung Kirchberg. Halte Ausschau nach den vielfältigen Wildblumen – tatsächlich ist die Renaturierung des Flussufers hier besonders gelungen.

INDESCHER OZEAN

Der Tagebau, den du gerade umfährst, wird 2030 ausgekohlt sein. Dann soll er für 25 Jahre mit Wasser der nahen Rur befüllt werden. Enstehen soll ein See so groß wie der Tegernsee.

Abstecher zum Fluss

Etwa 100 m vor Ende des Weges folgen wir dem grün-weißen Wegweiser Zum Lohberg und machen nach etwa 80 m einen kurzen Abstecher rechts hinunter zum flachen 4 / Indeufer, einem meiner Lieblingsspots bei dieser Tour, da der Fluss hier so hübsch verläuft. Du verlässt das Indeufer zurück zum Weg. Wenn du etwas

---

➤ rechts groß / Feldraine blau getüncht vom hübschen Natternkopf
➤ rechts klein / Gedächtniskapelle für Dörfer, die dem Tagebau weichen mussten

22.000.000 T

Das ist die Jahresförderung von Braunkohle des Tagebaus Inden. Mehrere Dörfer und Kirchen mussten dafür weichen. Die 2003 eingeweihte 2 / Gedächtniskapelle steht genau an der Stelle, wo einst die auch „Dom des Jülicher Landes“ genannte neuromanische Kirche von Lohn stand.

ZWISCHEN FELDERN UND BAGGER

abkürzen möchtest, führt dich der Weg nach rechts über eine sehenswerte Steilstrecke zum nächsten Highlight unserer Tour, dem Aussichtspunkt Kirchberg. Da die Durchfahrt verboten ist, musst du dein Rad aber das 300 m lange Stück schieben. Alternativ fahren wir zurück zum Wegweiser Zum Lohberg, biegen rechts ab, folgen dem Radroutenhinweis wieder nach rechts und etwas später Richtung Kirchberg Zentrum kurz bergauf. An der Kuppe der Straße biegen wir sofort scharf nach rechts, fahren am Friedhof vorbei, folgen dem Linksknick auf schmalem Weg und biegen nach rechts in einen schmalen Kiesweg zum 5 / Aussichtspunkt Kirchberg. Wir folgen dem etwas ruckeligen Tagebaurandweg weiter im Uhrzeigersinn um den Tagebau und halten uns rechts oberhalb der Inde, bis wir auf dem schmaler werdenden Weg über eine kleine Brücke kommen. Wir fahren nun ein kurzes Stück auf der Schophovener Straße, bevor wir auf den Radweg wechseln, der uns vorbei am Weiler Viehöven mit seiner 1874 erbauten 6 / Kapelle Viehöven führt. Wirf einen Blick hinein! Wir erreichen Schophoven, wo wir der Radroute durch den Kreisverkehr folgen, die Kirche passieren

und links in den Josefweg Richtung Krauthausen biegen. Rechts über die Fuchsstraße fahren wir bis zur Krauthausener Straße. Hier folgen wir an der Kreuzung dem Wegweiser Richtung Inden-Altdorf und erreichen nach 200m das 7 / Rittergut Müllenark mit einer bewegten Geschichte, die bis ins 12. Jahrhundert reicht. Es befindet sich in RWE-Hand, wie auch der Tagebau, und lässt sich nicht besichtigen.

KM 18

Um das 7 / Rittergut Müllenark gab es schon im 13. Jahrhundert ein langes kriegerisches Tauziehen zwischen dem Jülicher Fürstenhaus und den Kölner Erzbischöfen. Schließlich lag die erzbischöfliche Enklave mitten im Jülicher Land.

Auf zur Rur

Zurück an der Kreuzung halten wir uns nun Richtung Düren, überqueren die Rurbrücke und biegen nach links auf den RurUfer-Radweg ab. Am neuen Rastplatz Kleiner Indemann können wir eine Pause einlegen. Wir folgen dem RurUfer-Radweg ein Stück weit Richtung Knotenpunkt (KP) 11 und biegen 500m weiter links ab, um einen Imbiss in der ausgeschilderten 8 / Gaststätte Alt Bonsdorf einzunehmen (Mi, Fr 11–14 u. ab 17 Uhr, Do, Sa ab 17 Uhr, So, Feiertage ab 11 Uhr, In der Ruraue 14, 52459 Inden). Der sanft dahinfließenden Rur entlang geht es weiter zum KP 11, an dem wir die Rurbrücke Richtung KP 40 Inden überqueren. An diesem angekommen biegen wir links ab Richtung KP 41 Inden. Gerade einmal 200m vom Tagebaurand entfernt rollen wir auf einem breiten, glatt asphaltierten Weg, bis wir den Ort Merken erreichen. Am Ortseingang folgen wir nicht dem

---

< links / Gierig frisst sich ein Braunkolebagger an den Feldrändern voran ^ oben / Rittergut Müllenark mit bewegter Geschichte

GEHEIMTIPP

Das **10 / Minigolf Café Bahn 19** bietet auf seiner Terrasse den besten Kuchen weit und breit. Dazu gibt es sensationell gute Minigolfbahnen.

Wegweiser, sondern fahren geradeaus, um den 1930 erbauten 9 / Wasserturm Merken zu bewundern, der heute als Wohnhaus dient. Hinter ihm folgen wir der Straße links, bis wir an der Hauptstraße wieder auf die Radroute Richtung Tagebau rechts einbiegen. Von hier aus haben wir bereits wieder unseren Startpunkt Indemann im Blick! Wir folgen dem Radweg bis fast zur Autobahn, um dann weiter Richtung KP 41 zu fahren. Dabei bleibt der Blick unweigerlich am nahen Kohlekraftwerk Weisweiler hängen. Während linkerhand die bewaldeten Hügel der Voreifel auftauchen, folgen wir für 2,5 km dem Radweg parallel zur A4. Wir passieren den Lucherberger See, dessen Fortbestand bedingt durch den Tagebau ungewiss ist. Nach einem kurzen Anstieg durch Lucherberg erreichen wir KP 41 und biegen rechts in die Hochstraße, dann wieder rechts in die Sebastian-Stassen-Straße, um schließlich links über Grünstraße und Obstwiese der Beschilderung Goltsteinkuppe zu folgen. Einmal noch rechts abbiegen Richtung Indemann und wir erreichen unseren Start, den 1 / Parkplatz Indemann. Auf der Goldsteinkuppe gibt es neben einem großen Spielplatz auch Minigolf und Fußballgolf. Und im 10 / Minigolf Café Bahn 19 (bei trockener Witterung Mo–Fr 13–20, Sa–So u. Ferien 11–20 Uhr, Indemann, 52459 Inden) oder im Restaurant Indemann 1 (Mi–Do 12–21, Fr–So 11.30–21 Uhr, Indemann, 52459 Inden) kannst du nun auf deine Tour anstoßen. Aber vorher erklimmst du den 11 / Indemann (Sommersaison tgl. 10–20 Uhr, Indemann, 52459 Inden/Altdorf) für einen letzten fantastischen Rundblick!

40.000

Hier steht der 36 Meter hohe stählerne 11 / Indemann mit seinen drei Aussichtsplattformen. Er bietet diverse Superlative: Der 280 t schwer Koloss besteht aus 20.000 Bauteilen und wird mit insgesamt über 40.000 LEDs illuminiert.

TOURENINFO / Weite Streckenteile über gut fahrbare, aber manchmal für Anhänger etwas holprige Wirtschaftswege wechseln sich mit Radwegen ab. Meist flach, einige kurze steilere Anstiege.
E-Bike-Ladestelle: 11 / Indemann vor dem Infopoint mehrere Schuko während der Öffnungszeiten

---

➤ **1 /** Parkplatz Indemann ➤ **2 /** Gedächtniskapelle ➤ **3 /** Aussichtsturm in Baggerform ➤ **4 /** Indeufer ➤ **5 /** Aussichtspunkt Kirchberg ➤ **6 /** Kapelle Viehöven ➤ **7 /** Rittergut Müllenark ➤ **8 /** Gaststätte Alt Bonsdorf ➤ **9 /** Wasserturm Merken ➤ **10 /** Minigolf Café Bahn 19 ➤ **11 /** Indemann

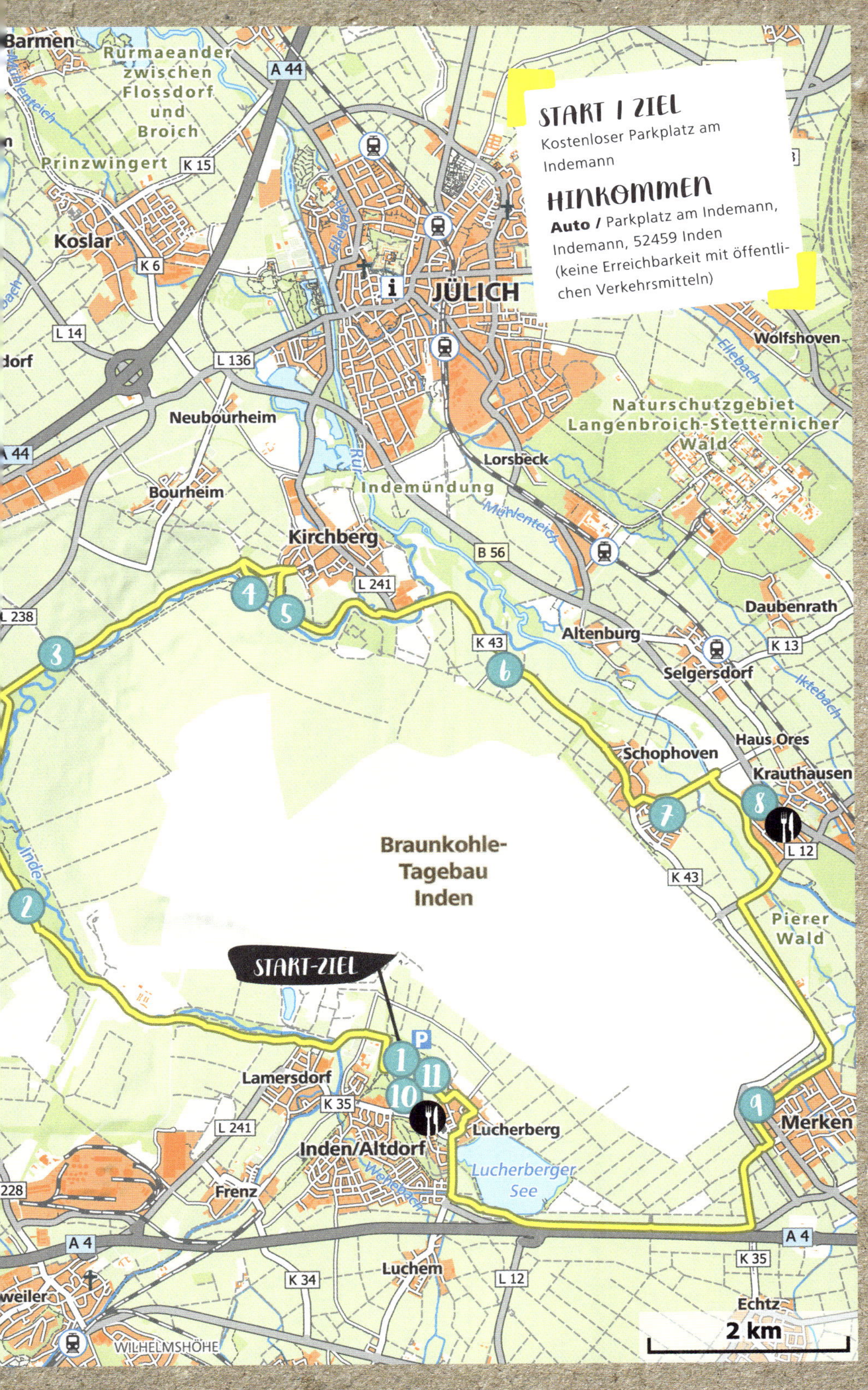
START | ZIEL
Kostenloser Parkplatz am Indemann
HINKOMMEN
Auto / Parkplatz am Indemann, Indemann, 52459 Inden (keine Erreichbarkeit mit öffentlichen Verkehrsmitteln)
START-ZIEL
Braunkohle-Tagebau Inden
JÜLICH
Rurmaeander zwischen Flossdorf und Broich
Prinzwingert
Koslar
Neubourheim
Bourheim
Kirchberg
Indemündung
Lorsbeck
Naturschutzgebiet Langenbroich-Stetternicher Wald
Wolfshoven
Daubenrath
Altenburg
Selgersdorf
Schophoven
Haus Ores
Krauthausen
Pierer Wald
Merken
Lamersdorf
Inden/Altdorf
Lucherberg
Lucherberger See
Frenz
Luchem
Echtz
Wilhelmshöhe
2 km

PERFEKTE FLUCHT!

Ich radle diese Tour am liebsten, wenn ich einfach mal raus möchte. Sie führt mich fernab von allem mitten ins Grüne mit grandiosem Ausblick.

➤ **1 /** Beginne und beende die Tour am Parkplatz Sophienhöhe

➤ **2 /** Scheue Wasservögel an der Beobachtungsstelle sichten

➤ **3 /** Staune über den Ausblick von einer der langen Sitzbänke

➤ **4 /** Erreiche den höchsten Punkt der Sophienhöhe am Römerturm

➤ **5 /** Energie sammeln am keltischen Lebensbaumkreis

➤ **6 /** Am Aussichtspunkt ein Panorama aus einer anderen Welt erleben

➤ **7 /** Durchfahre den Kompasskreisel

➤ **8 /** Pause machen am Inselsee mit seiner Graureiherkolonie

➤ **9 /** Schmackhafte Brauhausgerichte gibt's im Gaffel Häusgen Hambach

AUF DEN MONTE SOPHIA

Zum Panoramablick auf Jülichs Hausberg

Wir radeln autofrei auf den höchsten Berg der flachen Jülicher Börde, die Sophienhöhe. Diese ehemalige Abraumhalde durchzieht heute ein Wander- und Radwegenetz. Dabei folgen wir den auch mit Tourenbike fahrbaren Serpentinen und erleben einige der schönsten Spots. Grandiose Ausblicke und herrlicher Biergarten inklusive.

26 Kilometer
357 Höhenmeter
2:30 Stunden
Rundtour

Es geht aufwärts

Der Bodengrund auf den Wegen der Sophienhöhe besteht meist aus gut befestigten Schotter- und Waldwegen. Als Orientierungspunkte helfen uns die Rettungspunkte (RP) mit weißem Kreuz auf grünem Grund, die an Gabelungen hin und wieder Anhaltspunkte geben. Vom 1 / Parkplatz Sophienhöhe aus halten wir uns mit Blick auf den Berg zunächst 20 m links und nehmen direkt den ersten Abzweig rechts leicht ansteigend auf der Birkenallee. An RP 10 angekommen folgen wir dem linken Weg der Gabelung. Wir passieren RP 17 und radeln immer geradeaus auf der ersten Ebene der Sophienhöhe. Vorbei an einem kleinen Rastplatz mit zwei Bänken folgen wir weiter der Ebene, bis wir am RP 28 nach etwas mehr als 6 Kilometern nach rechts

CHARAKTER

Sportlich	●●●●●
Abkühlung	●●○○○
Schlemmen	●●●●○
Panorama	●●●●●

◂ links / Sophienhöhe – ein Panorama wie aus einer anderen Welt

aufwärts abbiegen. Wir erreichen RP 32 am Ende der Steigung und biegen rechts, weiter bergauf fahrend, ab. So erreichen wir in der nächsten Kurve RP 29, fahren 20 m nach links auf dem ebenen Weg und von dort sofort den rechten Weg aufwärts. Puh, langsam aber sicher schrauben wir uns die Höhenmeter nach oben und erreichen RP 33, an dem wir nach rechts der Serpentine folgen und damit auch die anstrengendste Steigung unserer Tour vor Augen haben – das schaffst du! Wir folgen dem Weg bis zum Ende des Anstiegs, biegen sofort 180° links ab und passieren einen See. Am See halten wir an einer hölzernen 2 / Beobachtungsstelle, an der wir durch die kleinen Fenster mit etwas Glück Wasservögel entdecken können. Wir folgen dem Weg, passieren RP 37 und machen einen kleinen Abstecher etwa 100 m geradeaus zu einer superlangen Bank. Was für ein 3 / Ausblick wir von dieser haben! Wir erkennen nun zum ersten Mal, wie hoch wir schon sind, denn wir befinden uns an dieser Stelle bereits über 200 m ü. NN. Wir fahren die 100 m zurück und folgen an der Gabelung dem Obstweg leicht bergauf. Wir passieren RP 39 und begleiten den Obstweg weiter geradeaus. An der nächsten Kreuzung biegen wir links ab in den Krummen Weg und überqueren den Kapellenweg geradeaus. Etwa 300 m weiter biegen wir links ab, fahren nochmal etwa 300 m bis zur Kuppe und erspähen links mit der Nachbildung eines römischen Wachturms bereits das Wahrzeichen der Sophienhöhe. Wir schieben unser Rad auf einem schmalen Fußpfad die letzten Meter hinauf zum 4 / Römerturm – und sind oben angekommen, auf dem höchsten Punkt der Sophienhöhe. Erklimme die steilen Stufen des Aussichtsturms und lass deinen Blick bei guter Sicht weit übers Land bis zum 60 km südöstlich gelegenen Siebengebirge bei Bonn schweifen!

TIERBEGEGNUNGEN

Auf der Sophienhöhe kannst du eine breite Tierwelt beobachten. Auf unserer Tour sind uns bunte Insekten, Eidechsen, Fuchs, Hase, Reh und Uhu begegnet!

➤ rechts groß / Weiter Blick über Feld und Flur der Jülicher Börde
➤ rechts klein / Hier gibt's was zu entdecken – Beobachtungsstelle auf der Sophienhöhe

KM 10

Der Berg, den du vom 3 / Ausblick an der langen Bank etwas entfernt siehst, ist die Vollrather Höhe, mit 187 m ü. NN. die höchste Erhebung im Kreis Neuss. Sie ist ein bis 1972 rekultivierter Abraumberg des Tagebaus Frimmersdorf, der von 1955–1967 aufgeschüttet wurde. Rechts davon liegt das Kraftwerk Neurath, links Frimmersdorf.

Ganz schön hoch

Die Sophienhöhe erhebt sich weithin sichtbar bis auf 301,8 m ü. NN. Das sind etwa 200 m über der Umgebung und 600 m über der Sohle des Tagebaus Hambach.

Noch mehr Panoramablicke

Wir verlassen den Aussichtsturm auf dem breiten Weg hinab bis zur Kreuzung. Hier dürfen wir ruhig schieben, denn der Weg ist steil, sandig und ausgefahren. An der Kreuzung am Fuß des Römerturms halten wir uns links und folgen dem Weg etwa 300 m, um dann rechts abzubiegen. Der hübsche von hohen Gräsern und Wildblumen gesäumte Weg führt leicht bergab, bis wir den keltischen 5 / Lebensbaumkreis erreichen. Er ist dem keltischen Jahreskalender nachempfunden, der das Jahr in 39 Abschnitte aufteilt, denen 21 Bäume zugeordnet sind. Links herum verlassen wir ihn an der zweiten Ausfahrt am RP 54. Wir folgen dem Weg etwa 700 m, um nach rechts abzubiegen, und weiter etwa 300 m bis zu einer kleinen Kreuzung, wo wir uns links halten. 200 m weiter schieben wir unser Rad über einen Kiesweg zu einem grandiosen 6 / Aussichtspunkt mit einer der typischen superlangen Bänke hier auf der Sophienhöhe. Es ist wie ein Panorama aus einer anderen Welt. Während auf dem zuerst aufgeschütteten Teil der Sophien-

Keltischer Baumkreis

höhe wieder hohe Bäume wachsen, ist die Vegetation auf dem neueren Teil noch niedrig. Ein neuer See mit Steilufer soll seltenen Vögeln eine Brutmöglichkeit geben, die Landschaft ist als weitläufige Wiesenlandschaft angelegt. Als Kontrast steigt im Hintergrund die Dampf- und Rauchsäule des Kraftwerks Weisweiler in den Himmel, ein bisschen wie in Mordor, dem Reich Saurons aus „Herr der Ringe". Wir folgen dem Weg zurück bis zur Abbiegung und fahren mit Blick auf einen Wetterturm geradeaus weiter, bis wir den 7 / Kompasskreisel, eine als Kompass angelegte Kreuzung mit mittiger Schutzhütte, erreichen. Wir folgen ihm links herum und biegen am ersten Weg ab.

Endlose Abfahrt!

Auf dem Inselseeweg lassen wir uns nun immer geradeaus etwa 2,7 km bergab rollen und sind auf diesem Wegstück vorsichtig mit reduzierter Geschwindigkeit unterwegs, da der Untergrund mitunter sandig ist. Wir erreichen den hübschen 8 / Inselsee mit einer Graureiherkolonie und biegen am Wegende links ab. Etwa 100 m weiter lohnt sich ein kurzer Zwischenstopp, denn auf der linken Seite verbirgt sich ein kleiner Rastplatz mit Blick auf den See. Wir folgen dem Weg anschließend weiter entlang einer – du weißt es

2 m

Das ist die maximale Spannweite der Graureiher, die sich den Baum auf der kleinen Insel im 8 / Inselsee für ihre große Kolonie gewählt haben. Besonders im Frühjahr während der Brutzeit ist dies ein Ziel zahlreicher Naturliebhaber mit ihren Spektiven und Kameras.

< links / Zeit zum Durchatmen am keltischen Lebensbaumkreis
^ oben / Typisch Sophienhöhe – sandig, doch auch für Tourenräder fahrbar

VIEL GEBAGGERT

Entstanden ist die gesamte Sophienhöhe aus dem Abraum des Tagebaus. Für diesen mussten Dörfer und Waldflächen weichen. Mehr dazu erradelst du auf Tour 18.

schon – superlangen Bank und fahren an der Gabelung am RP 3 geradeaus. Wir sind nun auf einem hübsch angelegten Kreuzweg unterwegs und radeln immer weiter bergab, passieren schließlich eine große Wiese und erreichen das Ende des Weges, an dem wir nach links abbiegen. Kurz davor können wir einen kleinen Abstecher zum Niederzierer See machen. Nun fast wieder am Fuß des Berges angelangt, lassen wir uns gemächlich bis zum Ende des Weges rollen, an dem wir uns wieder links halten. Wir überqueren den Parkplatz hin zur Schranke eines Werksgeländes und verlassen ihn rechts auf den asphaltierten Weg. Diesem folgen wir Richtung KP 95, um etwa 50 m weiter die befahrene Landstraße über die Brücke zu überqueren. Dem asphaltierten Weg links entlang der Felder folgend, biegen wir nach 400 m rechts in die Triftstraße und dann nach Hambach hinein rechts in die Große Forststraße ab. Hier erreichen wir das Restaurant 9 / Gaffel Häusgen Hambach (Do–Sa 17–22, So u. Feiertage 11–21 Uhr, Große Forststraße 176, 52382 Niederzier) mit einem großen Biergarten im Hof. Für Brauhausatmosphäre sind wir hier richtig! Wir setzen unsere Tour entlang der Straße fort. Vor der Bushaltestelle Hambach Sägewerk biegen wir rechts in den Güstener Weg und folgen dem Wegweiser Via Exkurs. Ein unbefestigter Weg führt uns in den Wald, wir passieren eine Schranke und überqueren die Landstraße zurück über eine Brücke. Über den geschotterten Waldweg kommen wir zum Fuß der Sophienhöhe, wo wir links abbiegen und auf den letzten 100 m weiter dem Schild Via Exkurs zurück zum 1 / Startpunkt folgen.

IM BRAUHAUS

Frisch Gezapftes und Brauhausspezialitäten gibts im 9 / Gaffel Häusgen Hambach. Wenn dir ein Gast im Vorbeigehen "jode Honger" wünscht, und die Bedienung dich "Hätzche" nennt, dann weißt du, dass du zu Hause bist. Echte Brauhausatmosphäre halt!

TOURENINFO / Gut geeignet für Radfahrer mit etwas Grundkondition, die sich auch auf teilweise sandigem Untergrund nicht unsicher fühlen. Strecke mit Standard-Tourenrad getestet, Gangschaltung aufgrund der Höhenmeter empfohlen. Für E-Biker gut fahrbar.

➤ **1 /** Parkplatz Sophienhöhe ➤ **2 /** Beobachtungsstelle ➤ **3 /** Ausblick ➤ **4 /** Römerturm ➤ **5 /** Lebensbaumkreis ➤ **6 /** Aussichtspunkt ➤ **7 /** Kompasskreisel ➤ **8 /** Inselsee ➤ **9 /** Gaffel Häusgen Hambach

ART | ZIEL

stenloser Wanderparkplatz
phienhöhe

INKOMMEN

uto / Wanderparkplatz ophienhöhe, Niederzierer Str., 52382 Niederzier

ÖPNV / Vom Bahnhof Jülich, 6,5 km entfernt, lässt sich der Startpunkt über Dürener Straße, Lohfeldstraße, Ulmenweg, Wolfshovener Straße durch Stetternich und den Radweg der L264 erreichen

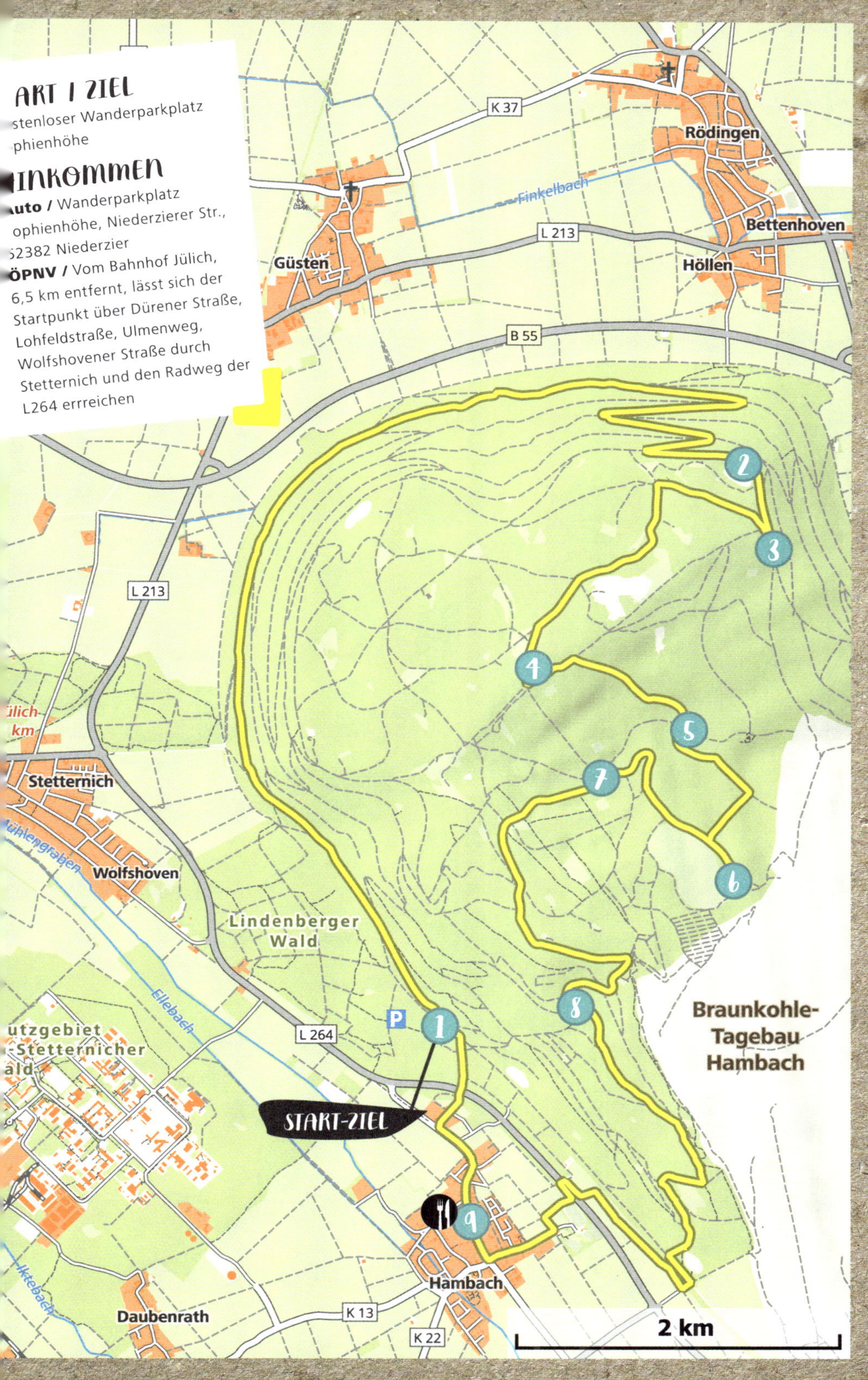

PERFEKTE HÜGEL!

Ich mag es, ab und an hügelig zu radeln, und in Südlimburg geht's nicht ohne Höhenmeter. Nach dem Anstieg kommt der Fahrtwind der Abfahrt!

➤ **1 /** Wir starten und enden am Parkplatz am Uniklinikum in Aachen

➤ **2 /** Grandioser Rundblick vom 50 m hohen Aussichtsturm Baudouin

➤ **3 /** Sei gleichzeitig in drei Ländern am Dreiländerpunkt

➤ **4 /** Das Labyrinth Dreiländereck ist ein echtes Erlebnis

➤ **5 /** Tolle Aussicht von der Terrasse der Brasserie Wilhelminatoren

➤ **6 /** Besteige den Wilhelminaturm mit seinem gläsernen Skywalk

➤ **7 /** Wirf einen Blick auf das Kasteel Vaalsbroek

➤ **8 /** Mitten im Weinberg an der Domäne St. Martinus

➤ **9 /** Entspanne im Gastgarten im Hof des Hoeskamercafé 't Pintje

➤ **10 /** Die Benediktinerabtei Sint Benedictusberg ist ein aktives Kloster

➤ **11 /** Magisch entspringen die Sieben Quellen im Wald

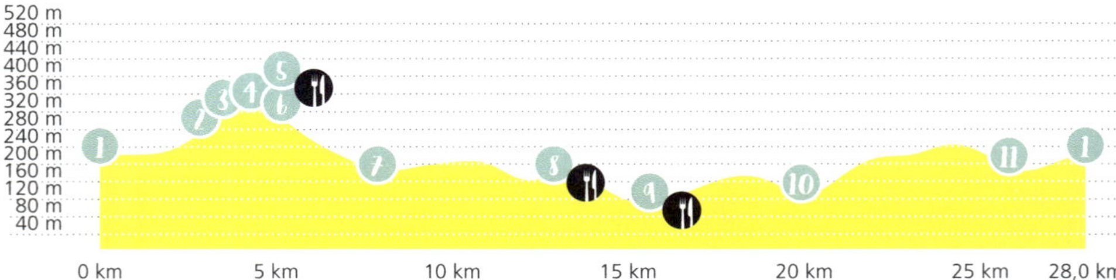

LIMBURGER HÖHEN

Südlimburgs Hügellandschaft im Aachener Westen

Wir radeln auf Sträßchen und Radwegen durch Deutschland, Belgien und die Niederlande und genießen tolle Panoramen sowie landestypische Köstlichkeiten. Eine Tour durch eine der schönsten niederländischen Landschaften, das Hügelland Südlimburgs.

28 Kilometer
328 Höhenmeter
1:50 Stunden
Rundtour

CHARAKTER

Sportlich ●●●●●
Abkühlung ●●○○○
Schlemmen ●●●●●
Panorama ●●●●●

Aufwärts

Wir brechen im Westen von Aachen zum Dreiländereck auf, das auf dem höchsten Punkt der Niederlande in Vaals liegt. Dafür starten wir am 1 / Parkplatz hinter dem Uniklinikum und folgen der Kullenhofstraße, bis wir rechts in den Neuenhofer Weg einbiegen. Wir überqueren die Vaalser Straße und folgen geradeaus dem Radwegweiser nach Adamshäuschen durch eine Wohnsiedlung. An einer Schrebergartenkolonie vorbei verlassen wir die Stadt. Noch vor der Eisenbahnunterführung biegen wir ab Richtung Dreiländereck, später Dreiländerpunkt. Nach einem kurzen steilen Stück führt uns links Serpentine für Serpentine sanft, aber stetig bergauf. Wir passieren die Ausläufer des Bikeparks Dreiländereck, nachdem der Asphaltweg in einen Waldweg übergeht. Vielleicht hast du Glück und siehst einen akrobatischen Sprung eines

◀ links / Südlimburgs hügelige Landschaft bietet immer etwas fürs Auge

Mountainbikers. Du befürchtest, es geht weiter so bergauf? Keine Angst, du bist nun fast am höchsten Punkt angelangt.

Dreiländereck

Der Waldweg endet an einer Straße und wir stehen – so schnell geht das – auf belgischem Gebiet auf der „Route des Trois Bornes". Weiter geht's rechts zum bereits in Sicht befindlichen 50 m hohen 2 / Aussichtsturm Baudouin (tgl. 11–18 Uhr, kostenpflichtig, Route des Trois Bornes 99 B, 4581 Plombières, BE). Über 224 Stufen ersteigst du dir hier einen grandiosen 3-Länder-Weitblick. Nur ein paar Meter weiter legen wir am 3 / Dreiländerpunkt die Hand auf den Grenzstein Deutschlands, Belgiens und der Niederlande. 1830–1919 war dies sogar ein Vierländerpunkt gemeinsam mit Neutral-Moresnet. Weder Preußen noch die Niederlande wollten nach der Niederlage Napoleons diese Gemeinde aufgeben, deren Rohstoff Galmei sie für die Messing- und Zinkherstellung brauchen konnten. So wurde der kleine Landstrich für neutral erklärt. Am mit 323 m höchsten Punkt der Niederlande gibt es neben diverser Gastronomie übrigens auch das beeindruckende 4 / Labyrinth Dreiländereck (tgl. 10–18 Uhr, Nov.–März nur Wochenende außer Schulferien, Viergrenzenweg 97, 6291 BM Vaals, NL), das auch für Erwachsene ein echtes Vergnügen ist! Wir biegen am Ende des Dreiländereck-Geländes rechts ab, der grün-weißen Radbeschilderung Richtung Knotenpunkt (KP) 93 auf die Mergelland Route ins Limburgische Heuvelland folgend.

HEUVELLAND

Das Limburgische Hügelland zählt mit seinen idyllischen, durch nostalgische Fachwerkhäuser aufgelockerten Orten zu den schönsten Landschaften der Niederlande!

Ab auf den Skywalk

Nur ein paar hundert Meter weiter liegt die 5 / Brasserie Wilhelminatoren (tgl. 10–20 Uhr, Viergrenzenweg 232, 6291 BX Vaals, NL) mit

---

➤ rechts groß / Südlimburgs Hügellandschaft – das „Auf" ist anstrengend, das „Ab" ein Genuss ➤ rechts klein / Jetzt erst mal rauf, zum grandiosen Panorama vom Aussichtsturm Baudouin

KM 4

Als Teil der Attraktionen am 3 / Dreiländerpunkt ist das 4 / Labyrinth Dreiländereck nicht nur für Kinder einen Besuch wert! Als größtes Labyrinth der Niederlande bietet es Erkundungstürme, mannshohe Hecken und besonders bei warmem Wetter erfrischende (und überraschende!) Wasserelemente.

HÖHENRAUSCH

großer Sonnenterrasse, einem fantastischen Ausblick und dem angrenzenden 6 / Wilhelminaturm mit Skywalk – da musst du einfach rauf! Rasant rauschen wir nun die Serpentinen hinab bis nach Vaals und folgen der Straße geradeaus durch die Unterführung. Nach einer erneuten Abfahrt biegen wir 700 m weiter links in die Straße Eschberg ab, passieren die Klosterkapelle De Esch und erreichen das Ende der Abfahrt. Auf der linken Seite liegt das hübsche 7 / Kasteel Vaalsbroek, das ein Sternehotel und Gourmetrestaurant beherbergt.

Unterwegs im Heuvelland

Wir biegen rechts ab und folgen der Route Richtung Mechelen weiter auf der Mergellandroute. Bald treffen wir auf die Radroute LF 6b, der wir Richtung KP 90 folgen. Wir durchfahren den Ort Vijlen vorbei an der Kirche und folgen der LF 6b nach links Richtung Epen. Wir genießen den Blick über die Weideflächen, die sich bergab und bergauf mit von niedrigen Hecken gesäumten Passagen abwechseln und passieren die 8 / Domäne St. Martinus mit einem

tollen Außenbereich mitten im Weinberg (vorab reservieren, Apr.–Okt. Mo–Fr 10–18, Sa–So 11–18 Uhr, Nov.–März Mo–Fr 10–17, Sa–So 12–17 Uhr, Wijngaard St. Martinus, Rott 21a, 6294 Vijlen, NL). „Te nat en te koud (Zu nass und zu kalt)", das sagte man lange zu Weinanbau in den Niederlanden, doch von wegen! Hier findest du nachhaltige Weine vom Feinsten. Nach einer wundervollen Abfahrt erreichen wir KP 90, folgen rechts weiter der LF 6b Richtung KP 86 und erreichen Mechelen. Noch keine Pause gemacht? Dann wird's jetzt Zeit für meinen Geheimtipp: Im 9 / Hoeskamercafé 't Pintje (So–Mo ab 10 Uhr, Hoofdstraat 25, 6281 BB Mechelen, NL) gibt's nicht nur hinter dem Haus einen gemütlichen von der Straße abgeschirmten Gastgarten. Hier gibt's auch selbstgemachten Limburger Vlaai met Koffie, den für die Region typischen Hefekuchen mit Fruchtkompottfüllung. Gestärkt verlassen wir die LF-6b-Route, folgen, vorbei an der Kirche, der Straße bergauf und biegen bei nächster Gelegenheit rechts ab Richtung Vijen. So verlassen wir Mechelen, durchfahren bergauf Hilleshagen und biegen in Vijler links ab Richtung Maastricht. Wir verlassen Vijler über einen Radweg bergab, überqueren den Kreisverkehr und radeln etwa 40 m nach links. Links am Berg sehen wir die Turmspitzen der imposanten 10 / Benediktinerabtei Sint Benedictusberg, für die die

9

Im 9 / Hoeskamercafé 't Pintje gibt es nicht nur 9 verschiedene Biere vom Fass, sondern auch eine Bierberatung. So findest du das Bier, das am besten zu deinem Essen passt, zum Beispiel zur Spezialität des Hauses, den Spareribs.

< links / Eine tolle Aussicht gibt's auch vom Wilhelminaturm ^ oben / Überraschend – Weindomäne St. Martinus

URSPRUNG

Der Name der Ortschaft Seffent leitet sich vom lateinischen „Septem Fontes", den 10 / Sieben Quellen, ab.

Bauarbeiten 1922 begannen. Wir fahren rechts bergab Richtung KP 96, überqueren eine schmale Brücke und folgen dem rechten asphaltierten Feldweg steiler werdend bergauf, bis wir in Orsbach an einen Parkplatz stoßen. Hier biegen wir rechts ab, passieren die Kirche und folgen dem Düserhofweg weiter bergauf. Am Ortsende biegen wir rechts in den Schlangenweg ab. Wir haben einen fantastischen Weitblick über die hügelige Landschaft mit ihren Feldern, die ganz anders ist als jene der im Vergleich flachen Jülicher (Tour 2) und Heinsberger (Tour 12) Börde. Auf der Kuppe angekommen geht es bergab, wir lassen unsere Höhenmeter schnell liegen, biegen links ab auf den Herzogsweg, dem wir etwa 800 m folgen, um dann rechts bergab über Rohrbergweg und Seffenter Berg schließlich auf Kopfsteinpflaster in den kleinen Ort Seffent entlang einiger Höfe zu rollen.

50

5 bis 50 Jahre braucht das Regenwasser bis zu den 10 / Sieben Quellen, wo das kalte Wasser mit 80 l pro Sekunde entspringt, eingefasst in zwei Quelltöpfe, wahrscheinlich schon von den Kelten verehrt. Quellen sind für mich immer ein magischer Ort.

Die Sieben Quellen

Hier biegen wir rechts ab zum 50 m weiter gelegenen Restaurant Sieben Quellen Hof, hinter dem mit den 11 / Sieben Quellen ein sehenswerter Quelltopf liegt. Am besten Fahrrad abstellen und die paar Meter hingehen. Wir folgen anschließend der Straße am Restaurant vorbei, halten uns Richtung AC-Vaalserquartier, passieren den Golfplatz und fahren Richtung Uniklinik nach links. Wir folgen vor dem Uniklinikum der Vorfahrtsstraße in den Steinbergweg und erreichen kurze Zeit später wieder den 1 / Parkplatz am Uniklinikum.

TOURENINFO / Perfekte Strecke für Radler, die hügelige Landschaften mögen und auch vor ein paar längeren Steigungen nicht zurückschrecken. Beinahe durchgehend asphaltiert und perfekt für E-Biker, dann auch mit Anhänger. Alternativer Toureinstieg mit 2 € Parkgebühr pro Tag am 6 / Wilhelminaturm.

➤ **1** / Parkplatz am Uniklinikum ➤ **2** / Aussichtsturm Baudouin ➤ **3** / Dreiländerpunkt ➤ **4** / Labyrinth Dreiländereck ➤ **5** / Brasserie Wilhelminatoren ➤ **6** / Wilhelminaturm ➤ **7** / Kasteel Vaalsbroek ➤ **8** / Domäne St. Martinus ➤ **9** / Hoeskamercafé 't Pintje ➤ **10** / Benediktinerabtei Sint Benedictusberg ➤ **11** / Sieben Quellen

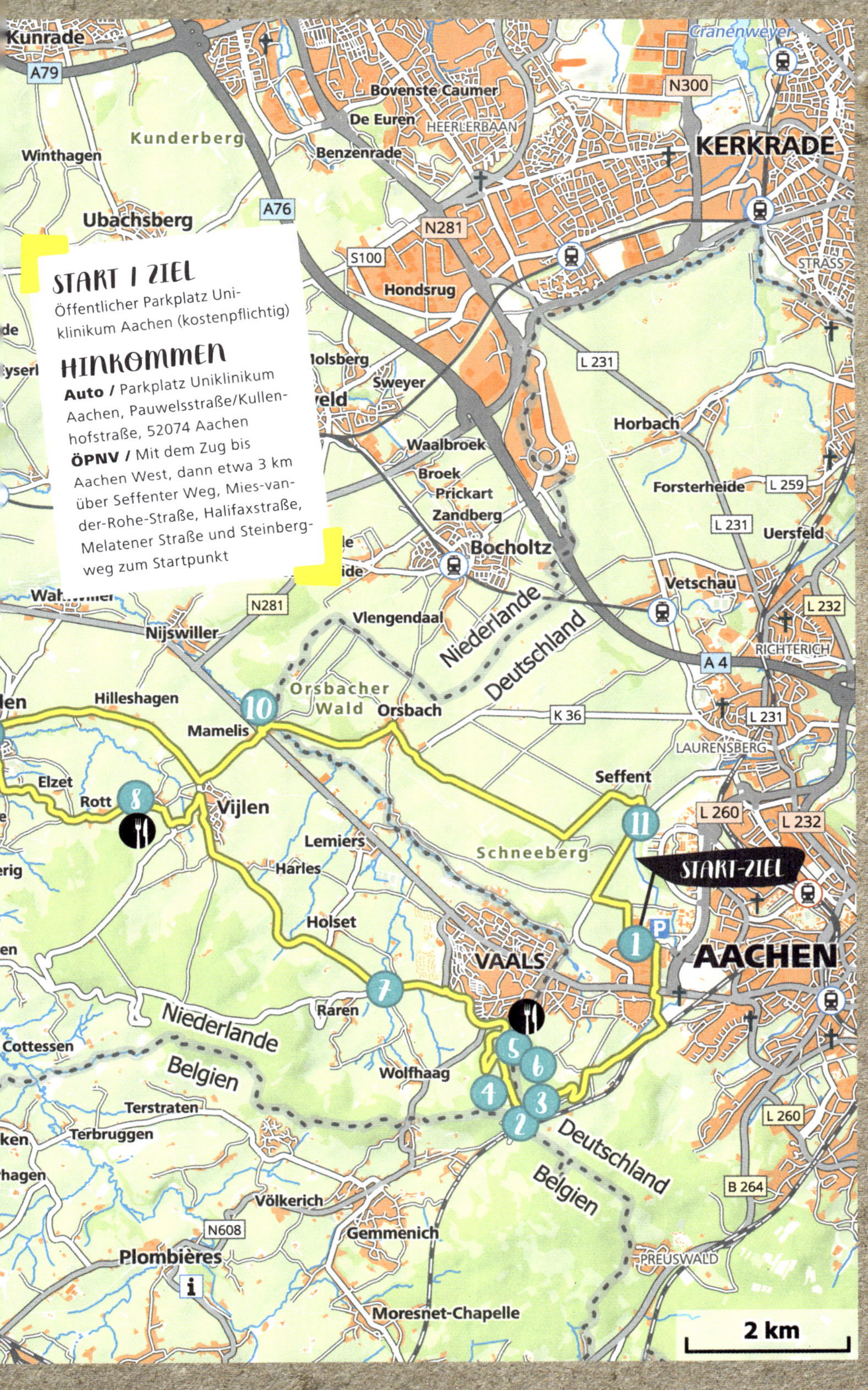
START / ZIEL
Öffentlicher Parkplatz Uniklinikum Aachen (kostenpflichtig)
HINKOMMEN
Auto / Parkplatz Uniklinikum Aachen, Pauwelsstraße/Kullenhofstraße, 52074 Aachen
ÖPNV / Mit dem Zug bis Aachen West, dann etwa 3 km über Seffenter Weg, Mies-van-der-Rohe-Straße, Halifaxstraße, Melatener Straße und Steinbergweg zum Startpunkt
START-ZIEL
Kunrade
A79
Cranenweyer
N300
Bovenste Caumer
De Euren
HEERLERBAAN
KERKRADE
Kunderberg
Winthagen
Benzenrade
Ubachsberg
A76
N281
S100
Hondsrug
STRASS
Sweyer
L 231
Horbach
Waalbroek
Broek
Prickart
Zandberg
Forsterheide
L 259
L 231
Uersfeld
Bocholtz
Vetschau
L 232
N281
Nijswiller
Vlengendaal
Niederlande
Deutschland
RICHTERICH
A 4
Hilleshagen
Orsbacher Wald
Orsbach
K 36
L 231
LAURENSBERG
Mamelis
Elzet
Rott
Vijlen
Seffent
L 260
L 232
Lemiers
Schneeberg
Harles
Holset
VAALS
AACHEN
Raren
Niederlande
Belgien
Cottessen
Wolfhaag
Terstraten
Terbruggen
Deutschland
Belgien
L 260
B 264
Völkerich
N608
Gemmenich
Plombières
PREUSWALD
Moresnet-Chapelle
2 km
1
2
3
4
5
6
7
8
10
11

STADTFLUCHT!

Ich mag es, wie schnell ich bei dieser Tour Eupens quirlige historische Innenstadt hinter mir lasse und nur wenige Kilometer weiter am Stausee stehe!

> **1 /** Abfahrt und Ankunft ist am Parkplatz Bergstraße in Eupen

> **2 /** Ganz schön steil geht's hinauf zur Bergkapelle

> **3 /** Kurzer Halt am Spabrunnen-Männchen, das der Talsperre weichen musste

> **4 /** Erreiche die Wesertalsperre

> **5 /** Radle an einer Natursteininformation vorbei

> **6 /** Bestaune und befahre die Staumauer Wesertalsperre

> **7 /** Frieten auf der Terrasse am Besucherzentrum Wesertalsperre

> **8 /** Genieße eine Waffel im Waldrestaurant Schönefeld

> **9 /** Bewundere die St. Johannes Baptist Enthauptungskapelle

> **10 /** Die historische St. Lambertus Kapelle von 1746

> **11 /** Regierungssitz der deutschsprachigen Gemeinschaft im Haus Grand Ry

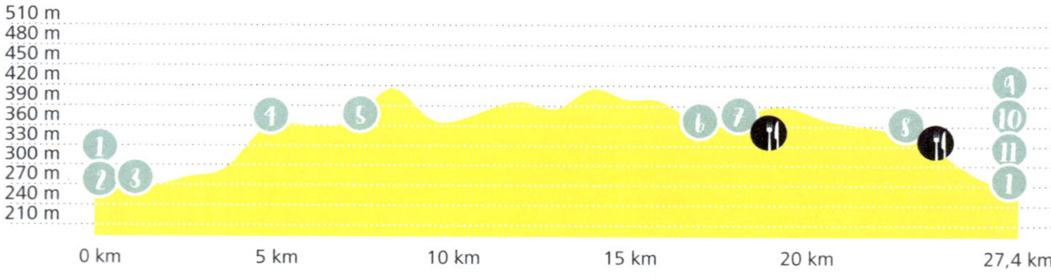

FRIETEN AM SEE

Belgisches Flair
in und um Eupen

Eine überraschende Tour in Belgien von der deutschsprachigen Stadt Eupen in den wundervollen Nationalpark Eifel-Venn und zur Wesertalsperre. Mit allem, was eine Radtour in dieser Region zu bieten hat: Steigungen, Stausee, belgisches Bier – und natürlich Frieten!

27 Kilometer
231 Höhenmeter
1:45 Stunden
Rundtour

Von Eupen zur Wesertalsperre

Wir verlassen den 1 / Parkplatz Bergstraße und steigen nach rechts auf der Bergstraße in die Pedale. Nach etwa 100 m macht sie einen Knick nach links, und wir begreifen auf den kommenden 400 m ihren Namen, denn es geht im Schneckentempo mit durchschnittlich 6 % Steigung bergauf. Bist du bereits oben angekommen? Dann hast du die größte Steigung dieser Tour gerade hinter dir gelassen und weißt, dass du den Rest bis hinauf zur Wesertalsperre auch fahren kannst! Am Ende der Bergstraße erreichen wir eine Kuppe und fahren geradeaus auf steilem Weg über den Haasberg bergab, um die Unterstadt zu verlassen. Vorher lassen wir es uns nicht nehmen, die ab 1712 erbaute hübsch gelegene St. Johannes Baptist Kapelle, auch 2 / Bergkapelle genannt, zu

◂ links / Staumauern wie die der Wesertalsperre befahren – immer ein besonderes Erlebnis

besuchen. Wir folgen der Haasstraße bis zum Kreisverkehr, verlassen ihn in den Schilsweg und überqueren die Weser, die im Hohen Venn entspringt und von der Talsperre aus hier ihren Lauf findet. Direkt hinter dem Fluss machen wir einen 50 m-Abstecher in den kleinen Weg rechts an der Weser entlang und besuchen die bronzene Skulptur des 3 / Spabrunnen-Männchens, deren Original der Wesertalsperre weichen musste und sich heute im Stadtmuseum befindet. Nicht viel weiter biegen wir links ab Richtung Kmile-Irmep und folgen VeloTour-Knotenpunkt KP 41. Am Ende der Straße verlassen wir den Kreisverkehr bei der letzten Ausfahrt, überqueren wieder die Weser und folgen rechts der Straße zur Talsperre Eupen. Wir überqueren einen kleinen Bach und biegen links ab auf die kurz darauf auftauchende Hauptstraße hinauf zur Talsperre. Wir folgen den Serpentinen der Straße aufwärts für etwas mehr als 2 km und erreichen so nach insgesamt 5 km die beeindruckende Staumauer der 4 / Wesertalsperre. Du kannst die Tour an dieser Stelle auf 14 Kilometern abkürzen, wenn du über die Staumauer fährst und die Umrundung der Talsperre auslässt. In diesem Fall kannst du nun das Restaurant der Talsperre besuchen und dort eine Pause einlegen. Du setzt deine Tour einfach am Stopp 7 / Besucherzentrum Wesertalsperre fort. Die Talsperre wird gespeist vom Hochmoor des Hohen Venns. Als wichtiges Trinkwasserreservoir der Region mit einem Einzugsgebiet von 106 km² sind Wassersportmöglichkeiten inklusive Schwimmen leider nicht erlaubt.

AUFSTIEG ZUR AUSSICHT

Der Aufstieg zur 4 / Staumauer Wesertalsperre birgt zwar ein paar Steigungen, doch er führt dich zu einer tollen Aussicht über Staumauer und See!

Talsperrenumrundung

Zur 13,5 km langen Umrundung der Talsperre überqueren wir nicht die Staumauer, sondern passieren diese auf der rechten Seite und folgen dem VeloTour-KP 55. Rund um die Talsperre erlebst du ab

➤ rechts groß / Zu Eupens Bergkapelle geht's ordentlich bergauf, danach wieder steil bergab ➤ rechts klein / Nach der Steigung rückt die Staumauer der Wesertalsperre in den Blick

KM 1

1910 an einer Quelle im Langesthal aufgestellt, musste die Skulptur des kleinen 2 / Spabrunnen-Männchens dem Bau der Wesertalsperre weichen. Lange verschollen, tauchte sie in den 60er Jahren wieder auf. Eine Bronzereplik bewunderst du auf der Tour am Zusammenfluss von Weser und Hill, das Original steht im Stadtmuseum.

RADFAHRER-PARADIES

Eine Auffüllstelle für Wasser, Werkzeug fürs Rad, viele Ladestellen für E-Bikes – und eine tolle Terrasse. Das 7 / Besucherzentrum Wesertalsperre hat alles.

jetzt Natur pur auf meist nicht asphaltierten Wegen. Wir umrunden einen der insgesamt drei spitzen Ausläufer der Wesertalsperre an KP 55 und folgen KP 46 nach links. Sobald der dichte Baumbewuchs die Möglichkeit bietet, möchte sich der Blick dabei kaum von der in der Sonne glitzernden Wasseroberfläche abwenden. Über eine kopfsteingepflasterte Brücke fahren wir geradewegs auf eine geklüftete 5 / Natursteinformation des Geopfads Ternell zu. Am Ende des Anstiegs, der gleichzeitig den höchsten Punkt der Tour markiert, geht es weiter geradeaus Richtung KP 46 und wir passieren eine Jagdhütte. Die Wege sind im Sommer gesäumt von blühendem Fingerhut, dessen Blüten im Sonnenlicht leuchten. Vorbei an der hübschen Schutzhütte Bellesfort gelangen wir zu KP 46. Wir folgen dem hübschen Waldweg von hier Richtung KP 43 und überqueren über die Bellesforterbrücke wieder die Weser, die hier kurz vor ihrer Mündung in die Talsperre noch ein kleiner sprudelnder Bach ist. Auf Waldwegen gelangen wir an das markante Vennkreuz und erreichen schließlich KP 43. Von ihm radeln wir Richtung KP 42 auf nun wieder asphaltiertem Weg bald eine

ÜBER DIE STAUMAUER

rasante Abfahrt hinab bis zur Staumauer der Wesertalsperre. Bevor du nun die Fahrt um die Kurve rechts aufwärts Richtung Parkplatz und KP 44 fortsetzt, solltest du optional über die gigantische 410 m lange 6 / Staumauer der Wesertalsperre fahren. Ich fand es so toll, dass ich direkt mehrmals hin- und hergeradelt bin! Im 7 / Besucherzentrum Wesertalsperre am großen Parkplatz können wir nun eine Pause einlegen (tgl. 10–18, bei Schlechtwetter 11–18, Apr.–Mai u. Sept.–Okt. bei Schlechtwetter Mo geschlossen, Langesthal 164, 4700 Eupen, BE). Neben belgischen Spezialbieren ist das Eupener Schnitzel mit Speck, Pilzen und Zwiebeln ein Besucherliebling. Nebenan findest du für Kids ein großzügiges Spielgelände, das sich über mehrere Ebenen erstreckt.

4,2

So niedrig ist der pH-Wert des in die Wesertalsperre zulaufenden Wassers aus den Venner Hochmooren und beinhaltet daher auch keinen Fischbesatz. 82.500 m³ aufbereitetes Trinkwasser werden durch die wasserreichste Talsperre Belgiens täglich zur Verfügung gestellt.

Abschied vom Stausee

Wir verlassen den Parkplatz auf der gegenüberliegenden Seite des Stausees und folgen auf schmalem Weg KP 44. Von diesem geht's links für etwa 1,3 km auf einem schnurgeraden Asphaltweg Richtung KP 30, bis wir auf die Querstraße Schönefelderweg stoßen, der wir links folgen. 2 km weiter erreichen wir das 8 / Waldrestaurant Schönefeld (Di–So 11–21 Uhr, Schönefelderweg 222, 4700 Eupen, BE), französisch Le Brasserie 222, das mit seinem Biergarten

< links / Natursteinformation auf der Umrundung der Wesertalsperre
^ oben / Zur Einkehr in das Waldrestaurant Schönefeld

PATRIZIER-PRACHT

Meine Tour führt dich am Rückweg durch Eupen über die zentrale Gospertstraße und Klötzerbahn, wo du prächtige Patrizierhäuser bewundern kannst und viel fotografieren wirst!

zu einer Pause einlädt. Natürlich gibt es auch hier belgisches Bier, dazu neben Kaffee und Waffeln wechselnde saisonale Spezialitäten. Hier ist Cappuccino fast Sünde, denn der tolle Kaffee ist weit entfernt von Filterplörre.

18.000

So viele Einwohner Belgiens gehören zur deutschsprachige Bevölkerungsminderheit. Eupen ist dabei ihr Hauptsitz mit politischem Zentrum inklusive Parlament, Ministerium und der Regierung als exekutives Organ im 11 / Haus Grand Ry.

Eupens prächtige Innenstadt

Nun geht es stetig bergab. Statt dem Weg Richtung Zentrum zu folgen, biegen wir rechts in die Straße Nispert ab. Es erwartet uns hier ein Gefälle von satten 12 %, bis wir über Kopfsteinpflaster die 1746 im Barockstil erbaute 9 / St. Johannes Baptist Enthauptungskapelle, auch Nisperter Kapelle genannt, passieren. Leicht bergauf folgen wir weiter der Straße, bis wir bergab linkerhand den Werthplatz erreichen mit der 1690 erbauten 10 / St. Lambertus Kapelle, dem ältesten erhaltenen Eupener Gotteshaus, auch Werthkapelle genannt. Der heilige Lambertus war Bischof von Lüttich und starb um 700 als Märtyrer. Wir folgen an der Kreuzung der Straße geradeaus Richtung Stadtmuseum. Über Kopfsteinpflaster passieren wir das 11 / Haus Grand Ry von 1763, in dem seit 1984 die Regierung der deutschsprachigen Gemeinschaft sitzt, sowie die neugotische evangelische Kirche von 1855 mit ihrer auffälligen Turmspitze aus Schmiedeeisen und Zinkblech. An der T-Kreuzung biegen wir links in die Bergstraße ein und erreichen mit dem 1 / Parkplatz Bergstraße das Ziel unserer Tour.

TOURENINFO / Gut geeignet für E-Biker und Radfahrer, die auch vor manch ordentlicher Steigung nicht zurückschrecken. Tourhalbierung ab Staumauer möglich. Kinderanhänger nur für E-Biker und geübte Radfahrer. E-Bike-Ladestellen: Mehrere am 7 / Besucherzentrum Wesertalsperre während der Öffnungszeiten

---

➤ **1 /** Parkplatz Bergstraße ➤ **2 /** Bergkapelle ➤ **3 /** Spabrunnen-Männchen ➤ **4 /** Wesertalsperre ➤ **5 /** Natursteininformation ➤ **6 /** Staumauer Wesertalsperre ➤ **7 /** Besucherzentrum Wesertalsperre ➤ **8 /** Waldrestaurant Schönefeld ➤ **9 /** St. Johannes Baptist Enthauptungskapelle ➤ **10 /** St. Lambertus Kapelle ➤ **11 /** Haus Grand Ry

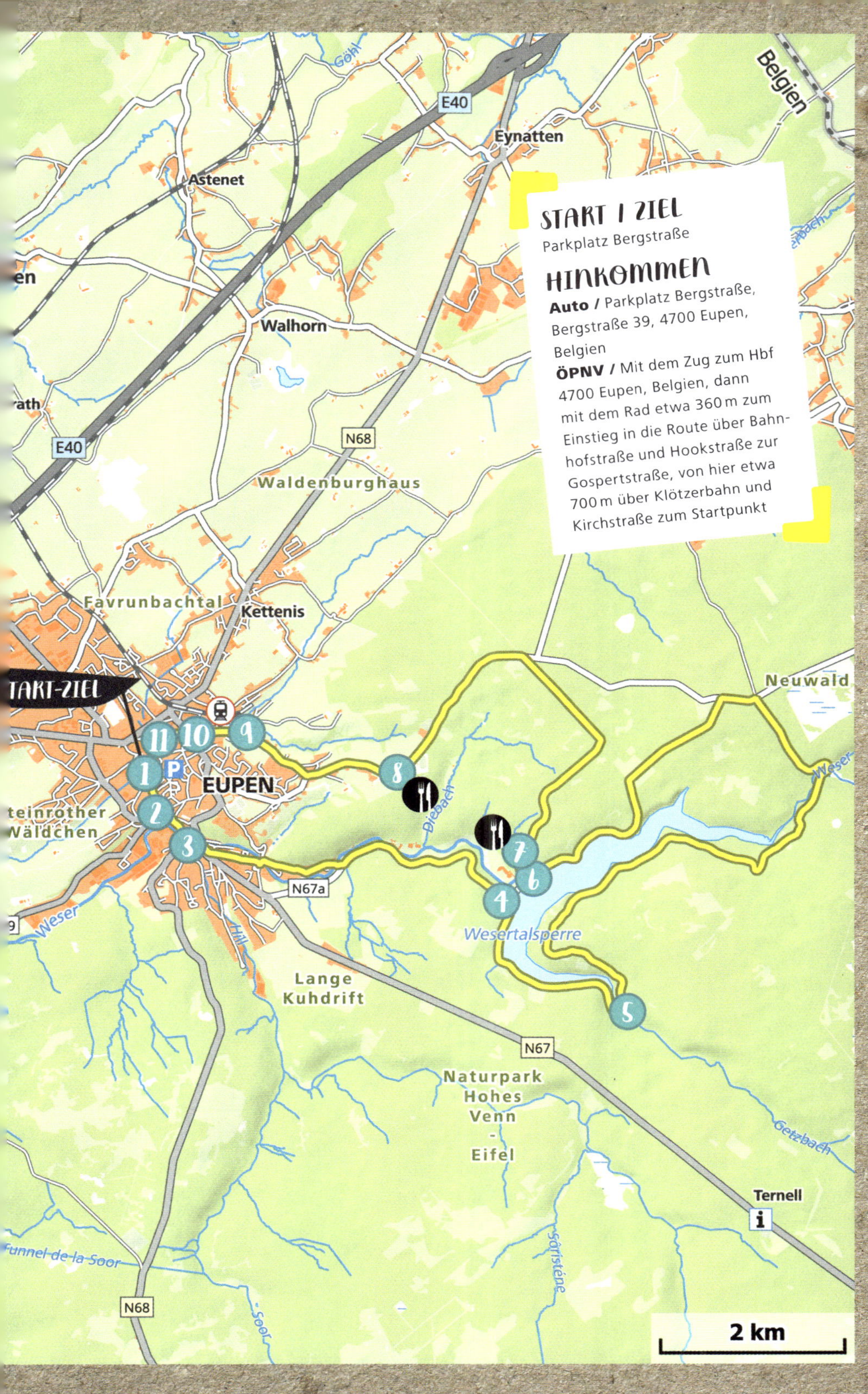

START / ZIEL
Parkplatz Bergstraße

HINKOMMEN

Auto / Parkplatz Bergstraße, Bergstraße 39, 4700 Eupen, Belgien

ÖPNV / Mit dem Zug zum Hbf 4700 Eupen, Belgien, dann mit dem Rad etwa 360 m zum Einstieg in die Route über Bahnhofstraße und Hookstraße zur Gospertstraße, von hier etwa 700 m über Klötzerbahn und Kirchstraße zum Startpunkt

GRÜNE LUNGE!

Auf dieser Tour bin ich schon nach 50 Metern an einem klaren Bergbach im Nationalpark Eifel in Urlaubsstimmung.

- ➤ **1 /** Am Parkplatz Simonskall starten und beenden wir die Tour
- ➤ **2 /** Immer an der Kall entlang bergauf
- ➤ **3 /** Genieße die Aussicht von der Staumauer der Kalltalsperre
- ➤ **4 /** Am Kaiserfelsen entlangradeln
- ➤ **5 /** Am Entnahmeturm der Kalltalsperre Halt machen
- ➤ **6 /** Übe Balance im Hochseilgarten Hürtgenwald
- ➤ **7 /** Fülle deine Kohlenhydratspeicher im Café Kern
- ➤ **8 /** Feierabendbier genießen im Landhotel Kallbach
- ➤ **9 /** Spiele Minigolf bei Kallbach's Adventure Golf

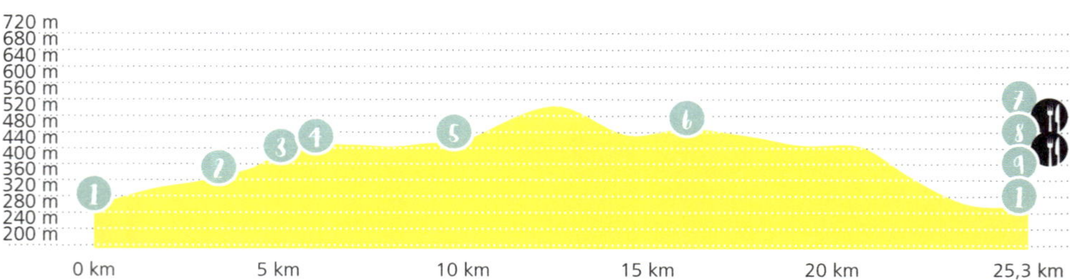

KALLPOWER

Eifelwildnis um Simonskall und Kalltalsperre

Auszeit entlang eines wilden Eifelbachs und um eine Talsperre – mitten im Naturpark Eifel. Wir erklimmen einige Höhenmeter und lassen uns bergab den Wind ins Gesicht blasen, um zum Abschluss schlemmen zu dürfen. Optional: Hochseilgarten!

25 Kilometer
298 Höhenmeter
2:10 Stunden
Rundtour

Über Brücken sollst du fahren

Wir starten vom 1 / Parkplatz Simonskall nach links vorbei am Hotel Haus Sonneneck Richtung Marienkapelle, zu der es bereits nach 180 m links abgeht. Nachdem wir eine Brücke mit einem hübschen Kunstwerk des Brückenheiligen Nepomuk überquert haben, stellen wir unsere Räder ab und gehen den kleinen steilen Weg zu Fuß bis zur Kapelle. Ich mag den kleinen Abstecher hierhin, stimmt mich die Kapelle doch auf die Ruhe ein, die uns auf unserer Eifelrunde erwartet. Wir kehren zurück zur Straße und folgen dem ursprünglichen Weg weiter Richtung Knotenpunkt (KP) 62 Simmerath. Zunächst führt er uns für etwa 1,6 km entlang der schmalen, zwischen schroffem Fels und sanft dahin plätscherndem Bach verlaufenden Straße. Dann folgen wir dem rot-weißen Radhinweis über eine Brücke und nutzen, gleich

CHARAKTER

Sportlich	●●●●●
Abkühlung	●●○○○
Schlemmen	●●●●○
Panorama	●●●●○

< links / Abgelegen ruht die Kalltalsperre über dem Kalltal

rechts abbiegend, den Forstweg für etwa 300 m, um ihn wieder über eine Brücke auf den weiter ansteigenden unbefestigten Weg zu verlassen. Über eine weitere kleine Brücke gelangen wir schließlich zurück zur Straße, die wir nach links über die markante Straßenbrücke überqueren. Direkt dahinter biegen wir rechts auf den Parkplatz Kallbrück ab. Der quirlige Wasserlauf, den wir über all die Brücken ständig queren, ist die 2 / Kall, ein kleiner klarer Bach mit der Charakteristik eines Bergbachs. Wir überqueren den Parkplatz und halten uns Richtung Kalltalsperre, die noch ein paar auf der sanften Steigung gut zu bewältigenden Höhenmeter über uns liegt. An der Weggabelung nehmen wir den Weg weiter links bergauf, bis wir KP 62 erreichen.

Kalltalsperre

Mit einem etwa 150 m langen Abstecher nach rechts erreichen wir die 3 / Staumauer der Kalltalsperre und genießen Ruhe und Ausblick. Wenn du so gerne über Staumauern radelst wie ich, dann hast du jetzt die Gelegenheit, denn wir kehren später nicht mehr hierhin zurück. Anschließend fahren wir zurück zum KP 62 und halten uns Richtung KP 18 Simmerath. Dabei passieren wir eine kleine Schutzhütte und begeben uns auf den etwa 5 km langen Talsperrenrundweg. Dem glatt asphaltierten Weg folgen wir mit Blick auf die Talsperre und zwischen der Sandsteinformation des 4 / Kaiserfelsens hindurch. Wir folgen dem Weg, bis wir schließlich oberhalb der Pegelanlage Kallbach ankommen, an der wir nach rechts abbiegen und das kleine Stauwerk schiebend überqueren. Bei warmem Wetter kannst du deine Füße und Handgelenke im kühlen Wasser oberhalb des Stauwerks kühlen. Dem Weg nach rechts folgend begleiten wir die Kalltalsperre mit fantastischer Aussicht auf das glitzernde Wasser. Zwischen-

TRINKWASSER FÜR DIE REGION

180 m lang ist die 3 / Staumauer der Kalltalsperre. Der Wasserspeicher umfasst bis zu 2,1 Millionen Kubikmeter und wurde 1936 eingeweiht.

➤ rechts groß / Entspannter Blick auf die Kalltalsperre ➤ rechts klein / Die Entdeckung der Langsamkeit – alle Farben scheinen intensiver

KM 3

Mal plätschert das Wasser der 2 / Kall gemütlich dahin, mal rauscht es, über unzählige Felsblöcke in seinem Bett sprudelnd, gen Tal. Vom Ufer dem Schauspiel folgend, fühlen wir uns sofort wie im Urlaub. Alles erscheint leuchtender in der feucht-kühlen Umgebung, selbst die ockerfarbenen Schnecken erscheinen farbintensiver als sonst.

URZEIT-RELIKT

Der 4 / Kaiserfelsen ist als Sandsteinfelsen das Relikt einer Zeit, als sich hier vor Jahrmillionen im Unterdevon ein flaches warmes Meer befand.

SEEBLICK DE LUXE

durch können wir die Füße auf einer Relaxliege mit Seeblick hochlegen und erreichen schließlich die zweite Seespitze. Nach einem weiteren kleinen Stauwerk biegen wir nach kurzer Steigung, dem Wanderweg 12 Kalltal-Kelsterbach folgend, nach rechts über eine Brücke mit Holzgeländer ab. Wir passieren den 5 / Entnahmeturm der Kalltalsperre und biegen direkt danach scharf links bergauf ab.

Aufstieg und Abfahrt

Nun geht es auf dem steilsten Stück der Tour für 2,5 km stetig bergauf, bis wir schließlich den höchsten Punkt unserer Route erreichen. Wir bleiben immer geradeaus auf dem Waldweg, passieren einige Windkrafträder und die Schutzhütte „Kalltalsperre“, erbaut 1962 vom Verein Naturpark Nordeifel. Erst an KP 9 halten wir uns nach rechts Richtung KP 10 Germeter. Wir genießen nach dem Anstieg den Fahrtwind auf dem nun für etwa 1,4 km schnurgerade bergab führenden Waldweg, bis wir am Ende des Wegs kurz vor dem Ort Raffelsbrand eine Wegschranke in Form eines großen Tors durchqueren und auf die Straße stoßen. Nun folgen wir KP 10 nach

rechts etwa 600 m bergab entlang der B 399, verlassen diese links und folgen gleich wieder nach rechts weiter dem Weg.

Exkurs Hochseilgarten

Wer bis jetzt noch nicht genügend sportliche Aktivität in den Beinen hat, kann sich beim Klettern im Hochseilgarten so richtig austoben (und auch noch die Arme auspowern). Dafür folgst du, statt abzubiegen, der B 399 etwa 600 m weiter, biegst links in die Wollseifener Straße und folgst ihr 600 m, bis sie wieder auf die B 399 mündet. Etwa 40 Meter links liegt auf der rechten Seite der 6 / Hochseilgarten Hürtgenwald (März–Okt. Sa–So, Feiert. 11–18 Uhr, Vorabbuchung gewünscht, GPS Kletterwald: 50.66578/6.34296, 52393 Hürtgenwald). Die Kletterzeit beträgt ungefähr zweieinhalb Stunden im Anschluss an die Einweisung. Dann kann man dort rumkraxeln, wo man sonst nicht hinkommt – zwischen den Baumkronen. Dabei befindet man sich 3 bis 15 Meter über dem Boden! Um auf die Route zurückzukehren, fährst du zurück zum Abzweig Richtung KP 10.

Auf dem Rückweg

Wir durchqueren nun ein Waldgebiet und erreichen kurz danach Vossenack mit dem KP 10. Hier halten wir uns rechts Richtung

6,24 KM

So lang ist der Kallstollen, der bereits 1926 vor dem Bau der Kalltalsperre bis zu 180 m tief in die Schichten gegraben Wasser von Kall- und Keltzerbach zur Dreilägerbachtalsperre führte. Er war nach seinem Bau der längste Wasserüberleitungsstollen Deutschlands.

< links / Die Route führt mitten durch die Sandsteinformation des Kaiserfelsens ^ oben / Glasklar und kalt – so fließt die Kall durchs Tal

SIMONSKALL

Im tief eingeschnittenen Kalltal wurde 1608 der Grundstein von Simonskall gelegt. Das Tal steht aufgrund seiner Artenvielfalt seit 1998 unter Naturschutz.

KP 36 über die Straße Im Oberdorf, von der wir nach rechts in die Straße Ralscheid abbiegen. Bald geht es steil bergab. Wir folgen dem Wegverlauf rechts bis zu einem Wegekreuz, das uns bei toller Aussicht über das Tal förmlich dazu auffordert innezuhalten. Wir folgen dem Weg weiter bergab nach rechts über einen holprigen Asphaltweg, der bald in einen Forstweg übergeht. Nach einer kleinen Brücke geht es auf dem mittleren Weg wieder bergauf. Nach KP 36 leitet uns KP 62, der uns idyllisch durch das hübsche Tal zu unserem Startplatz im kleinen Ort Simonskall zurückführt, der 2019 gerade einmal 42 Einwohner zählte.

KOHLENHYDRAT-SPEICHER

Im 7 / Café Kern gibt's tollen Kuchen! Ich kann dir den gedeckten Apfelkuchen ans Herz legen! Es werden aber auch warme Gerichte und Biker-Pakete wie Spaghetti Bolognese zum Auffüllen der Kohlenhydrate angeboten, da direkt nebenan ein Bikepark für Downhiller und Freerider liegt.

Schlemmen & Spielen

Zum Abschluss der Tour kannst du Hunger und Durst hervorragend im 7 / Café Kern mit seiner Außenterrasse stillen (Di, Do, Fr 12–17, Mi 10–17, Sa 10–18, So 9–18 Uhr, Simonskall 25, 52393 Hürtgenwald-Simonskall). Als Alternative liegt direkt gegenüber das 8 / Landhotel Kallbach, ebenfalls mit großer Außenterrasse (tgl. 12–20.30 Uhr, Simonskall 24–26, 52393 Hürtgenwald-Simonskall). Und wenn es die Zeit zulässt, solltest du 9 / Kallbach's Adventure Golf nicht auslassen, einen großzügigen Platz auf 3.000 km² Fläche mit Kunstrasenbahnen auf 18 Löchern, eingebettet in Bachläufe und Findlinge (tgl. 10 Uhr bis Einbruch der Dämmerung, abweichend bei schlechter Witterung, Simonskall 24–26, 52393 Hürtgenwald-Simonskall). Hier ist nichts von strikter Golfettikette zu merken, stattdessen stehen Spiel und Spaß im Vordergrund.

TOURENINFO / Mittlerer Anspruch an die Kondition mit 260 Höhenmetern zwischen tiefstem und höchstem Punkt, mit E-Bike einfach. Wegen der Höhenmeter und eines Teilstücks Bundesstraße nicht für Kinder geeignet. Hochseilgarten optional, ohne diesen reduziert sich die Strecke auf 22 km.

➤ **1 /** Parkplatz Simonskall ➤ **2 /** Kall ➤ **3 /** Staumauer der Kalltalsperre ➤ **4 /** Kaiserfelsen ➤ **5 /** Entnahmeturm der Kalltalsperre ➤ **6 /** Hochseilgarten Hürtgenwald ➤ **7 /** Café Kern ➤ **8 /** Landhotel Kallbach ➤ **9 /** Kallbach's Adventure Golf

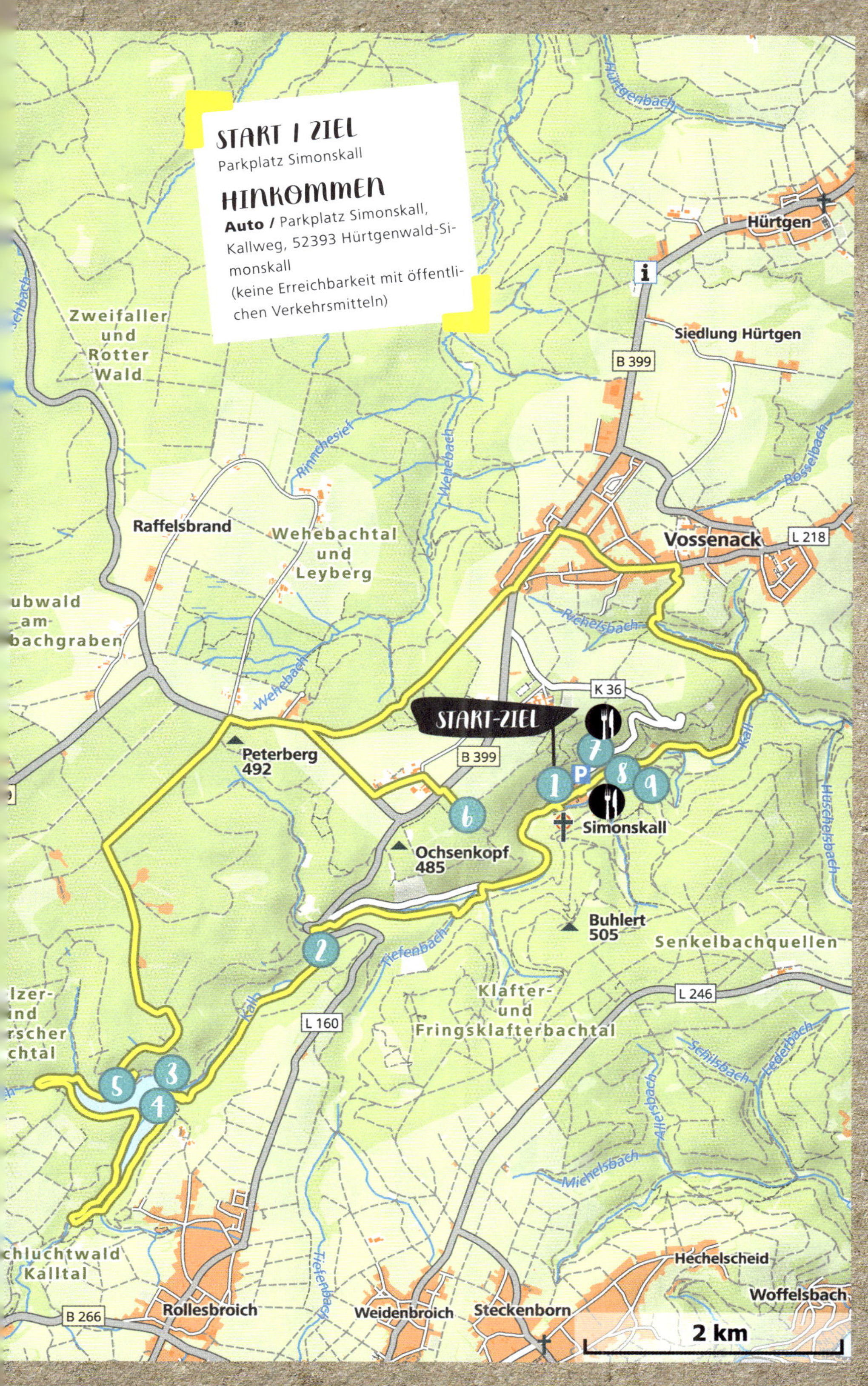

START / ZIEL
Parkplatz Simonskall
HINKOMMEN
Auto / Parkplatz Simonskall, Kallweg, 52393 Hürtgenwald-Simonskall
(keine Erreichbarkeit mit öffentlichen Verkehrsmitteln)
START-ZIEL
Hürtgen
Siedlung Hürtgen
B 399
Vossenack
L 218
Zweifaller und Rotter Wald
Raffelsbrand
Wehebachtal und Leyberg
Peterberg 492
Ochsenkopf 485
K 36
Simonskall
Buhlert 505
Senkelbachquellen
Klafter- und Fringsklafterbachtal
L 246
L 160
Hechelscheid
Woffelsbach
Rollesbroich
Weidenbroich
Steckenborn
B 266
2 km

GÄNSEHAUT-FAKTOR!

Ich bin immer überrascht, welche Gruselgeschichten es in der Umgebung gibt. Perfekt verbunden mit Staunen & Relaxen gibt's auf dieser Tour viel Gänsehaut!

➤ **1 /** Start und Ziel der Tour ist der Parkplatz Kaster

➤ **2 /** Staune am Aussichtspunkt Skywalk über gigantische Braunkohlebagger

➤ **3 /** Lass dich von der Grottenhertener Windmühle verzaubern

➤ **4 /** Im Sauna-Resort oder Hallenbad des monte mare Bedburg entspannen

➤ **5 /** Wie im Mittelalter fühlst du dich in Alt-Kaster

➤ **6 /** Auf den Spuren des Werwolfprozesses

➤ **7 /** Zurücklehnen und genießen im Restaurant Mannaro

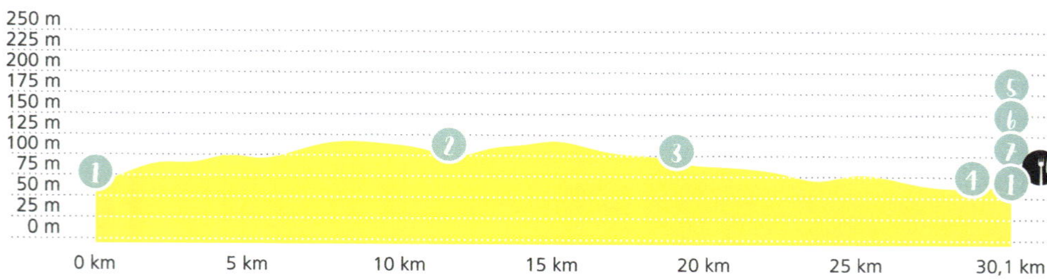

SKYWALK & WERWOLF

Strom, Wärme und Grusel rund um Alt-Kaster

TOUR, DIE DU SO NIE GEMACHT HÄTTEST

Wer fährt schon eine Tour im Gebiet eines früheren Werwolfs? Sicher niemand, außer wir! Erfahre, wer der Werwolf von Epprath war, sieh vom Skywalk in ein riesiges Braunkohleloch, bestaune eine Windmühle, und relaxe abschließend in der Sauna.

30 Kilometer
84 Höhenmeter
2 Stunden
Rundtour

CHARAKTER

Sportlich ●●○○○
Abkühlung ●●●●○
Schlemmen ●●●○○
Panorama ●●●●○

Mittelalterliche Gemäuer

Vom 1 / Parkplatz Kaster aus fahren wir rechts die Albert-Schweitzer-Straße entlang und direkt in der ersten Kurve wieder rechts auf das Stadttor von Alt-Kaster zu. Den Besuch der Altstadt dahinter heben wir uns für das Ende unserer Tour auf. Stattdessen biegen wir vor dem Tor links auf den Radweg Richtung Knotenpunkt (KP) 8 Erkelenz mit rot-weißer Beschilderung. Wir begleiten Kasters alte Stadtmauer, bis wir den Ort schließlich vorbei an einem Spielplatz verlassen, rechts abbiegen, der Linkskurve folgen und direkt wieder rechts auf den unbefestigten, etwas holprigen Waldweg einbiegen. Wir folgen ihm geradeaus, lassen den Wald hinter uns und stoßen auf eine Wegkreuzung, ab der wir KP 8 folgen. Zwischen einigen Bauernhöfen hindurch erreichen wir eine Straße und biegen rechts ab. Der Weg führt

◂ links / Auf Entdeckungstour – dem Werwolf auf der Spur in der Altstadt von Kaster

uns nun aus Hohenholz heraus Richtung Kirchherten. Begleitet von blühenden Feldrändern folgen wir dem asphaltierten Wirtschaftsweg über die Felder und überqueren schon bald die Autobahn 61. Um zum Skywalk zu gelangen, verlassen wir unseren Rundkurs vorübergehend, ebenso die rot-weiße Markierung, und biegen auf den ersten asphaltierten Feldweg rechts ab. Wir bewegen uns nun parallel zur A61 und einigen Windrädern. Wir steuern auf die Autobahn 44 zu, vor der wir auf der zweiten Kreuzung nach links abbiegen. Am Wegekreuz geht es gleich wieder nach rechts, um die A44 zu überqueren, die für den Tagebau abgebaggert und später wieder neu gebaut werden musste.

UMSIEDLUNGEN

Nicht nur Dörfer und ihre Einwohner, auch Autobahnen mussten dem „Hunger" der Bagger weichen. Die A44, die du überquerst, wurde dafür neu gebaut.

Blick in den Abgrund

So kommen wir nach Jackerath, wo wir rechts abbiegen und durch eine Unterführung rollen, um kurz darauf den bereits ausgeschilderten 2 / Aussichtspunkt Skywalk zu erreichen. 14 Meter weit schiebt sich die Plattform über den Tagebau. Von hier siehst du einige der größten Bagger der Welt. Vom Aussichtspunkt fahren wir die Straße zurück bis zur Kreuzung. Wem der Sinn nach einem Snack oder Getränk steht, der fährt 20 Meter über die Kreuzung hinweg und findet auf der linken Seite den Kiosk Jackerath (Mo–Fr 6–17, Sa 6–12, So 7–11 Uhr, Grevenbroicher Str. 2, 52445 Titz). Hier bekommst du belegte Brötchen und Kaffee zum kleinen Preis. Ansonsten folgen wir der Straßenbeschilderung nach links Richtung Kirchherten und fahren denselben Weg zurück, den wir gekommen sind, bis wir, rechts abbiegend, wieder auf die rot-weiße Radbeschilderung stoßen und unseren Rundkurs wieder aufnehmen. Wir fahren nun auf den Ort Kirchherten zu. Dabei überqueren wir auf der Radroute die Hauptstraße des Orts und kommen durch eine schmale Gasse auf einen etwa 300 m langen unbefestigten

TOUR, DIE DU SO NIE GEMACHT HÄTTEST

➤ rechts groß / Blick in den offenen Tagebau ➤ rechts klein / Der Skywalk eröffnet den Blick auf den Braunkohletagebau Garzweiler II

13.000 t

Das ist das beeindruckende Gewicht des größten Schaufelradbaggers im Tagebau Garzweiler, den du vom 2 / Aussichtspunkt Skywalk sehen kannst. Mit fast 100 Metern Höhe ist er ein Meisterwerk der Technik. Gleichzeitig begreifst du vom Aussichtspunkt das ganze Maß der Umweltzerstörung durch den Braunkohleabbau.

NACH DER KOHLE

Nach dem Ende der Braunkohle sollen die Tagebaue als Erholungsgebiete mit riesigen Seen genutzt werden. Bis dahin werden noch Jahrzehnte vergehen.

und ruppigen Feldweg. Der Radroute nach links folgend haben wir wieder Asphalt unter den Reifen. Wir rollen durch den beschaulichen Ort und biegen nach rechts Richtung KP 8 Erkelenz ab.

Mühlenidylle

TOUR, DIE DU SO NIE GEMACHT HÄTTEST

Wir fahren nun geradewegs auf die hübsche 3 / Grottenhertener Windmühle zu, deren Besichtigung nur nach frühzeitiger Voranmeldung möglich ist. Wenig später erreichen wir KP 8 und halten uns von hier Richtung KP 9 Bedburg. Am Horizont erkennen wir die Sophienhöhe, den rekultivierten Abraumberg des Tagebaus Hambach (siehe Tour 5). Wir überqueren die Durchgangsstraße von Grottenherten, durchfahren den kleinen Ort und biegen schließlich auf den die Straße begleitenden Radweg nach links Richtung KP 9 ab. Mit einem schönen Weitblick über die Felder erreichen wir Kirchtroisdorf und verlassen die Knotenpunktroute, indem wir im Kreisverkehr an der letzten Ausfahrt Richtung Bedburg abbiegen. Vorbei an Gut Etgendorf überqueren wir die A61. Wir fahren geradeaus nach Bedburg hinein, entlang des Friedhofs und ent-

sprechend der Fahrradbeschilderung Richtung Bedburg-Zentrum. Es geht auf dem Radweg bergab bis zu seinem Ende, wo wir links wieder Bedburg-Zentrum folgen. Wir überqueren den Fußgängerüberweg, nehmen geradeaus den Radweg in die Germaniastraße und folgen ihr parallel zu den Bahngleisen. Am Beginn der Germaniastraße liegt auch der Einstieg in diese Tour, wenn man mit dem Zug am Bahnhof Bedburg ankommt. Am Ende der Straße angekommen, halten wir uns links und folgen der Zwischenbeschilderung etwa 80 m weiter nach rechts, um zum Parallelweg zur Straße zu gelangen. Wir passieren eine Unterführung sowie eine Schallschutzwand und biegen bei nächster Gelegenheit rechts ab. Hier überqueren wir die Albert-Schweitzer-Straße.

25 m

Das ist der Durchmesser der Segelgatterflügel der 3 / Grottenhertener Windmühle. Die immer noch voll funktionstüchtige Turmwindmühle Typ „Durchfahrtholländer" stammt aus dem Jahr 1831 und wurde bis 1964 gewerblich genutzt.

Time to relax

Wenn du deine Tour mit einer wunderschönen Saunalandschaft mit tollem Außengelände oder einem Besuch im Hallenbad abschließen möchtest, fährst du von hier 100 m nach rechts und erreichst das 4 / monte mare Bedburg (Sauna-Resort, ab 16 Jahren, Mo–Sa 9–22, So 9–20, Monte-Mare-Weg 1, 50181 Bedburg). Im Resort ist auch ein zu empfehlendes Wellness-Restaurant unter-

---

< links / Unterwegs auf den malerischen Feldwegen der Region
^ oben / Auch das Rheinland kann Windmühle, wie hier mit der Grottenhertener Windmühle

gebracht. Von Fitness-Salaten über Flammkuchen bis Pasta und Burger, hier ist für jeden Geschmack etwas dabei. Auch Vegetarier und Veganer kommen auf ihre Kosten. Du magst lieber einfach nur schwimmen? Auch ein Hallenbad (Mo–Fr 14–18, Sa–So 10–18 Uhr) ist hier mit separatem Zugang untergebracht. Wenn du die Tour in Kaster ausklingen lassen möchtest, fährst du stattdessen nach links weiter. Du passierst deinen Startpunkt und fährst wie zu Beginn bis zum Stadttor von 5 / Alt-Kaster.

Gruselfaktor

Hier findest du auch den Einstieg in den Werwolf-Wanderweg, denn in Bedburg fand 1589 der weltweit bekannteste 6 / Werwolfprozess statt. Selbst dänische und englische Flugblätter berichteten damals über den Fall (Routenverlauf und Infos auf der Homepage von Bedburg). Der Spaziergang von 10 Kilometern und ca. 2 Stunden lässt sich auch in eine Runde um den Kasterer See und eine Gerichtsrunde durch den Ort teilen. Anschließend fährst du durchs Stadttor hindurch und erreichst rechts das Landhaus Danielshof mit seinem 7 / Restaurant Mannaro (tgl. Küche 12–14 und 18–22 Uhr, Hauptstraße 3D, 50181 Bedburg). Außerhalb der Küchenzeiten gibt's nur Getränke, aber im Innenhof des Gutshofs aus dem Jahr 1820 lässt es sich im Schatten des Maronenbaums an efeubewachsenen Wänden gemütlich sitzen. Hier beenden wir die Tour und fahren zurück zu unserem Startpunkt am 1 / Parkplatz Kaster.

TOUR, DIE DU SO NIE GEMACHT HÄTTEST

1589

In diesem Jahr wurde Peter Stump im weltweit größten 6 / Werwolfprozess unter den Augen von 4.000 Menschen in Bedburg hingerichtet, da er als Werwolf in der Gegend gewütet haben soll. Auf dem Werwolf-Wanderweg kannst du die Stationen von Alt-Kaster aus erkunden.

TOURENINFO / Gut geeignet für Familien mit Anhänger. Kurze ruckelige Wegstücke auf Wirtschaftswegen, sonst meist asphaltiert, nur moderate Steigungen. Badesachen oder Saunasachen (ab 16 Jahren) nicht vergessen!

➤ **1 /** Parkplatz Kaster ➤ **2 /** Aussichtspunkt Skywalk ➤ **3 /** Grottenhertener Windmühle ➤ **4 /** Sauna-Resort und Hallenbad monte mare Bedburg ➤ **5 /** Alt-Kaster ➤ **6 /** Werwolf Prozess ➤ **7 /** Restaurant Mannaro

ART / ZIEL
platz Kaster
NKOMMEN
to / Parkplatz Kaster, Albert-
weitzer-Straße 18, 50181
dburg
PNV / Vom Bhf Bedburg aus
nstieg in die Tour bei km 27,
so etwa 3 km vor eigentlichem
tartpunkt: 400 m auf der Adolf-
Silverberg-Sraße und über Zebra-
streifen auf Germaniastraße
Hochneukirch
B 59
JÜCHEN
Gubberath
A 46
NOITHAUSEN
ORKEN
K 22
L 116
ELSEN
Fürth
GREVENBROICH
NEU-ELFGEN
STADTMITTE
LAACH
B 59
Braunkohle-
Tagebau
Garzweiler
Tiergehege
Gustorf
NEUENHAUS
Gindorf
Bendgraben
L 375
A 44
K 39
Frimmersdorf
Neurath
L 279
Erft
A 61
L 277
Hohenholz
START-ZIEL
Alt-Kaster
L 361
KÖNIGSHOVEN
Kirchherten
Epprath
BROICH
L 277
KASTER
BEDBURG
Grottenherten
Pütz
LIPP
K 36
K 36
MILLENDORF
K 37
Kalrath
Oppendorf
Kleintroisdorf
Kleine Erft
BLERICHEN
Kirchtroisdorf
L 361
A 61
K 19
K 37
KIRDORF
Glesch
Rödingen
Finkelbach
Niederembt
2 km

HALLO FEIERABEND!
Ob alleine, zu zweit oder zu mehrt: Auf einer Radrunde den Kopf durchpusten tut gut – wie hier auf der Sophienhöhe auf Tour 5.

MEHR ERFAHREN

SPANNENDE TAGESTOUREN DIE JEDER SCHAFFT

10 | STADT, LAND, FLUSS | NaTour

Roermonds Kastelen en Molens mit Nationalpark De Meinweg ➤ **3 Stunden // Seite 85**

11 | WASSERMÜHLEN-HOPPING | ArchitekTour

Über Wegberger Wassermühlen zum Effelder Waldsee ➤ **3:10 Stunden // Seite 95**

12 | WELTENWECHSEL | KulTour

Mit Rad und Dampflok zum Heinsberger Lago ➤ **3:30 Stunden // Seite 105**

13 | GRENZTOUR | NaTour

Blühende Brunssummer und Teverener Heide ➤ **3 Stunden // Seite 115**

14 | BADEHOPPING | NaTour

Dürener 4-Seen-Tour ➤ **3:10 Stunden // Seite 125**

15 | WESTWALL-RELIKTE | KulTour

Radeln um die Kupferstadt Stolberg ➤ **2:45 Stunden // Seite 135**

16 | JUWEL RURSTAUSEE | MuskulaTour

Einen ganzen Tag baden und genießen ➤ **2:15 Stunden // Seite 145**

16 1/2 | GRÖSSENWAHN | ArchitekTour

Urfttalsperre und NS-Ordensburg Vogelsang ➤ **1:30 Stunden // Seite 152**

17 | EXKLAVEN AM VENN | NaTour

Vennbahnweg und Natur pur im Hohen Venn ➤ **2:45 Stunden // Seite 157**

TOUR, DIE DU SO NIE GEMACHT HÄTTEST

18 | TRANSFORMERS LIVE | KulTour

Dimensionen des Tagebaus Hambach ➤ **3:10 Stunden // Seite 167**

VON ALLEM ETWAS!

Ich liebe diese Tour, da sie eine wunderbare Vielfalt von Natur, Kultur, urbanem Umfeld und Nationalpark bietet.

➤ **1 /** Am Parkhaus Roercenter beginnen und beenden wir die Tour

➤ **2 /** Die Abtei St. Odiliënberg erkunden

➤ **3 /** Einen Blick auf die Mühle Molen van Verbeek werfen

➤ **4 /** Den zauberhaften Park rund ums Kasteel Aerwinkel entdecken

➤ **5 /** Im Restaurant De Gasterij die Zeit genießen

➤ **6 /** Leckereien probieren im Restaurant Holsterhof

➤ **7 /** Mach Rast an der hübschen Windmühle Prins Bernhard Molen

➤ **8 /** Mit Blick auf die Mühle Pfannekuchen snacken im Oetsjpanning De Meuleberg

➤ **9 /** Wirf einen Blick auf das schicke Kasteel Daelenbroek

➤ **10 /** Den besten Burger weit und breit gibt's im Restaurant De Boshut

➤ **11 /** Atme Natur pur im Nationalpark De Meinweg

➤ **12 /** Kinder toben sich glücklich am Speeltuin Kitskenberg

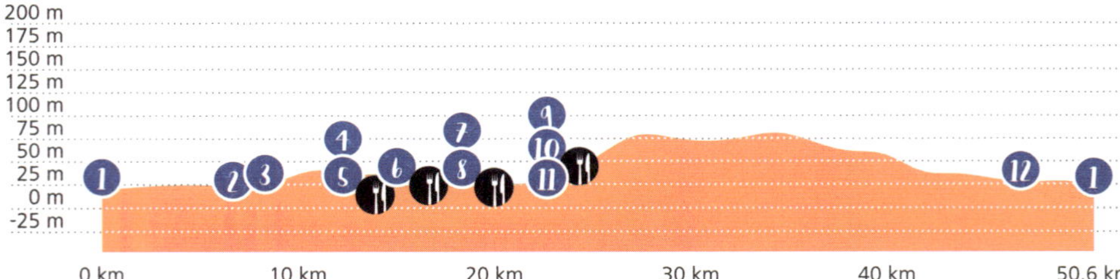

Stadt, Land, Fluss

Roermonds Kastelen en Molens
mit Nationalpark De Meinweg

Abwechslungsreicher geht nicht! In der niederländischen Provinz Limburg entdecken wir zwei Schlösser, zwei Mühlen, zwei Flüsse und die quirlige Stadt Roermond. Und wir erleben die bezaubernde Stille des Nationalparks De Meinweg mit seiner Heide-, Moor- und Kiefernlandschaft.

51 Kilometer
111 Höhenmeter
3 Stunden
Rundtour

Quirliges Roermond

Vom 1 / Parkhaus Roercenter starten wir nach rechts in die Straße Roersingel Richtung Straßengastronomie. Hier tummeln sich die Menschen in den Lokalen am Flussufer. Wir orientieren uns heute größtenteils an der exzellenten grün-weißen Knotenpunktbeschilderung (KP) der Niederlande. Zunächst überqueren wir nach links die Fußgängerbrücke Richtung KP 82 über die Roer, zu Deutsch die Rur, die nur etwa 300 m weiter in die Maas mündet. Etwas weiter streifen wir das Maasufer und orientieren uns am KP 82 Richtung KP 13. So verlassen wir Roermond, überqueren die Bahngleise und erreichen KP 13. Wir lassen das urbane Umfeld hinter uns Richtung KP 81, indem wir die Autobahn über die Brücke Richtung 2 / St. Odiliënberg überqueren. In diesem Ort ma-

Charakter

Sportlich	●●●○○
Abkühlung	●●●○○
Schlemmen	●●●●●
Panorama	●●●●○

◂ links / Radfahrer-Highlight an der Gastronomiemeile Roerkade in Roermond

chen wir einen Stopp für die eindrucksvolle romanische Basilika. Anschließend halten wir uns links Richtung KP 75 und befahren nun ein Stück des RurUfer-Radwegs. Am Brunnen etwa 200 m weiter biegen wir nach links ab. KP 75 erreichend verlassen wir den RurUfer-Radweg und halten uns Richtung KP 12. Etwa 350 m weiter machen wir einen Abstecher nach rechts, dem Wegweiser Beltkorenmolen folgend, um nach 200 m die runde, 1883 erbaute Steinmühle 3 / Molen van Verbeek zu erreichen (Besichtigung 1. und 3. Sa im Monat, 13–16 Uhr, Molenweg 14, St. Odiliënberg, NL). Zurück am Wegweiser folgen wir unserer Route weiter nach links, erreichen rechts abbiegend KP 12 und folgen nun KP 74, den wir schon kurz darauf erreichen und nun links Richtung KP 69 abbiegen. Wir kommen durch ein Waldgebiet, das den Naturbegraafplatz Bergerbos beherbergt, einen Naturfriedhof. Solltest du einen solchen noch nie gesehen haben, setz ruhig ein paar Schritte vom Haupteingang hinein, er strahlt eine bemerkenswerte Ruhe aus. Kurze Zeit später erreichen wir Reutje und fahren weiter Richtung KP 69 Posterholt.

Schloss Aerwinkel

Etwa 300 m nach dem Ort biegen wir rechts in die Aerwinkelallee ein. Dem Weg in den Park folgend, erreichen wir das ganz im Grünen gelegene, romantische neugotische 4 / Kasteel Aerwinkel, etwa 100 m weiter das 5 / Restaurant De Gasterij mit einem tollen Gastgarten und Innenraum (Do–Fr 12–17, Sa 10–17, So 10–20 Uhr, Aerwinkelallee 1, 6061 GT Posterholt, NL). Zurück an der Straße folgen wir geradeaus über den Aarwinkelsweg KP 73. Wir gelangen zum 6 / Restaurant Holsterhof mit einer sehr gepflegten Außenterrasse und tollen Räumlichkeiten (Mi–So 12–17

ARTENREICHER PARK

Das 1854 erbaute 4 / Kasteel Aerwinkel umgibt ein für die Südniederlande einzigartiger englischer Landschaftsgarten mit über 500 verschiedenen Sträuchern und Bäumen.

➤ rechts groß / Von einem wundervollen Park umgeben präsentiert sich das Kasteel Aerwinkel ➤ rechts klein / Mühlenflügel-Impressionen sind fester Bestandteil einer Radtour in den Niederlanden

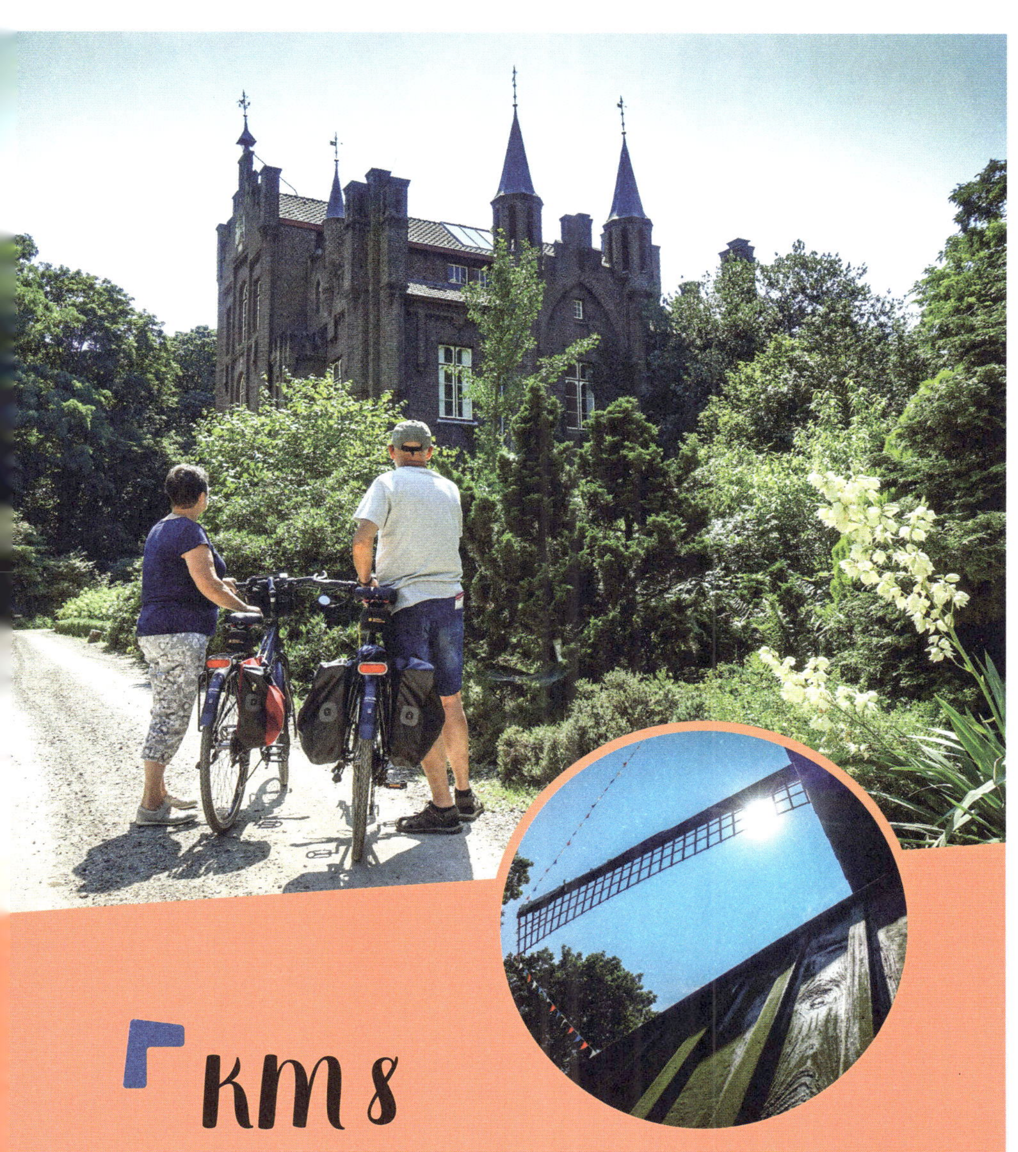

KM 8

Unübersehbar rückt auf dem Sint-Petrusberg die zweitürmige Basilika von 2 / Sint Odiliënberg in unseren Blick, deren Hauptschiff im 11. Jahrhundert erbaut wurde, deren Ursprung aber bis ins 9. Jahrhundert zurückreicht. Der kleine Ort liegt unmittelbar an der Rur, die an dieser Stelle hübsch mäandriert.

PROBIER DICH SATT

Im 6 / Restaurant Holsterhof kannst du dich mit etwas Budget mittags durch die „Lunch-Proeverij", bestehend aus 5 kleineren Gerichten, schlemmen.

u. 18 Uhr bis Schluss, Paalderweg 2, 6061 NV Posterholt, NL). Zeit für eine Rast! In Paarlo erreichen wir KP 73, biegen nach rechts ab Richtung KP 67 und überqueren die Roer über die hölzerne Fietsbrug, um einem Asphaltweg zu folgen.

UNTER DER WINDMÜHLE

Hübsche Mühle und stolzes Schloss

Von KP 67 radeln wir nun Richtung KP 77 zur 7 / Prins Bernhard Molen, die wir hinter dem Ort Melick erreichen. Anders als bei unserer ersten Windmühle liegt direkt daneben ein Restaurant, das 8 / Oetsjpanning De Meuleberg (Di, Mi, Fr 11–18, Sa 11–19, So 10–19 Uhr, Waterschei 71, 6074 ES Melick, NL). Der Route weiter durch den Wald folgend durchfahren wir bald das Kirchdorf Herkenbosch, bis wir schließlich etwa 100 m nach der Sint-Sebastianuskerk nach rechts in den Daelenbroek Weg einbiegen und etwa 100 m weiter rechts der Kasteellaan folgen, um auf schnurgeradem Weg das 9 / Kasteel Daelenbroek zu erreichen. Es beherbergt ein Hotel und eine Brasserie (Apr.–Okt tgl. ab 12 Uhr, Kasteellaan 2, 6075 EZ Herkenbosch, NL). Die Ende des 20. Jahr-

hunderts restaurierte Vorburg stammt aus dem 18. Jahrhundert, von der früheren Hauptburg existieren nur noch die Kellerruinen. Wir halten uns mit Blick auf das Kasteel links und am Ende des Weges wieder links, um KP 77 zu erreichen. Weiter Richtung KP 78 verlassen wir Herkenbosch, folgen dem Radweg etwa 200 m und überqueren die Straße, um den Weg nach links Richtung Nationalpark de Meinweg zu fahren und KP 78 zu erreichen. Im 10 / Restaurant De Boshut (tgl. 10–20 Uhr, Meinweg 2, 6075 NA Herkenbosch, NL) gibt es eine weitere Möglichkeit, eine Pause einzulegen.

Optionale Abkürzung

An dieser Stelle kannst du die Route auf 36 km abkürzen, wenn du zum Beispiel mit Kids unterwegs bist. Du hast dann mehr Zeit mit ihnen im Kinder-Highlight Speeltuin Kitskenberg. Dafür lässt du den Nationalpark aus, fährst stattdessen von KP 78 direkt zum ausgeschilderten KP 56 und nimmst in unserer Beschreibung von dort den Weg wieder auf.

Natur pur im Nationalpark De Meinweg

Weiter geht's für uns Richtung KP 80 in den 11 / Nationalpark De Meinweg. Von KP 80 radeln wir auf der aalglatten rötlich asphal-

GRÜN-WEISS

Die 7 / Prins Bernhard Molen ist die vierte Bockmühle, die sich auf dem Meuleberg befindet. Mit direktem Blick auf diese erst 1999 erneut erbaute grün-weiße Windmühle schmecken die Pfannekuchen im gegenüberliegenden 8 / Oetsjpanning De Meuleberg doppelt so gut!

< links / Einkehren mit Aussicht – kein Problem an der Prins Bernhard Molen ^ oben / Im Restaurant des Kasteel Daelenbroek lässt es sich entspannen

tierten Fahrradstraße beinahe autofrei durch ein wunderschönes Waldgebiet Richtung KP 81, und von diesem weiter Richtung KP 21 leicht bergauf. Wir passieren blühende Wiesenlandschaften und erreichen KP 21 nach einem Pferdehof, dem Weg nach links folgend. Von hier aus orientieren wir uns an KP 56. Am Wegende nach links abbiegend, fahren wir für 7 km auf einem unbefestigten Waldweg durch die wunderbare Nationalparklandschaft auf deutscher Seite. An KP 56 biegen wir nach rechts ab Richtung KP 79, folgen dem etwas sandigen Weg und biegen am KP 79 links ab Richtung KP 66, den wir über einen schmalen unbefestigten Radweg erreichen. Er schlängelt sich prima fahrbar durch den Wald wie ein magischer Pfad weiter Richtung KP 65. Von diesem biegen wir links ab zum KP 14. Die Ruhe des Nationalparks verliert sich schlagartig parallel zu einer zweispurigen Schnellstraße, bis wir sie durch die nahe Unterführung unterqueren und noch für 300 m KP 14 folgen, um dann dem Radwegweiser Roermond Zentrum geradeaus zu folgen.

GLÜCKLICH TOBEN

Der 12 / Speeltuin Kitskenberg bietet für wenig Geld tolle Spielattraktionen und ein großes Planschbecken. Ein Highlight für Kinder bis etwa 12 Jahren.

Toben für Kids

Etwa 500 m weiter fahren wir Richtung Kitskenberg, überqueren die Straße und er-

16 km²

So groß ist der 11 / Nationalpark de Meinweg mit seiner geschützten Landschaft aus Mooren, Kiefernwald und Heide, die mich ganz besonders zur Blütezeit mit ihren Farben und zartem Honigduft verzaubert. Selbst einige Schlangenarten wie die Kreuzotter haben hier noch Populationen.

reichen das großflächige Spielgelände 12 / Speeltuin Kitskenberg, ein echtes Highlight (tgl. 10–18 Uhr, Oude Keulsebaan 150, 6045 GB Roermond, NL). Wir fahren im Anschluss zurück zur Straße, an der wir zum Kitskenberg abgebogen sind, und folgen dem Radweg nach links. Kurz darauf biegen wir an der Kreuzung links ab nach Melick, um schließlich dem Radwegweiser Richtung KP 17 Roermond Zentrum zu folgen. Wir erreichen das quirlige Zentrum Roermonds, biegen an KP 17 Richtung KP 64 ab und folgen der Fahrradstraße, bis wir vor der Fußgängerzone links abbiegen und gleich rechts unseren Startpunkt 1 / Parkhaus Roercenter erreichen. Du kannst den Tag direkt nebenan auf der quirligen Gastronomiemeile Roerkade ausklingen lassen.

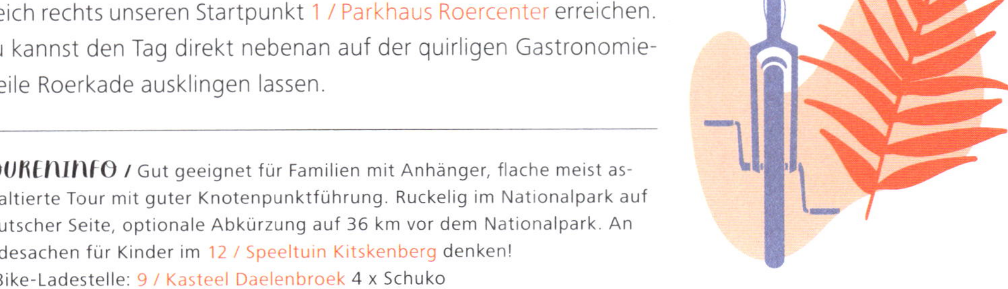

TOURENINFO / Gut geeignet für Familien mit Anhänger, flache meist asphaltierte Tour mit guter Knotenpunktführung. Ruckelig im Nationalpark auf deutscher Seite, optionale Abkürzung auf 36 km vor dem Nationalpark. An Badesachen für Kinder im 12 / Speeltuin Kitskenberg denken!
E-Bike-Ladestelle: 9 / Kasteel Daelenbroek 4 x Schuko

‹ links / Ein großflächiges Spielgelände erwartet Kinder im Speeltuin Kitskenberg ˄ oben / Alte Kiefern und blühende Heide prägen das Bild im Nationalpark De Meinweg

START-ZIEL
ROERMOND
Herten
Merum
Lerop
Linner Heide
Hoosden
Sint Odiliënberg
Zittard
Het Sweeltje
Roskam
Reutje
Munningsbosch
Posterholt
Aasterberg
Voorstervald
Melick
Roerdal
Roer
Paarlo
Herkenb
Driestruik
Craanberg
Luzenka
N570
N274
N280
A73
Vuilbemden
Carthuisers Bosch
Hillenraad
Boshei
Nieuwenhof
Boukoul
Maalbroek
Asenray
Spik
het Spik
Straat
Thuserhof
Noorderplas
Plas Hatenboer
Maas
Vlootbeek

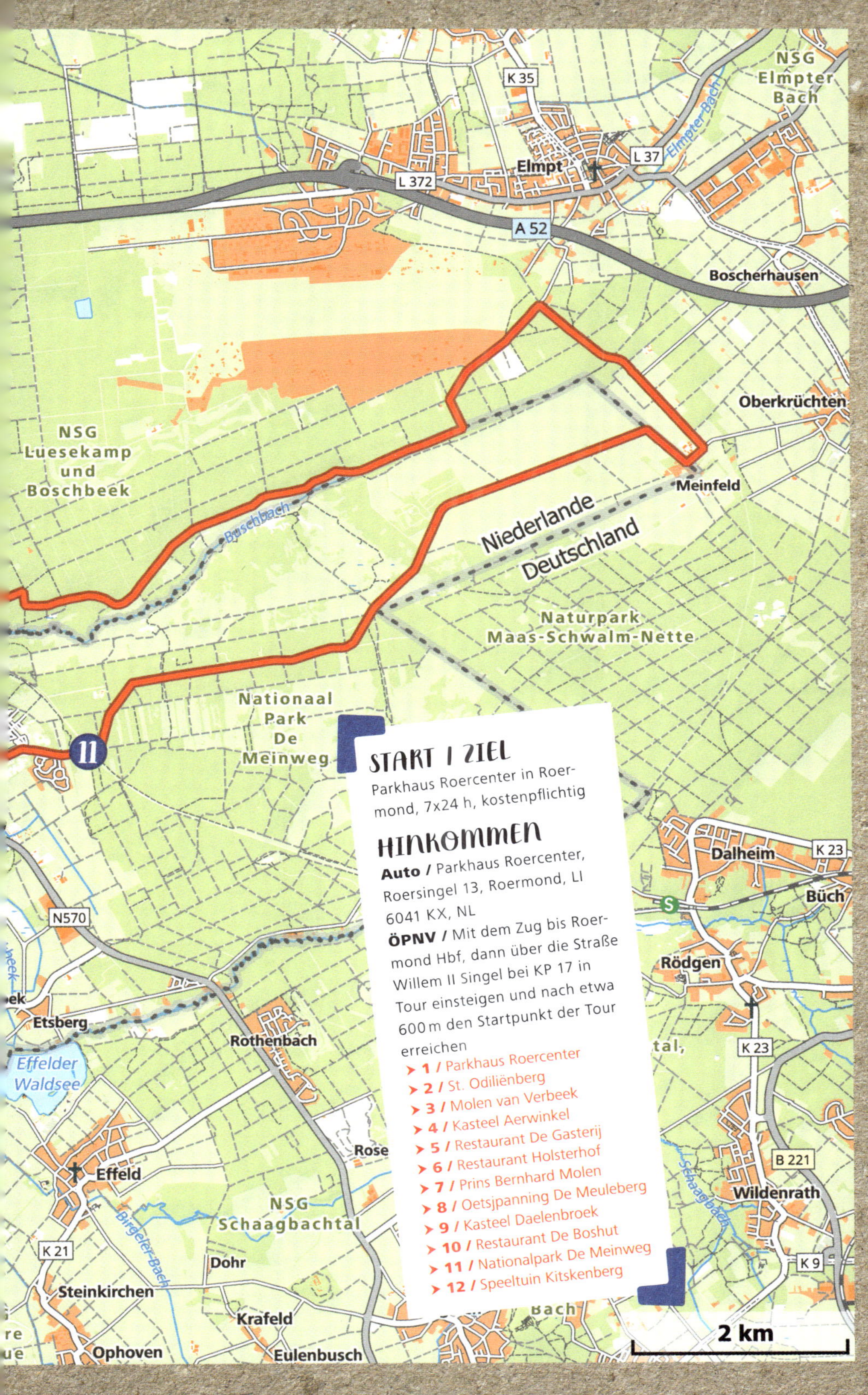

START / ZIEL

Parkhaus Roercenter in Roermond, 7x24 h, kostenpflichtig

HINKOMMEN

Auto / Parkhaus Roercenter, Roersingel 13, Roermond, LI 6041 KX, NL

ÖPNV / Mit dem Zug bis Roermond Hbf, dann über die Straße Willem II Singel bei KP 17 in Tour einsteigen und nach etwa 600 m den Startpunkt der Tour erreichen

➤ **1 /** Parkhaus Roercenter
➤ **2 /** St. Odiliënberg
➤ **3 /** Molen van Verbeek
➤ **4 /** Kasteel Aerwinkel
➤ **5 /** Restaurant De Gasterij
➤ **6 /** Restaurant Holsterhof
➤ **7 /** Prins Bernhard Molen
➤ **8 /** Oetsjpanning De Meuleberg
➤ **9 /** Kasteel Daelenbroek
➤ **10 /** Restaurant De Boshut
➤ **11 /** Nationalpark De Meinweg
➤ **12 /** Speeltuin Kitskenberg

SCHAUEN, SCHLEMMEN, SCHWIMMEN

Ich liebe an dieser Tour die romantischen Wassermühlen und den Sprung in den Effelder Waldsee!

➤ **1 /** Am Parkplatz Venloer Straße starten und beenden wir die Tour

➤ **2 /** Starterkaffee trinken im Eiscafé Longo in der Wegberger Mühle

➤ **3 /** Tolle Gastronomie gibt's an der Ophover Mühle

➤ **4 /** Mühlenflair genießen beim Café am See der Holtmühle

➤ **5 /** Wirf einen Blick auf die funktionstüchtige Schrofmühle

➤ **6 /** Genieße Hausmannskost wie bei Oma im Restaurant Timmermanns

➤ **7 /** Perfekt für eine Fotosession sind die Raky-Weiher

➤ **8 /** An der Dalheimer Mühle entspannen

➤ **9 /** Verbringe etwas Zeit bei der Gitstapper Mühle

➤ **10 /** Spring zur Abkühlung in den Effelder Waldsee

➤ **11 /** Das Spargeldorf Effeld ist in der Spargelsaison legendär

➤ **12 /** Entspannen mit Schlossblick im Restaurant Tüschenbroichermühle

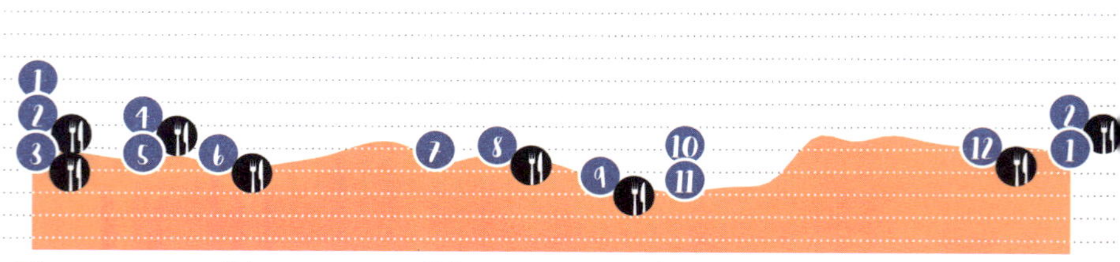

Wassermühlen-Hopping

Über Wegberger Wassermühlen zum Effelder Waldsee

Diese Tour startet in Wegberg und führt dich von Wassermühle zu Wassermühle mit tollen Einkehrgelegenheiten. Über einen charmanten Abstecher in die Niederlande – natürlich mit Mühle – geht es zum Baden an den idyllischen Effelder Waldsee.

50 Kilometer
141 Höhemeter
3:10 Stunden
Rundtour

Es klappert die Mühle …

Wegberg, an der Grenze zu den Niederlanden liegend, trägt nicht umsonst die Bezeichnung Mühlenstadt, befinden sich doch 14 historische Mühlen im Umkreis. Wir machen uns vom 1 / Parkplatz Venloer Straße auf den Weg zu zehn davon und biegen dafür erstmal links ab. Über die Burgstraße passieren wir die Burg Wegberg und erreichen mit der Wegberger Mühle nach dem Parkplatz Burgforum unsere erste Wassermühle, in der das 2 / Eiscafé Longo auf einen Startkaffee einlädt (tgl. 9–19 Uhr, Rathausplatz 21, 41844 Wegberg). Wir folgen anschließend dem rot-weißen Radwegweiser Richtung Knotenpunkt (KP) 71 Wegberg Zentrum, von dem es Richtung KP 70 Erkelenz weitergeht. Wir befinden uns hier gleichzeitig auf der Mühlenroute, der wir aber nicht durchgehend folgen werden. Wir verlassen

Charakter

Sportlich	●●●○○
Abkühlung	●●●●●
Schlemmen	●●●●●
Panorama	●●●○○

‹ links / Mühlen wie die Gitstapper Mühle sind ein Erlebnis für die ganze Familie

das Stadtzentrum, biegen rechts Richtung KP 70 Ophover Mühle ab und radeln nach etwa 20 m links auf schmalem Weg weiter. So erreichen wir die 3 / Ophover Mühle (Di–Sa 9–22, So 10–21 Uhr, Forst 14, 41844 Wegberg) mit hübscher Seeterrasse und glasüberdachtem Innenhof. Weiter Richtung KP 70 begleiten wir ihren Mühlenteich, überqueren eine kleine Brücke und fahren parallel zum kleinen Beeckbach. Wir erreichen eine Straße und folgen hier nicht KP 70, sondern biegen links ab, überqueren die Beecker Straße und folgen dem Heidekamp auf dem Radweg, bis wir rechts auf die Straße Am Bahnhof biegen. An der T-Kreuzung überqueren wir die Bahngleise nach links und nehmen nach dem Tümpel den nach rechts abzweigenden, schmalen Weg Richtung Schwalmtal. Er führt uns über den Grenzlandring geradeaus Richtung KP 68 Holtmühle. Direkt am hübschen Mühlenteich gelegen, lädt uns das 4 / Café am See der Holtmühle (Holtmühlenweg 2, 41844 Wegberg) zur Einkehr ein. Wir setzen die Tour Richtung KP 68 Schrofmühle fort und biegen gleich rechts Richtung KP 68 ab. Der Route auf der Straße folgend, stoßen wir auf die Straße Schrofmühle. Hier machen wir einen 200 m-Abstecher links zur 5 / Schrofmühle, der einzigen funktionstüchtigen Getreide- und Ölmühle im Rheinland.

GROSSER STAUWEIHER

Der nach Tüschenbroich größte Stauweiher am 4 / Café am See der Holtmühle sicherte noch bis 1954 den Betrieb des 6 m Durchmesser großen Wasserrads.

Zurück am Abzweig setzen wir die Tour fort zur ausgeschilderten, schattig im Wald gelegenen Molzmühle. Wir radeln weiter Richtung KP 68 zu einem echten Einkehrhighlight inmitten reetgedeckter Fachwerkhäuser, dem 6 / Restaurant Timmermanns (Di–So ab 10, warme Küche 12–20 Uhr, Zum Thomeshof 4, 41844 Wegberg-Schwaam), das uns etwa 1,5 km weiter am KP 68 in Schwaam mit bester Hausmannskost erwartet. Nach unserer Pause links Richtung KP 67 Merbeck abbiegend, folgen wir dem Straßenverlauf, bis wir, Venheyde verlassend, rechts versetzt auf schmale-

---

➤ rechts groß / Schönes Mühlrad und tolle Gastronomie an der Ophover Mühle ➤ rechts klein / Mitten im schattigen Wald liegt die Molzmühle mit Holzmühlrad

KM 1

Du entdeckst auf dieser Tour zahlreiche bewirtschaftete und unbewirtschaftete Mühlen, wobei der Schwerpunkt auf den bewirtschafteten wie hier der 3 / Ophover Mühle liegt, die eine wunderbare Gastronomie bietet. Der Mühlentrieb der mit einem unterschlägigen Eisenrad betriebenen Mühle lief bis 1957.

Urig und lecker

Hier musst du eine Pause machen. Im 6 / **Restaurant Timmermanns** bekommst du die beste Hausmannskost in uriger und liebevoller Atmosphäre.

Vergangener Glanz

rem Weg geradeaus weiterfahren. Von KP 67 fahren wir Richtung KP 78 Arsbeck nach Tetelrath und befinden uns hier wieder auf der Mühlenroute. Wir radeln entspannt entlang hübscher Höfe zum KP 78 und halten uns weiter geradeaus übers Feld Richtung KP 77 Arsbeck. An der Naturerbefläche Arsbeck der Deutschen Bundesstiftung Umwelt, einem ehemaligen britischen Militärgebiet, fahren wir links ab. Von KP 77 geht es rechts weiter Richtung KP 76 Wassenberg. Entlang eines verfallenen Gebäudes, dem früheren Weinkeller der Villa Raky, passieren wir das schmucke ehemalige Pförtnerhäuschen und die weitläufigen 7 / Raky-Weiher, die man zu revitalisieren versucht. Von der Villa des Erkelenzer Bergbaupioniers Anton Raky, dessen Bohrtürme in der ganzen Welt standen, ist nichts mehr übrig. Das renovierte ehemalige Wohnhaus der Pförtners mit Pavillon sorgt aber für Postkartenidylle am See. Wir erreichen KP 76, folgen dem Weg rechts Richtung KP 95 Dalheim bergab durch eine Unterführung und links auf dem Radweg vorbei am Bahnhof Dalheim. Etwa 900 m weiter machen wir einen kurzen Abstecher links zur bewirtschafteten, 8 / Dalheimer Mühle (Fr, So 12–18 Uhr, Dalheimer Mühle, Mühlenstraße 15, 41844 Wegberg)

mit leckeren Snacks und Süßspeisen. Erstmals 1231 erwähnt, musste sie bereits zwei Mal nach Bränden wiederaufgebaut werden.

Niederländisches Flair

Zurück auf der Route halten wir uns Richtung KP 95 Midden-Limburg (NL Vlodrop), um etwa 1,3 km weiter in den Niederlanden zu sein. Von KP 95, direkt am Nationalpark De Meinweg gelegen, geht es Richtung KP 55 an der Vlodrop Station vorbei, einst Grenzstation der Bahnverbindung zwischen den Häfen von Antwerpen und Duisburg. Über KP 70 führt unsere Route über einen schönen Nebenweg der Straße durch das Schutzgebiet Richtung KP 56. Von KP 57 kehren wir linkerhand in eins der beiden Restaurants der 9 / Gitstapper Mühle ein (Restaurant Aan De Hoeve, Mo–So 10–20 Uhr, Gitstappermolenweg 3, Vlodrop, NL). Neben einem großen Spielplatz lockt auf den Außenterrassen besonders die freundliche Bedienung mit typisch niederländischem Charme. Ab und an dreht sich das alte Mühlrad und du kannst die hübsche Mühle auch besichtigen (Mi–Do, Sa–So 10.30–17, Fr 10.30–15 Uhr, Gitstappermolenweg 3, Vlodrop, NL). Zurück an KP 57 fahren wir weiter Richtung KP 71 und biegen in Etsberg links ab. Entlang einiger Apfelplantagen passieren wir KP 71 und und radeln vom Wegekreuz aus links weiter.

KM 28

Die 9 / Gitstapper Mühle ist schon ein besonderes Erlebnis. Hier gibt's neben der Mühle mit Mühlenshop auch zwei Restaurants sowie einen grandiosen Outdoorspielplatz für Kinder (März–Okt. 10–19 Uhr, Eintritt 4 € inkl. 1 Token)!

‹ links / Jetzt aber Pause – Hausmannskost im Restaurant Timmermanns ^ oben / Ein hübscher Ort zum Anhalten sind die Raky-Weiher

Ab in den See

Über den Grenzübergang Effeld fahren wir am 10 / Effelder Waldsee geradeaus, um etwa 300 m weiter links die Badestelle (Eintritt 5,50 €) und den Amici Beach Club zu erreichen (Sommer tgl. bis 23 Uhr, sonst abweichend, Bruchstraße 32, 41849 Wassenberg). An diesem wunderbaren Waldsee musst du einfach baden gehen! Die Route führt uns dann am See entlang Richtung KP 25 Birgelen durch das 11 / Spargeldorf Effeld, Publikumsmagnet mit seinem Spargelfest an Christi Himmelfahrt. Über KP 25 verlassen wir Effeld zum KP 24. Der hervorragende Radweg, der zum schnellen Radeln animiert, trägt uns über KP 28 rasch durch Birgelen zum KP 27. Von hier wenden wir uns rechts Richtung KP 74, den wir am Kreisverkehr vor Wildenrath erreichen. Wir halten uns nun Richtung KP 73 Tüschenbroich, passieren ein riesiges Eisenbahn-Testgelände, bis 1992 Nato-Flugplatz der Royal Air Force, und folgen dem Weg weiter über Felder. Schließlich überqueren wir die Straße nach Tüschenbroich und folgen wieder dem ausgeschilderten Mühlenweg. Kurz darauf erreichen wir KP 73 und biegen links ab Richtung KP 72.

Mühlen-Auszeit

Wir verlassen Tüschenbroich und biegen kurz vor KP 72

KM 32

Hier ist alles fest in der Hand des Spargels. In der Spargelsaison treffen sich Fans des weißen Golds in den Restaurants des auch offiziell auf dem Ortsschild so benannten 11 / Spargeldorfs Effeld. Und an Christi Himmelfahrt strömen die Besucher alljährlich zum Spargelfest.

rechts ab zur in Sicht befindlichen Tüschenbroicher Mühle. Auf gekiestem Weg radeln wir auf das Tüschenbroicher Schloss zu, hier gabelt sich der Weg. 200 m nach rechts erreichst du die frühere Ölmühle Tüschenbroich, zurück an der Gabelung kommst du 100 m links zum 12 / Restaurant Tüschenbroichermühle, perfekt für eine letzte Auszeit auf der Seeterrasse mit Schlossblick. Zurück an der Gabelung radeln wir über KP 72 schräg rechts Richtung KP 71 Wegberg und kommen nach Watern, wo wir einen kurzen Abstecher 30 m nach rechts zur ausgeschilderten Bockenmühle machen. Wir folgen dem Mühltalweg weiter am Mühlenteich entlang, verlassen den Ort und radeln geradeaus nach Wegberg hinein. Über die Marseiller Straße geht es rechts durch die Fußgängerzone zum KP 71. Von hier erreichen wir links Richtung Arsbeck über die Burgstraße und die Venloer Straße unser Ziel, den 1 / Parkplatz Venloer Straße.

KM 46

Von der Terrasse des 12 / Restaurants Tüschenbroichermühle hast du einen genialen Blick über den See und genießt selbstgebackene Waffeln und Kuchen.

TOURENINFO / Die Tour ist auch für Familien mit Anhänger gut fahrbar, gute Wegeoberflächen und Beschilderung, viele Einkehrpunkte, kaum Höhenmeter, Top-Spielplatz an 9 / Gitstapper Mühle, Badesachen nicht vergessen! E-Bike-Ladestelle: 2 / Café Longo 3 Ladestellen mit je 2 x Schuko

---

< links / Die Ölmühle des Schlosses Tüschenbroich ^ oben / Das Tüschenbroicher Schloss liegt direkt beim Restaurant Tüschenbroicher Mühle

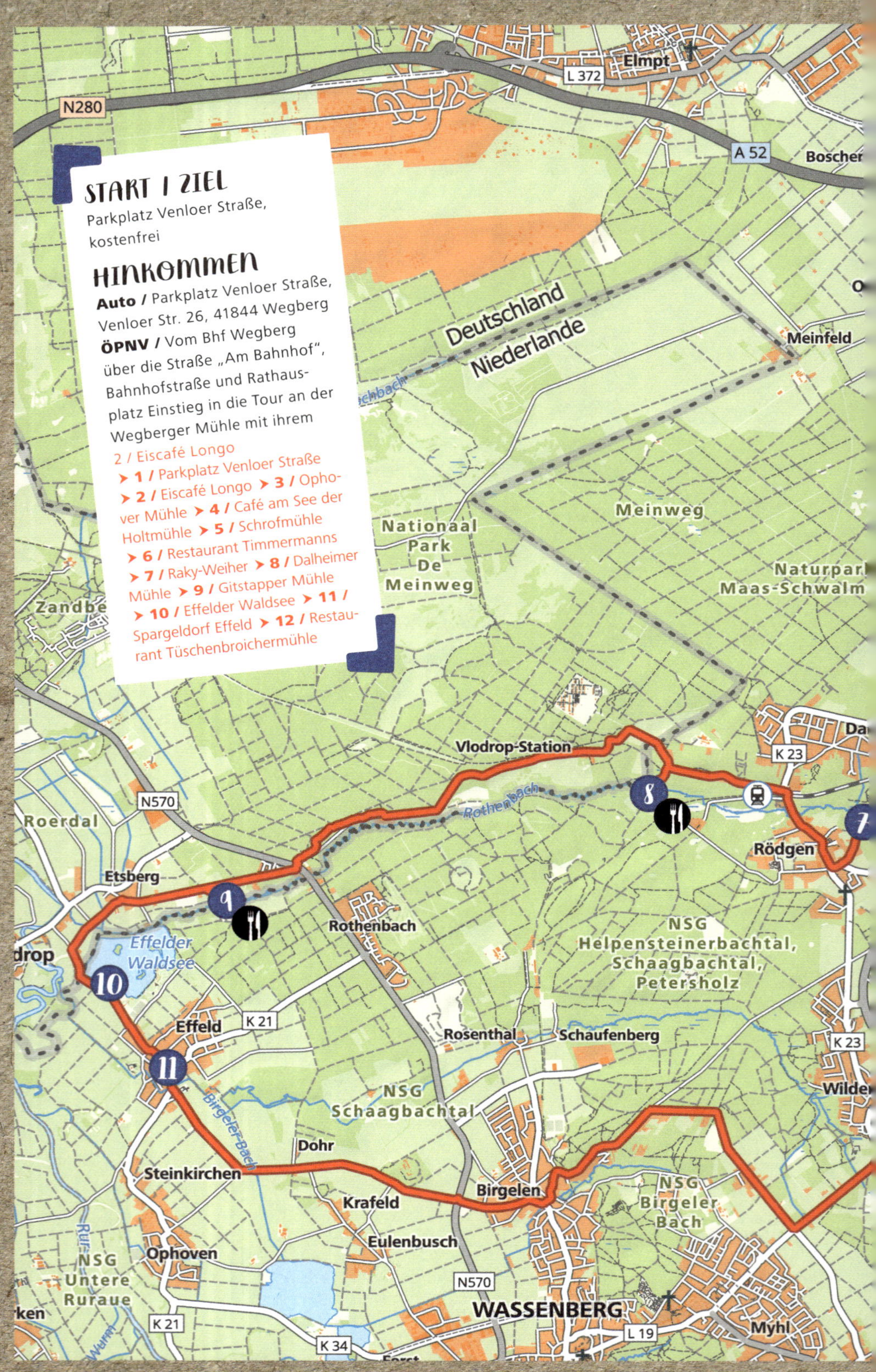
START / ZIEL
Parkplatz Venloer Straße, kostenfrei
HINKOMMEN
Auto / Parkplatz Venloer Straße, Venloer Str. 26, 41844 Wegberg
ÖPNV / Vom Bhf Wegberg über die Straße „Am Bahnhof", Bahnhofstraße und Rathausplatz Einstieg in die Tour an der Wegberger Mühle mit ihrem
2 / Eiscafé Longo
➤ 1 / Parkplatz Venloer Straße ➤ 2 / Eiscafé Longo ➤ 3 / Ophover Mühle ➤ 4 / Café am See der Holtmühle ➤ 5 / Schrofmühle ➤ 6 / Restaurant Timmermanns ➤ 7 / Raky-Weiher ➤ 8 / Dalheimer Mühle ➤ 9 / Gitstapper Mühle ➤ 10 / Effelder Waldsee ➤ 11 / Spargeldorf Effeld ➤ 12 / Restaurant Tüschenbroichermühle
N280
L 372
Elmpt
A 52
Boscher
Deutschland
Niederlande
Meinfeld
Nationaal Park De Meinweg
Meinweg
Naturpar
Maas-Schwalm
Zandbe
Vlodrop-Station
K 23
Rothenbach
8
7
Rödgen
N570
Roerdal
Etsberg
9
Rothenbach
Effelder Waldsee
10
NSG Helpensteinerbachtal, Schaagbachtal, Petersholz
Effeld
K 21
Rosenthal
Schaufenberg
K 23
11
Birgeler Bach
NSG Schaagbachtal
Wilde
Dohr
Steinkirchen
Krafeld
Birgelen
NSG Birgeler Bach
Eulenbusch
Ophoven
NSG Untere Ruraue
N570
WASSENBERG
K 21
K 34
L 19
Myhl

Waldniel
Brempt
Naphausen
Berg
Eschenrath
Ungerath
Rösler-Siedlung
Hehler
NSG Raderveekes Bruch und Lüttelforster Bruch
EDERKRÜCHTEN
Fischeln
Silverbeek
Blonderath
Lüttelforst
Lochtenberg
Varbrook
Tetelrath
Venn
Leloh
Venheyde
Schwaam
Merbeck
Rickelrath
Bollenberg
NSG Schwalmquellen, Schwalmbruch, Mühlenbachtal, Knippertsbachtal
Hau
NSG Schwalmbruch, Mühlenbach- und Knippertzbachtal
Berg
Busch
Gatzweiler
Woof
Dorp
WEGBERG
START-ZIEL
Ellinghoven
Beeckerheide
Gripekoven
Buschend
Klinkum
Bissen bei Wegberg
Kleingerichhausen
Bischofshütte
Petersholz
BEECK
Watern
Moorshov
Broich
Brunbeck
Uevekoven
Bissen bei Beeck
Felderhof
Schönhausen
Tüschenbroich
NSG Tüschenbroicher Wald
Holtum
Moorheide
Kehrbusch
Isengraben
Geneiken
Genfeld
Gerderhahn
Grambusch
Fronderath
2 km

DURCH ZEIT & RAUM!

Auf dieser Tour entfliehe ich ganz dem Alltag – mit einer Dampflok in ein anderes Jahrhundert und am Lago Laprello an einen fernen Ort.

➤ **1 /** Wir beginnen und beenden die Tour am Parkplatz Gangolfusstraße

➤ **2 /** Ausruhen am Adolfosee

➤ **3 /** Innehalten an der Kapelle Kranzes

➤ **4 /** Austoben und Ponyreiten für Kinder beim Restaurant Ponytränke

➤ **5 /** Ruhe tanken am Schloss Trips

➤ **6 /** Mittagspause am Restaurant am Markt in Geilenkirchen

➤ **7 /** Das willst du nicht verpassen: Dampflokfahrt mit der Selfkantbahn

➤ **8 /** Ankommen am Bahnhof Schierwaldenrath

➤ **9 /** Beachfeeling kommt auf am Sandstrand des Lago Laprello

➤ **10 /** Genieße ein Stück Urlaub im Laguna Beach Club

➤ **11 /** Kultur im Museum Begas Haus

➤ **12 /** Außergewöhnliche Kaffeekultur im Museumscafé Samocca

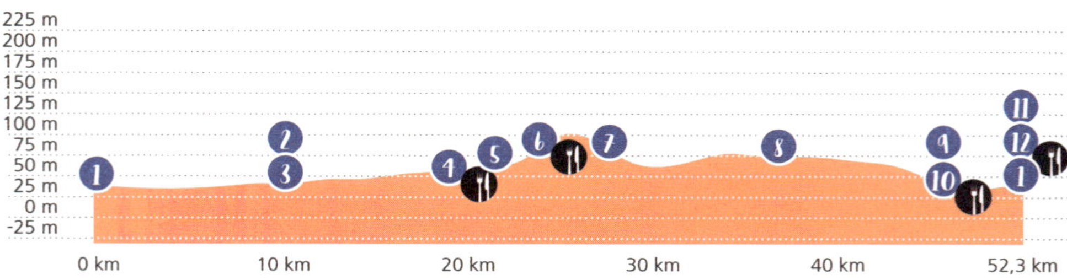

Weltenwechsel

Mit Rad und Dampflok zum Heinsberger Lago

Meist auf Radwegen und Nebenstraßen führt uns die Tour durch das Heinsberger Land entlang der grünen Flussläufe von Rur und Wurm bis zur Burg Trips. Eine Fahrt mit der historischen Schmalspurbahn und ein Bad im Lago Laprello runden unsere Erlebnistour ab.

52 Kilometer
115 Höhenmeter
3:30 Stunden
Rundtour

Heraus aus der Kreisstadt

Los geht's am 1 / Parkplatz Gangolfusstraße in Heinsberg. Von der Rathausstraße biegen wir rechts in die Apfelstraße und, zwei Mal links abbiegend, in die Hochstraße. Wir folgen der rot-weißen Knotenpunktbeschilderung (KP) Richtung KP 11, die uns heute meist leiten wird. Am Marktplatz mit seinem breiten Gastronomieangebot nutzen wir den linksseitigen Fahrradweg, um über die Kempener Straße links zu KP 11 zu kommen. Richtung KP 22 Unterbruch verlassen wir die Stadt und durchfahren den Vorort Unterbruch, bis wir kurz vor der Rur KP 22 erreichen.

Charakter

Sportlich	●●●○○
Abkühlung	●●●●●
Schlemmen	●●●●○
Panorama	●●●○○

Ab in die Natur

Links ab wählen wir den Weg zum KP 16 Hückelhoven und genießen die Ruhe auf diesem Ab-

◂ **links / Sonnenuntergang genießen am Lago Laprello**

schnitt des RurUfer-Radwegs. Ich liebe es, hier die Schmetterlinge auf den purpurfarbenen Disteln zu beobachten, während der Fluss neben einem Ruhe verströmt. Vor einer kleinen Rurbrücke biegen wir rechts ab und folgen nun KP 16, den wir am Friedhof erreichen. Für einen Abstecher zum See biegen wir links ab Richtung KP 99 Hilfarth und der bereits in Sicht liegenden Rurbrücke, nach deren Überquerung wir den 2 / Adolfosee für eine kurze Pause erreichen. Von einem lauschigen Plätzchen haben wir einen schönen Blick über den fischreichen See und seine Inseln, die gesprengte Bunker aus dem 2. Weltkrieg sind. Zurück an KP 16 biegen wir links Richtung KP 17 ab. Wir folgen der Straße bis wir die 1895 erbaute 3 / Kapelle Kranzes an der Ecke zur Hauptstraße erreichen. Wirf mal einen Blick hinein und lass die Stille auf dich wirken! Wir fahren links auf den Radweg und biegen direkt hinter dem Erlenbach scharf nach links ab, um die befahrene Straße nach rechts zu unterqueren. Uns rechts und links haltend kommen wir auf den Radweg nach Porselen. Für ein paar Hundert Meter müssen wir auf die Straße wechseln, bis wir links in die Bendengasse einbiegen. An KP 17 biegen wir ab Richtung KP 05 Geilenkirchen, durchfahren den kleinen Ort Himmerich, überqueren die Gleise und folgen der Straße durch den kleinen Ort Randerath bis zur Kreuzung. Wir erreichen KP 05 am Weg entlang der Wurm, einem 53 km langen hübschen Nebenfluss der Rur, den wir ein ganzes Weilchen Richtung KP 08 Geilenkirchen begleiten. Bei einem Zwischenstopp am 4 / Restaurant Ponytränke (Di–Do 14.30–19.30, Fr–Sa 14.30–21, So 11–19.30 Uhr, Mühlenstraße 29, 52511 Geilenkirchen) genießen wir selbstgemachte Waffeln, während unsere Kinder Pony reiten oder sich auf dem großzügigen Spielplatz mit Seilbahn austoben. Wir folgen weiter dem Weg am Bach entlang zu KP 08 und weiter Richtung KP 01 Geilenkirchen, bis links 5 /

MEIST ÜBERSEHEN

Ein Blick in die kleine 3 / Kapelle Kranzes lohnt sich, denn so unscheinbar sie an einer befahrenen Straße liegt, so sehr überrascht die Ruhe innen.

➤ **rechts groß / Die Heinsberger Region bietet weitgehend flaches Terrain**
➤ **rechts klein / Der Adolfosee kommt gerade recht für eine kleine Pause**

KM 10

Ja, ich wäre auch gern in den 2 / Adolfosee gesprungen, doch baden solltest du alleine wegen des wiederholten Blaualgenbefalls hier nicht – relaxen schon! Als Reste des Westwalls sind vier nach dem zweiten Weltkrieg gesprengte Bunker erhalten geblieben, die als Inseln im Adolfosee zu sehen sind.

Ein Schloss wie eine Burg

Das 5 / Schloss Trips wird oft Burg Trips genannt, weil das bedeutende Wasserschloss trotz Umbauten im 18. Jahrhundert weiterhin seinen wehrhaften Charakter behalten hat.

Schloss Trips auftaucht. Das Schloss mit ersten Bauwerken aus dem 15. Jahrhundert ruft nach einer weiteren Rast. Auf den Bänken der Kastanienallee entlang des Wassergrabens kannst du entspannen und Schwäne beobachten. Eine Besichtigung ist leider nicht drinnen, da es ein Seniorenheim beherbergt. Wir radeln weiter bis zum KP 01 am Markt von Geilenkirchen und von dort Richtung KP 03 Gangelt. Im rechts gelegenen 6 / Restaurant am Markt (Mo 17–22, Di, Do–Sa 11.30–14.30 und 17–22, So 11.30–21.30 Uhr) mit seiner schönen Außengastronomie lässt sich eine gepflegte Pause einlegen. Wir folgen der Straße bergauf durch Geilenkirchen und wechseln auf den die Straße begleitenden Radweg.

Zeitreise

Dampflok fahren!

Unsere Bikes rollen wie von selbst bergab durch Gillrath, bis wir den Abzweig nach links zur Selfkantbahn und KP 03 nehmen, den wir kurz darauf erreichen und nach links zum Kopfbahnhof Gillrath abbiegen. Sofern du einen der Fahrttage ausgewählt hast, geht es von hier mit der historischen 7 / Selfkantbahn, der einzigen

Schmalspurbahn in Nordrhein-Westfalen, weiter (Sa–So mehrmals tgl., Dampflok meist nur So, Fahrplan online prüfen, Radmitnahme kostenfrei). Sie verkürzt unsere Radelstrecke um fast 8 km. Es ist schon ein ganz besonderes Erlebnis, wenn die Dampflok rhythmisch schnaufend in Dampf und Rauch gehüllt mit dir auf große Fahrt geht! Die Bahn fährt heute nicht? Kein Problem, dann fahr die Strecke mit dem Rad weiter: Von KP 03 folge KP 57 Gangelt. In Stahe geht es von KP 57 rechts weiter Richtung KP 56 Schierwaldenrath. Wir überqueren die Bundesstraße, erklimmen geradeaus die offenen Felder, durchqueren Kreuzrath und biegen hinter der Birgdener Kirche links ab, bis wir den 8 / Bahnhof Schierwaldenrath erreichen, an dem auch Bahnhofshalle und Werkstatt der Selfkantbahn beheimatet sind. Für alle geht es nun am Bahnhof vorbei weiter Richtung KP 56, den wir an der Kirche erreichen, von dem wir uns zum KP 19 Heinsberg aufmachen. Knapp 2 km weiter setzen wir unsere Tour von diesem über die Felder in Richtung KP 12 Heinsberg fort und biegen bei diesem Richtung KP 20 Heinsberg ab. Geradewegs führt uns der Feldweg bergab mit weitem Blick auf die erhöht auf dem Kirchberg ruhende St. Gangolf Kirche in Heinsberg. Über die Aphovener Straße erreichen wir die Waldfeuchter Straße in Lieck und folgen ihr auf dem linksseitig für Fahrräder freigegebenen Gehweg nach rechts.

ZEITREISE

Teilweise über 110 Jahre alt ist die Holzklasse der historischen Wagen der 7 / Selfkantbahn. Plane gut, denn die Dampflok fährt meist nur Sonntags, Samstags fährt meist eine alte Diesellok. Fahrräder reisen kostenfrei mit.

< links / Der kleine Fluss Wurm lässt sich prima mit dem Rad begleiten
^ oben / Kurz ausruhen am Schloss Trips

Strandpromenade

Wir überqueren die Kreuzung und biegen nach links auf dem Radweg in die Ringstraße, um bei nächster Gelegenheit rechts auf die Seeufer Straße abzubiegen, der wir nun ein Stück um den See folgen. Was jetzt kommt, macht mich als langjähriger Heinsberger Jung sprachlos: Gab es vor 25 Jahren nur wilde Badeecken am Baggersee, begegnen wir nun einer anderen Welt. Auf der hübschen Promenade, am Beach Club und Campingplatz vorbei, erreichen wir das Bootshaus, bei dem du Tretboote in Form überlebensgroßer Schwäne leihen kannst, und den breiten Sandstrand des 9 / Lago Laprello, einem zum Freizeitparadies umgestalteten Baggersee, auf dem Spanienfeeling aufkommt. Auf dem Rückweg über die Promenade halten wir am 10 / Laguna Beach Club (tgl. 12–21.30 Uhr, Fritz-Bauer-Straße, 52525 Heinsberg) zum Chillout bei Sonnenuntergang. Wir verlassen die Promenade über den Weg am Campingplatz nach rechts auf die Fritz-Bauer-Straße, der wir auf dem linksseitigen Parallelweg bis zur Kreuzung folgen.

Kaffeekultur vom Feinsten

Im 12 / Café Samocca genießt du höchste Kaffeekultur mit selbstgerösteten Fairtradebohnen. Und echte Fahrradliebe mit Werkzeug rund ums Rad!

Kaffee & Kunst

Geradeaus weiter Richtung Stadtmitte passieren wir das Krankenhaus, kommen in

Urlaub

Auf der Strandpromenades des 9 / Lago Laprello fühle ich mich wie in Spanien! Nach einem Sprung ins erfrischende Wasser am breiten Sandstrand lehne ich mich in einem Strandkorb des 10 / Laguna Beach Club zurück und genieße bei einem kühlen Pinot Grigio den Sonnenuntergang.

die Apfelstraße und erreichen, an unserem Startpunkt vorbeikommend, durch das Torbogenhaus das 11 / Begas Haus (Di–Sa 14–17, So 11–17 Uhr, Hochstraße 21, 52525 Heinsberg), ein interessantes Museum für Kunst und Regionalgeschichte. Direkt daneben gibt's das auch ohne Eintritt zugängliche 12 / Museumscafé Samocca (Di–Fr 10–17, Sa 10–14 Uhr), ein Auszeit-Muss, wenn es offen ist! Wer möchte, geht noch hinauf auf den Kirchberg, der zusammen mit dem Burgberg eine der größten erhaltenen Mottenanlagen, eine Turmhügelburganlage, des Rheinlandes darstellt. Mit dem Rad zurück zum 1 / Parkplatz Gangolfusstraße ist es nun nicht mehr weit.

TOURENINFO / Gut geeignet für Familien mit Anhänger. Wochenende wählen für Schmalspurbahn und knapp 8 km kürzeren Weg. Gute, meist asphaltierte Wege, kaum Steigung. Spielplatz und Badestrand. Badesachen nicht vergessen!
E-Bike-Ladestellen: 9 / Lago Laprello Ladeschrank am Bootshaus, Heinsberg Markt, 4x Schuko

---

< links / Historische Selfkantbahn – so schön kann Eisenbahn sein
∧ oben / Tourausklang am Lago Laprello

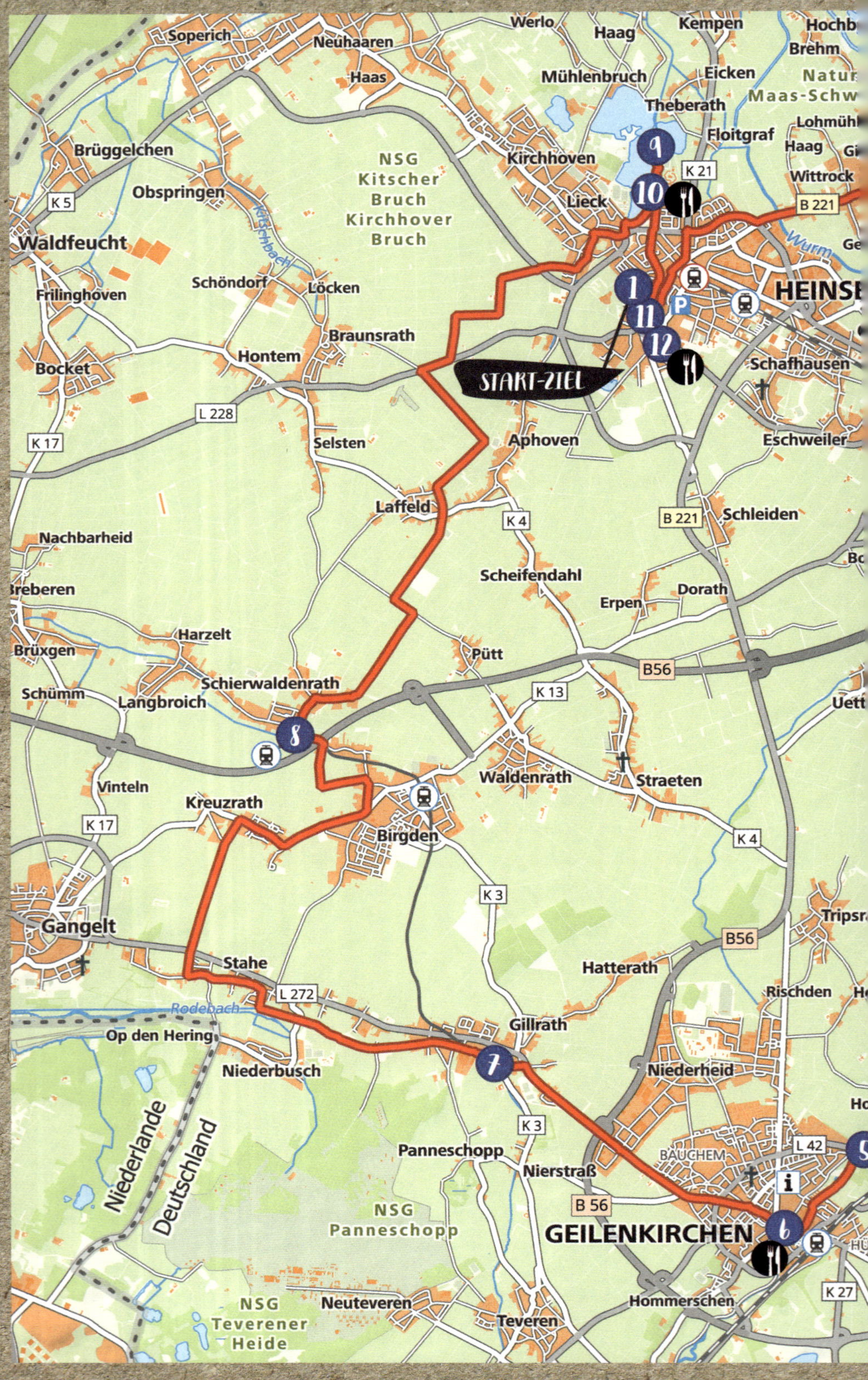
START-ZIEL
Soperich
Neuhaaren
Werlo
Haag
Kempen
Haas
Mühlenbruch
Eicken
Theberath
Floitgraf
Kirchhoven
Lieck
Brüggelchen
Obspringen
NSG
Kitscher
Bruch
Kirchhover
Bruch
Waldfeucht
Frilinghoven
Schöndorf
Löcken
Braunsrath
Hontem
Bocket
Selsten
Aphoven
Schafhausen
Eschweiler
Laffeld
Schleiden
Nachbarheid
Scheifendahl
Erpen
Dorath
Harzelt
Brüxgen
Pütt
Schierwaldenrath
Schümm
Langbroich
Waldenrath
Straeten
Vinteln
Kreuzrath
Birgden
Gangelt
Stahe
Hatterath
Rischden
Rodebach
Op den Hering
Gillrath
Niederbusch
Niederheid
Panneschopp
Nierstraß
BAUCHEM
NSG
Panneschopp
GEILENKIRCHEN
Niederlande
Deutschland
NSG
Teverener
Heide
Neuteveren
Teveren
Hommerschen
K 5
K 17
L 228
K 4
B 221
K 21
B56
K 13
K 3
B 56
L 272
L 42
K 27

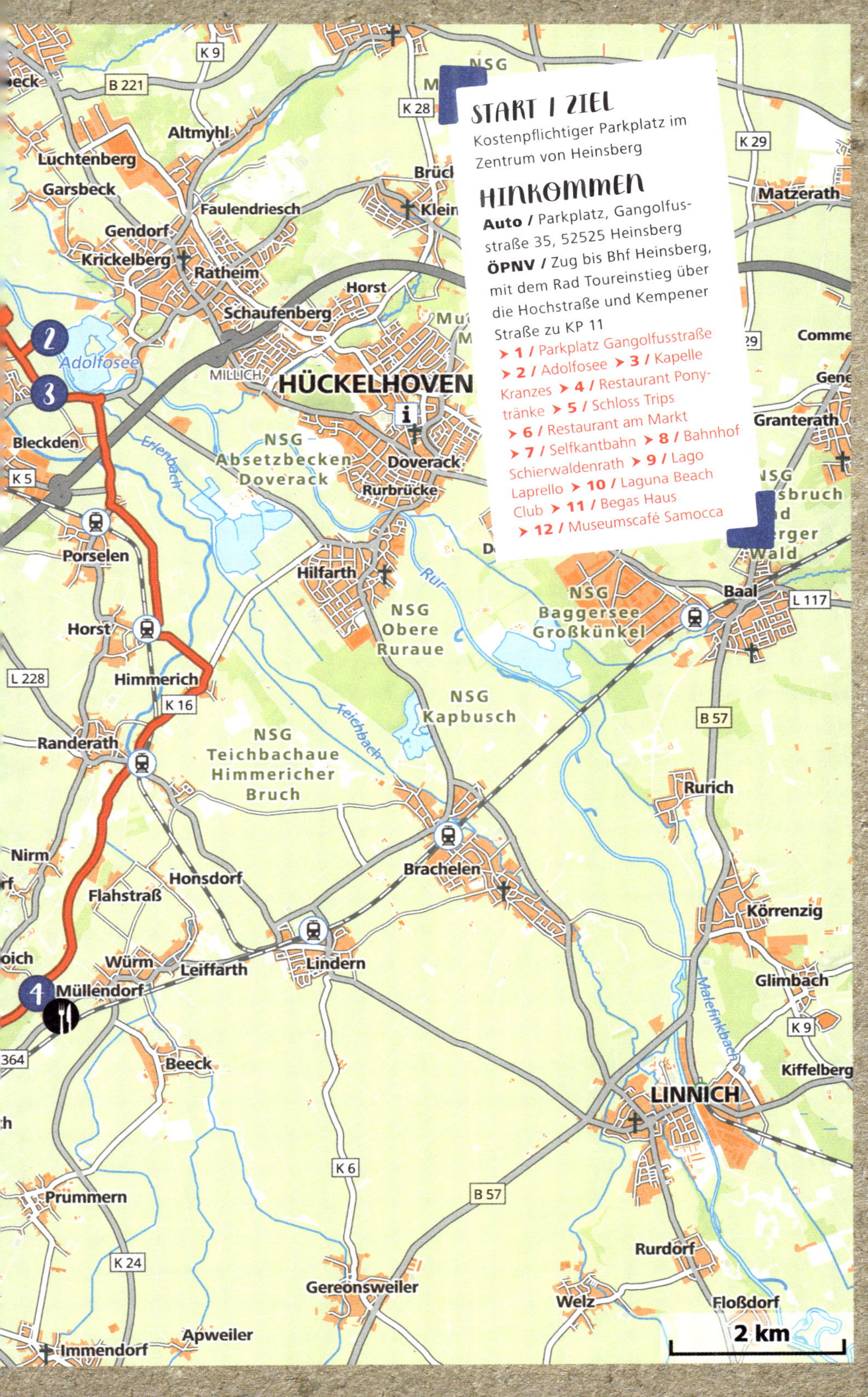
START / ZIEL
Kostenpflichtiger Parkplatz im Zentrum von Heinsberg
HINKOMMEN
Auto / Parkplatz, Gangolfusstraße 35, 52525 Heinsberg
ÖPNV / Zug bis Bhf Heinsberg, mit dem Rad Toureinstieg über die Hochstraße und Kempener Straße zu KP 11
➤ 1 / Parkplatz Gangolfusstraße
➤ 2 / Adolfosee ➤ 3 / Kapelle Kranzes ➤ 4 / Restaurant Ponytränke ➤ 5 / Schloss Trips
➤ 6 / Restaurant am Markt
➤ 7 / Selfkantbahn ➤ 8 / Bahnhof Schierwaldenrath ➤ 9 / Lago Laprello ➤ 10 / Laguna Beach Club ➤ 11 / Begas Haus
➤ 12 / Museumscafé Samocca
HÜCKELHOVEN
LINNICH
Altmyhl
Luchtenberg
Garsbeck
Faulendriesch
Gendorf
Krickelberg
Ratheim
Horst
Schaufenberg
Adolfosee
MILLICH
Bleckden
NSG Absetzbecken Doverack
Doverack
Rurbrücke
Erlenbach
Porselen
Hilfarth
NSG Obere Ruraue
Rur
Horst
Himmerich
NSG Baggersee Großkünkel
Baal
NSG Kapbusch
Randerath
NSG Teichbachaue Himmericher Bruch
Teichbach
Rurich
Brachelen
Nirm
Honsdorf
Flahstraß
Körrenzig
Lindern
Würm
Leiffarth
Müllendorf
Glimbach
Beeck
Malefinkbach
Kiffelberg
Prummern
Rurdorf
Gereonsweiler
Welz
Floßdorf
Apweiler
Immendorf
Matzerath
Granterath
K 9
B 221
K 28
K 29
K 5
L 228
K 16
L 117
B 57
K 9
K 6
B 57
K 24
2 km

SO VIEL NATUR SO NAH!

Ich radle diese Tour am liebsten im August und September, wenn die Heide in voller Blüte steht!

> **1 /** Wir starten und beenden die Tour am Parkplatz Brunssummerheide

> **2 /** Erster Stopp am Besucherzentrum Brunssumerheide

> **3 /** Aussichtspunkt auf die Brunssumerheide nicht verpassen

> **4 /** Lass deinen Blick über die Teverener Heide schweifen

> **5 /** Beobachte den Flugverkehr der NATO-Airbase Geilenkirchen

> **6 /** Entdecke Wildtiere im Wildpark Gangelt

> **7 /** Eispause an der Etzenrather Mühle

> **8 /** Im Koffietuintje Bingelrade gibt's klasse selbstgebackenen Kuchen

> **9 /** Genieße echte Pannekoeken & mehr in der Gasterij Kasteel Terborgh

> **10 /** Entdecke mit Kasteel Hoensbroek ein Bilderbuchschloss

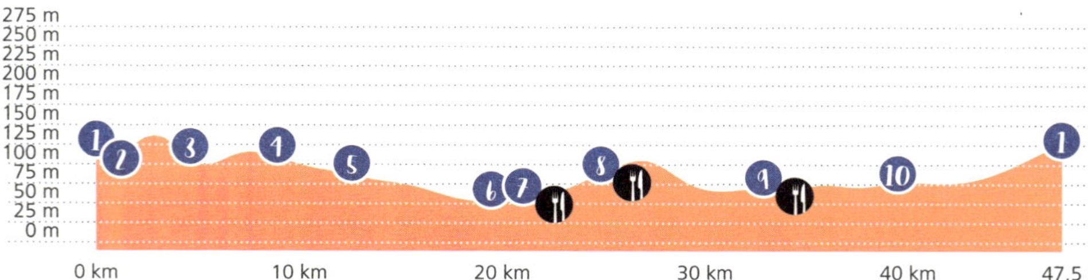

GRENZTOUR

Blühende Brunssummer und Teverener Heide

Diese Tour führt uns, die deutsch-niederländische Grenze mehrmals unbermerkt überquerend, durch Heide, entlang einer NATO-Airbase, durch niederländische Dörfer und zu einem der beeindruckendsten Schlösser der Region. Einmal durch die Heidelandschaft gefahren, wirst du sicher wiederkommen – zum Radeln oder zum Wandern!

48 Kilometer
201 Höhenmeter
3 Stunden
Rundtour

Ab in die Heide

Wir starten am 1 / Parkplatz Brunssummerheide zwischen zwei steingefüllten Gabionenzäunen in die Brunssummerheide. Leere Trinkflaschen? Kein Problem – direkt am Eingang zum Naturschutzgebiet kannst du sie an einem Spender auffüllen! Wir folgen dem Weg Richtung Restaurant und erreichen das 2 / Besucherzentrum Brunssumerheide, in dessen kleiner Ausstellung wir unter anderem lernen, dass sich die reizvollen Heide- und Moorlandschaften auf Millionen Jahre alten Dünensanden gebildet haben. Zum Besucherzentrum gehört auch das Restaurant Schrieversheide mit großer Außenterrasse (tgl. ab 10 Uhr bei gutem Wetter, Schaapskooiweg 99, 6414 EL Heerlen, NL). Anschließend passieren wir das Restaurant

CHARAKTER

Sportlich	●●●○○
Abkühlung	●●○○○
Schlemmen	●●●●○
Panorama	●●●●○

◂ links / Blühende Heidelandschaften, hier in der Teverener Heide

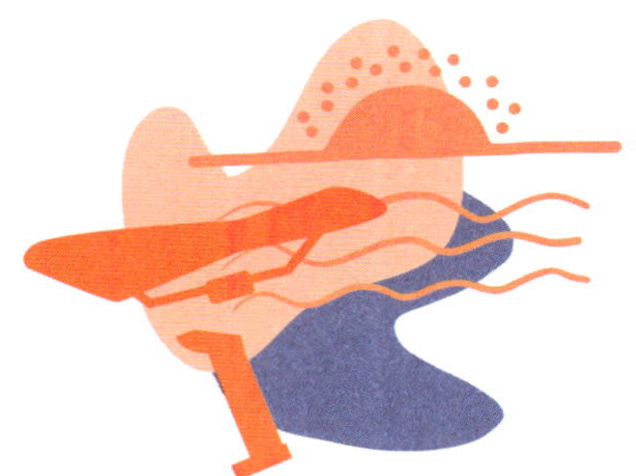

Richtung grün-weißer Knotenpunktmarkierung (KP) 76. Das gute niederländische Knotenpunktnetz erleichtert auf dieser Tour die Orientierung. Es geht bergab bis zu KP 76, von wo wir KP 77 folgen. Wir können bereits einen kurzen Blick in die Heidelandschaft werfen, durchfahren ein Waldgebiet und halten uns über KP 77 und KP 78 Richtung KP 79. Von einem schönen Aussichtspunkt auf die 3 / Brunssumerheide geht es bergab zum KP 79, von dem wir direkt am Ende des Gefälles rechts Richtung KP 108 die Autobahn durch eine Unterführung queren und uns links halten. Der Radweg führt nun durch duftenden Kiefernwald, und wir überqueren einen Golfplatz. Es folgt ein weiterer kurzer Tunnel, bis wir vom Europaweg-Noord links Richtung Schinveld abbiegen und etwa 100 m weiter rechts auf den schmalen Fietspad Scherpenseelerveeweg abbiegen. Wir sind hier genau auf der niederländisch-deutschen Grenze unterwegs. Wir erreichen KP 108 und biegen scharf links ab Richtung KP 40 und befinden uns nun, ohne es zu merken, in Deutschland. Über einen breiter werdenden Weg radeln wir bergauf und können von der Anhöhe aus den Blick über die weite Heidelandschaft der 4 / Teverener Heide schweifen lassen. Wir biegen links ab auf die Heidenaturparkroute und folgen dabei auf dem gesamten Weg bis zum Verlassen der Heide dem weißen Band auf den mit farblichen Markierungen versehen Wanderwegpfosten. Sie führt uns zunächst rechts bergab auf einem unbefestigten gut fahrbaren Weg mitten durch die überwältigend schöne Heide. Im Verlauf geht es wieder bergauf, und wir genießen erneut die fantastische Aussicht, bis wir an eine Kreuzung vor einem Wald stoßen, die wir geradeaus überqueren. Es geht einige Meter steil auf sandigem Weg bergab. Wir folgen dem Weg, bis wir an einer Kreuzung mit einem mächtigen Ahorn in der Mitte nach links abbiegen. Nach einer größeren Fläche bie-

LOGENPLATZ FÜR DEN HEIDEBLICK

Die Heide blüht herrlich von Mitte August bis Mitte September, die schönste Zeit, um diese Tour in der 4 / Teverener Heide zu machen.

➤ **rechts groß / Weiter Blick über die blühende Brunssummerheide**
➤ **rechts klein / Hübsche Heideblüten färben die Landschaft bunt**

580 ha

So groß ist das Heidegebiet der 3 / Brunssummerheide mit seinen Strauchheiden, moorigen und sandigen Flächen, Kiefernwäldern und Seen. In der Mitte der Brunssummerheide entspringt der „Rode Beek", zu Deutsch „Roter Bach". Den Namen erhielt er, weil sein eisenhaltiges Wasser in der sauren Umgebung rot oxidiert.

Fliegendes Radarsystem

Von der **5 / NATO-Airbase** starten AWACS-Flugzeuge mit ihrem charakteristischen Radarpilz zur Luftraumaufklärung und -überwachung der NATO.

gen wir rechts ab, weiter dem weißen Band folgend. Der Weg führt uns in einer Rechtskurve an einem See entlang, und wir biegen bei nächster Gelegenheit links ab. Rechterhand erstreckt sich ein weiterer kleiner See, und in der idyllischen Landschaft fällt es leicht, die Seele einfach mal baumeln zu lassen.

Unsichtbare Grenze

Abschied von der Heide

So könnte es ewig weitergehen, doch schon kurz darauf verlassen wir die Teverener Heide nach links und folgen der ruhigen Straße. Rechts von uns liegt die 5 / NATO-Airbase. Von hier starten Militärflugzeuge zur NATO-Luftraumüberwachung. Mit etwas Glück kannst du eines bei Start oder Landung beobachten – mit der Ruhe ist es dann allerdings vorbei. Wir passieren eine moderne Friedenskapelle und biegen rechts ab, um dem Fahrradweg weiter zu folgen. Wieder sind wir hier genau auf der Grenze unterwegs. Wir erreichen Niederbusch auf deutscher Seite und KP 99, von dem wir links Richtung KP 51 abbiegen und auf den Naturpark Rodebach stoßen. Wir radeln rechts einen schmalen Weg entlang,

überqueren die Brücke über den Rodebach und folgen links dem Weg Richtung Gangelt lange geradeaus. Von KP 51 halten wir uns weiter geradeaus Richtung KP 52 Tüddern. Beschattet von Weiden verläuft der Radweg fernab vom Straßenverkehr idyllisch am Rodebach. Wir bewegen uns dabei dicht an der deutsch-niederländischen Grenze, die du heute mehrfach unbemerkt überquerst. Vielleicht entdeckst du an einem der Bäume auch Spuren der Biber, die hier zuhause sind. Nach einer Unterführung biegen wir rechts ab zum 6 / Wildpark Gangelt (März–Okt. 9–19, Nov.–Feb. 9–16 Uhr, Schinvelder Str., 52538 Gangelt), den wir 200 m weiter erreichen und besuchen können. Wir fahren nun den Weg am Wildpark vorbei geradeaus, und wie gerufen liegt wenige hundert Meter weiter fast auf der Hälfte unserer Strecke die 7 / Etzenrather Mühle (Mi–So ab 12, Küche bis 19 Uhr, Etzenrather Mühle 1, 52538 Gangelt). Hier bekommst du ein erfrischendes Eis auf die Hand oder Speis und Trank auf der Terrasse.

So viele Wildtiere leben im 6 / Wildpark Gangelt auf einem 50 ha großen Gelände. Hier sagen sich nicht nur Wisent, Adler und Murmeltier gute Nacht. Besonders beliebt sind die Flugvorführungen der Falknerei. Ein Besuch lohnt sich, nicht nur für Kinder!

Niederländische Dörfer

Direkt am Restaurant erreichen wir KP 52, von hier fahren wir geradeaus weiter Richtung Etzenrade KP 75. Über KP 75 halten wir uns weiter Richtung KP 91. Über eine schattige Allee führt uns der Weg

◂ links / Immer wieder durchziehen Seen die Heidelandschaft ▴ oben / Koffietuintje Bingelrade mit hausgemachtem Kuchen vom Feinsten

zunächst rechts nach Bingelrade, wir erreichen schließlich KP 91 und halten uns Richtung KP 52 geradeaus. Direkt rechts lädt uns das 8 / Koffietuintje Bingelrade (Mi–Fr, So 10.30–16 Uhr nur bei gutem Wetter, Viel 2a, 6456 AT Bingelrade, NL) auf ein Päuschen in seinem Garten ein. Den hübschen niederländischen Sträßchen, entlang oft blumenverzierter Häuser, folgend, stoßen wir in Doerenrade ein Stück nach der hübschen Kirche auf KP 52 und folgen geradeaus KP 66, zu dem wir kurz darauf kommen. Wir biegen nun links ab Richtung KP 34, folgen ihm durch Oirsbeek und anschließend bergab, bis wir ihn erreichen und uns rechts Richtung KP 88 halten. Wir verlassen den Ort und durchfahren Schinnen bis zu KP 88.

MÄRCHENSCHLOSS

Das wunderschöne Wasserschloss 10 / Kasteel Hoensbroek blickt auf 700 Jahre Vergangenheit zurück. Du kannst es mit Onlineticket besichtigen.

Von Kasteel zu Kasteel

Von hier biegen wir rechts ab Richtung KP 36 und erreichen an diesem das im Privatbesitz befindliche Kasteel Terborgh mit der 9 / Gasterij Kasteel Terborgh (Di–Sa 11–18, So 11–19 Uhr, Heisterbrug 119, 6365 CC Schinnen, NL). Frisch gestärkt fahren wir zurück zu KP 88 und wenden uns rechts Richtung KP 87, passieren diesen Richtung KP 83 und erreichen ihn nach einer Unterführung. Nun biegen wir links Richtung KP 84 ab, zu dem wir nach

KM 25

„Leuk“ sagen die Niederländer zu etwas Schönem. Aber es ist mehr als nur das Wort. Es drückt aus, was du aus ganzem Herzen als schön empfindest. Wie beim 8 / Koffietuintje Bingelrade, in dem du den besten selbsgemachten Kuchen und Kaffee weit und breit bekommst, mitten im Garten. Einfach "leuk" halt.

Überquerung des Flusses Geleenbeek gelangen, um uns Richtung KP 85 rechts zu halten. Vom diesem folgen wir der Straße Richtung KP 26 und machen über den Parkplatz einen Abstecher zum rechts gelegenen prächtigen 10 / Kasteel Hoensbroek (tgl. 10–17.30 Uhr, Klinkertstraat 118, 6433 PB Hoensbroek, NL), sicher einem der beeindruckendsten Wasserschlösser der Region. Zurück an der Straße folgen wir lange KP 26, durchqueren dabei einen kleinen Wald und überqueren eine Hauptstraße. Von KP 26 biegen wir rechts Richtung KP 35 ab, den wir erreichen, nachdem wir wieder in den schönen Wald der Brunssummerheide eintauchen. Wir fahren weiter Richtung KP 76, stoßen 300 m weiter auf den Schaapskoiweg und biegen zum 1 / Parkplatz Brunssummerheide ab.

TOURENINFO / Tour auf Radwegen, Nebenstraßen und unbefestigten Waldwegen mit moderaten Steigungen. Für Familien mit Anhänger fahrbar, auf unbefestigten Wegen ruckelig.
E-Bike-Ladestationen: 7 / Etzenrather Mühle 4x Schuko, 8 / Koffietuintje Bingelrade Akku hineinreichen, Gasterij Kasteel Terborgh 4x Schuko

< links / Die Seele baumeln lassen am Kasteel Terborgh ^ oben / Das prächtige Kasteel Hoensbroek kann besichtigt werden

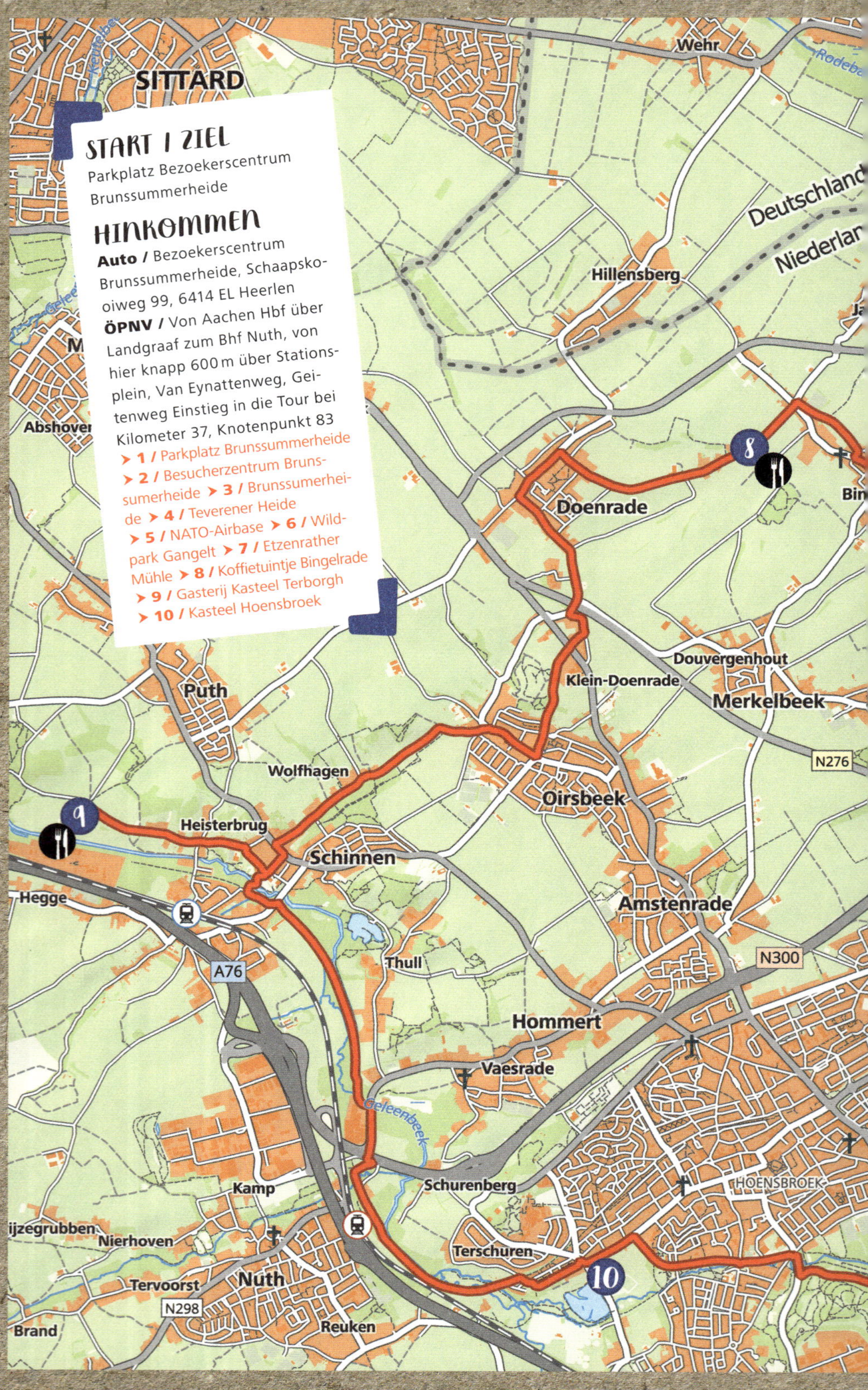

START / ZIEL

Parkplatz Bezoekerscentrum Brunssummerheide

HINKOMMEN

Auto / Bezoekerscentrum Brunssummerheide, Schaapskooiweg 99, 6414 EL Heerlen
ÖPNV / Von Aachen Hbf über Landgraaf zum Bhf Nuth, von hier knapp 600 m über Stationsplein, Van Eynattenweg, Geitenweg Einstieg in die Tour bei Kilometer 37, Knotenpunkt 83

➤ **1 /** Parkplatz Brunssummerheide ➤ **2 /** Besucherzentrum Brunssumerheide ➤ **3 /** Brunssumerheide ➤ **4 /** Teverener Heide ➤ **5 /** NATO-Airbase ➤ **6 /** Wildpark Gangelt ➤ **7 /** Etzenrather Mühle ➤ **8 /** Koffietuintje Bingelrade ➤ **9 /** Gasterij Kasteel Terborgh ➤ **10 /** Kasteel Hoensbroek

K 5
Gangelt
K 17
Stahe
NSG
Rodebach-Gangelt/Mindergangelt
Rodebach
Rodebach
Mindergangelt
7
6
rade
Op den Hering
L 272
Niederbusch
N274
Natuurgebied
Rode
Beek-Heringsbosch
Niederlande
Deutschland
Schinveld
5
NSG
Teverener
Heide
N300
Roode beek
BRUNSSUM
4
3
START-ZIEL
1
2
Brunssummerheide
HEERLERHEIDE
2 km

BADETAG!

Ich radle diese Tour, wenn es richtig warm ist und ich Lust auf Baden habe – zu Beginn, mittendrin oder am Ende. Oder einfach mehrmals!

> **1 /** Am Parkplatz Blausteinsee beginnt und endet die Tour

> **2 /** Entlang der Inde radeln

> **3 /** Märchenschloss bestaunen am Schloss Merode

> **4 /** Ab ins kalte Nass am Badesee Düren

> **5 /** Tolle Salate gibt's im Restaurant Strandwerk

> **6 /** Die nächste Abkühlung finden wir am Badesee Echtz

> **7 /** Kurze Rast am Lucherberger See einlegen

> **8 /** Am stählernen Indemann über die Aussicht staunen

> **9 /** Den besten Kuchen gibt's beim Minigolf Café Bahn 19

> **10 /** Durst löschen im Biergarten Gasthof Rinkens

> **11 /** Nach der Tour in den Blausteinsee springen

> **12 /** Schlemmen mit Seeblick am Restaurant Seehaus53

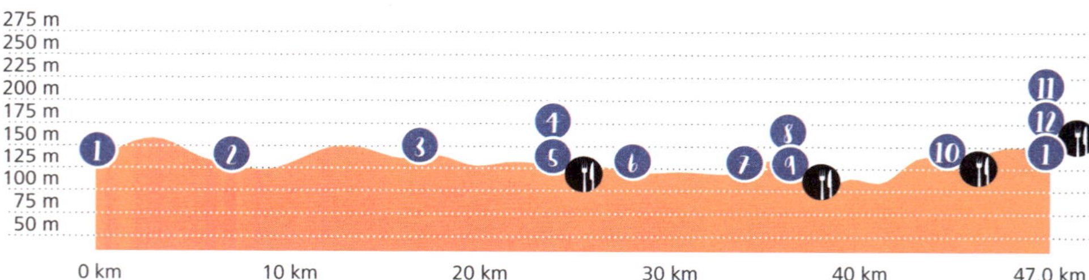

BADEHOPPING

Dürener 4-Seen-Tour

Baden, baden, baden – so lässt sich diese Tour am besten zusammenfassen! Wir erkunden erfrischende Badeseen im Kreis Düren, folgen dabei ein Stück dem hübschen Fluss Inde und lassen es uns in den tollen Restaurants entlang der Strecke schmecken.

47 Kilometer
176 Höhenmeter
3:10 Stunden
Rundtour

Start am See

Wir starten am 1 / Parkplatz Blausteinsee in Eschweiler. Von hier fahren wir entlang des Seeufers am Restaurant vorbei und können schon jetzt am kostenfreien Badestrand das erste Mal ins kühle Wasser des Blausteinsees springen! Wir biegen rechts bergauf ab und folgen am Kreisverkehr dem Radweg links. Wir begleiten den See oberhalb und können ab und zu einen wundervollen Blick auf ihn werfen. Nach etwa 2 km biegen wir links Richtung Knotenpunkt (KP) 82 Aldenhoven ab. Wir folgen dem Radweg und der rot-weißen Beschilderung nach rechts, um die Straße an der Ampel zu überqueren und Richtung KP 83 Eschweiler durch Dürwiß zu radeln. Wir unterqueren die Autobahn und biegen der Radmarkierung folgend am Ortseingang von Vöckelsberg

CHARAKTER

Sportlich	●●○○○
Abkühlung	●●●●●
Schlemmen	●●●●○
Panorama	●●●○○

‹ links / An heißen Sommertagen heißt es ab in die Badeseen der Region, so wie hier zum Badesee Düren

links auf die Fahrradstraße. Wir überqueren die Hauptstraße an der Ampel und halten uns geradeaus Richtung Stolberg. Der Straße Königsbenden nach links folgend wird diese schmaler und wir biegen rechts auf einen unbefestigten Weg zur Inde ab.

Entlang der Inde

Wir erreichen KP 83, überqueren die Brücke über die 2 / Inde Richtung KP 46 Stolberg und biegen links ab Richtung EW-Weisweiler. Am Fuß der B264 unterqueren wir diese links und folgen dem Inde-Radweg oberhalb des hübsch mäandrierenden Flusses, bis wir wieder eine Brücke überqueren und den angrenzenden Park durchfahren, um auf die Straße Auf dem Driesch zu stoßen. Man traut es der kleinen Inde kaum zu, aber beim verheerenden Hochwasser im Juli 2021 war die Brücke zerstört und die ufernahen Straßenzüge massiv geschädigt worden. Wir biegen rechts ab Richtung KP 42 Düren. Wir überqueren Inde und Hauptstraße und halten uns auf dem Radweg den Berg hinauf auf der Langerweher Straße. In Langerwehe erreichen wir KP 42 und rollen, der Straße folgend, bergab. Rechts Richtung KP 44 Düren geht es wieder bergauf und durch den wegen der Braunkohle 2004 umgesiedelten Ort Pier nach Merode hinein. Der Wegweiser führt uns zum 3 / Schloss Merode. Nachdem wir einen Blick auf das in Privatbesitz befindliche Schloss erhaschen konnten, fahren wir auf der Hauptstraße weiter Richtung KP 44. Etwa 300 m weiter erreichen wir Schlich, biegen links ab in die Paradiesstraße und folgen den Zwischenhinweisen. Wir verlassen Schlich, passieren KP 44 über einen asphaltierten Feldweg und gelangen zu KP 45. Von dort geht es Richtung KP 9 Düren über Gürzenich weiter. Über die Schillingstraße nach links und die Ratsstraße nach rechts kommen wir wieder nach links in den Kommgartenweg. Hier hal-

MÄRCHENSCHLOSS

3 / Schloss Merode aus dem 12. Jahrhundert ist eines der hübschesten Wasserschlösser im Rheinland. Der Privatbesitz kann leider nicht besichtigt werden.

- **rechts groß / Schloss Merode, nur bei Veranstaltungen zugänglich**
- **rechts klein / Überraschender Besucher am Wegesrand**

KM 7

Die 2 / Inde hat ihre Quelle im Nationalpark Eifel auf belgischer Seite im Gemeindegebiet Raeren. Sie ist einer der Zuflüsse der Rur, in die sie nach 54,1 km kurz vor Jülich bei Kirchberg mündet. Die Rur wiederum ist Zufluss der Maas in Roermond.

Dürener Adria

600 m Sandstrand und Badeinsel des 11 m tiefen **4 / Badesees Düren** bieten Beachfeeling pur. Tageskarte 4 €, Schwimmbereich DLRG-überwacht, Gastronomie.

ten wir uns geradeaus Richtung Badesee Düren und durchfahren etwa 100 m weiter die Bahnunterführung.

Badesee Düren

Sandstrand & Badeinsel

An der abknickenden Vorfahrt biegen wir links Richtung Badesee ab und nach etwa 700 m auf dem Radweg wieder links zum direkt vor uns liegenden 4 / Badesee Düren. Der Baggersee wurde auf der Fläche des ehemaligen Braunkohletagebaus Düren geschaffen. Eine kleine Wasserquelle speist den Grundwassersee. Jetzt aber ab ins kühle Nass! Wen das Schwimmen hungrig gemacht hat, der wird im 5 / Restaurant Strandwerk fündig (Di–So 12–22 Uhr, Am Badesee 4, 52349 Düren), wo wir eine Pause einlegen können. Der schmale unbefestigte Weg am See führt uns am Eingang zur Wasserskianlage vorbei. Bist du versucht, eine Runde zu wagen? Uns am Wegende rechts haltend, erreichen wir den Mirweilerweg, von dem wir etwa 200 m vorher auch zum See abgebogen waren, und folgen ihm links, bis wir die Kirche erreichen und uns an der Kreuzung Richtung Echtz halten.

Badesee Echtz

Etwa 200 m weiter biegen wir rechts ab Richtung Badesee Echtz. An einer Grillhütte überqueren wir die kleine hölzerne Brücke und folgen dem schmalen Weg links am Seeufer entlang, bis wir nach etwa 100 m den Eingang zum 6 / Badesee Echtz erreichen – und natürlich ins Wasser springen wollen! Wir verlassen den Badesee über die Brücke am Ausgang und überqueren nach rechts den Parkplatz, um uns dann Richtung KP 40 Echtz zu halten. In Echtz biegen wir am Ortsende links ab und überqueren über den Radweg die Autobahn, um danach links Richtung KP 41 Inden parallel zur Autobahn zu radeln.

Lucherberger See und Indemann

So erreichen wir schließlich mit dem 7 / Lucherberger See den vierten See in unserer Sammlung. Baden ist in dem See, der dem nahenden Tagebau zum Opfer fallen könnte, nicht erlaubt, doch du kannst von der Grillhütte aus den Anglern zusehen. Wir folgen dem Weg geradeaus, bis wir die Straße überqueren und rechts auf dem Radweg Richtung Lucherberg den KP 41 erreichen. Nun fahren wir rechts Richtung Indemann, biegen sofort wieder links ab und folgen der Zwischenbeschilderung durch ein Wohngebiet und einen schmalen Weg hinauf zum stählernen 8 / Indemann,

18 m

So tief ist der 6 / Badesee Echtz, der mit Sandstrand, südländischen Sonnenschirmen und einer großen Liegewiese, auf der alter Baumbestand Schatten spendet, Urlaubsfeeling aufkommen lässt. Tageskarte 3,50 €, Schwimmbereich DLRG-überwacht, Gastronomie.

< links / Badespaß am Dürener Badesee ^ oben / Echtzer Badesee mit Badestrand

von dessen Aussichtsplattformen wir eine grandiose Aussicht haben. Der erhobene Arm der riesigen Stahlkonstruktion in stilisierter Menschenfom scheint in die Zukunft zu weisen. Da musst du einfach rauf – es kostet nicht mal etwas. Mehr zum Indemann erfährst du in Tour 4. Hier findest du im 9 / Minigolf Café Bahn 19 (bei trockener Witterung Mo–Fr 13–20, Sa–So, Ferien 11–20 Uhr, Indemann, 52459 Inden) besten selbstgebackenen Kuchen. Aber Vorsicht: Bist du zu spät, ist keiner mehr da! Am Indemann vorbei fahren wir die Serpentinen hinab und überqueren den Kreisverkehr. Die Radmarkierung leitet uns anschließend rechts bergauf auf den Schwarzen Indeweg. Etwa 800 m weiter biegen wir, weiter dem Schwarzen Indeweg folgend, rechts zum Kieswerk ab. Wir folgen dem Indeverlauf, bis es die letzten 100 m steil bergauf geht – hier darfst du ruhig schieben. Am oberen Weg weist uns der Wegweiser Aussichtspunkt Kapellchen nach rechts. An der Kapelle biegen wir links ab und folgen der Radroute über die Felder und durch Fronhoven, um schließlich den 10 / Gasthof Rinkens mit einem hübschen Biergarten und von mir mehrfach getesteter klasse Gastronomie zu erreichen (Mi–Sa ab 17, So ab 11 Uhr, Fronhoven 70a, 52249 Eschweiler). Wir

EINKEHR MIT SEEBLICK

Wenn du am Blausteinsee bist, darf ein Besuch im 12 / Restaurant Seehaus53 nicht fehlen. Bei erstklassigem Seeblick genießt du deine Pizza doppelt!

46 m

Der von einem dichten Grüngürtel umgebene 11 / Blausteinsee ist mit dieser Tiefe der tiefste und mit 96 Hektar auch der größte unserer Tour-Seen. Segeln, surfen, paddeln, tauchen oder am Sandstrand schwimmen – hier gibt's Freizeitspaß pur. Schwimmbereich kostenfrei, keine Badeaufsicht, spitzen Gastronomie.

überqueren anschließend die befahrene Straße über die beschilderte Querungshilfe, um geradeaus KP 84 zu erreichen.

Blausteinsee

Richtung KP 82 Blausteinsee erreichen wir nach 2,5 km den See. Über den bereits bekannten Radweg rechts Richtung Blausteinsee Seezentrum geht es zurück zum Start. Vom Aussichtspunkt in Form eines stählernen Absetzers hast du einen tollen Blick über den 11 / Blausteinsee! Zum Abschluss springst du in den See oder wanderst auf dem 5,8 km langen Seeuferweg um ihn herum. Oder du lässt es dir einfach auf der Terrasse des 12 / Restaurants Seehaus53 gutgehen (Mi–Fr 12–21, Sa–So 11–21 Uhr, Zum Blausteinsee 53, 52249 Eschweiler). Neben Pizza und Pasta gibt's auch vegane Gerichte.

TOURENINFO / Geeignet für Familien mit Anhänger. Meist asphaltierte Wege, teils unbefestigte Wirtschafts- und Waldwege. Nur eine nennenswerte schiebbare Steigung. Auf dieser Tour definitiv Badesachen nicht vergessen! E-Bike-Ladestelle: 11 / Blausteinsee 3x Schuko

---

< links / Aussichtsplattform am Blausteinsee in Form eines im Tagebau verwendeten Geräts ^ oben / Über die Region hinaus bekannter Blausteinsee

Neu-Pattern
Schleiden
A 44
Merzbach
Niedermerz
Weiler-Langweiler
L 238
Weiler Hausen
Fronhoven
START-ZIEL
Nordöstlicher Blausteinsee
10
P
Blausteinsee
1
12
11
Neu-Lohn
L 238
L 228
HEHLRATH
Dürwiß
L 238
L 241
A 4
Weisweiler
B 264
L 223
K 33
VÖCKELSBERG
Inde
WILHELMSHÖHE
HÜCHELN
ESCHWEILER
2
Gut Merbe
Otterbach
K 18
RÖTHGEN
Nothberg
Gut Kamm
STICH
BERGRATH
PUMPE
K 23
BOHL
Otterbach
Schön
Bergbauwüstungszone im Eschweiler Wald
VOLKENRATH
Im Korkus
Heistern
Hastenrath
Scherpenseel
Wenau
L 11
K 23
Omerbach
Wehebach

START / ZIEL
Parkplatz Blausteinsee (kostenpflichtig, 2 €)
HINKOMMEN
Auto / Parkplatz, Zum Blaustein-See, 52249 Eschweiler
ÖPNV / Einstieg in die Tour ab Hbf Düren möglich. Etwa 3 km über Arnoldsweilerstraße, Wirtelstraße zu KP 5, dann KP 9 und KP 45 bis zur Beschilderung 4 / Badesee Düren rechts in die Straße Papiermühle und zum See
➤ 1 / Parkplatz Blausteinsee ➤ 2 / Inde ➤ 3 / Schloss Merode ➤ 4 / Badesee Düren ➤ 5 / Restaurant Strandwerk ➤ 6 / Badesee Echtz ➤ 7 / Lucherberger See ➤ 8 / Indemann ➤ 9 / Minigolf Café Bahn 19h ➤ 10 / Gasthof Rinkens ➤ 11 / Blausteinsee ➤ 12 / Restaurant Seehaus53
Selgersdorf
K 13
B 56
Iktebach
Ellebach
K 22
Haus Ores
L 12
Nied
Berg
Krauthausen
Schlichbach
B 56
Iktebach
L 12
Naturschutzgebiet
Pierer
Wald
Selhausen
Huchem-Stammeln
Köttenich
Rur
Köttenicher Mahlmühle
Merken
K 42
K 35
B 56
Lucherberg
K 35
Altdorf
Lucherberger See
Frohnsmühle
A 4
Schlichbach
Luchem
Hoven
Birkesdorf
L 12
Echtz
K 35
Stütgerloch
Geich
Obergeich
Mariaweiler
Jüngersdorf
Schlichbach
Konzendorf
Pier
K 27
D'horn
Bahnhof Düren 1,5 km
K 45
B 264
Naturpark Hohes Venn - Eifel
Derichsweiler
Schlich
L 25
Gürzenich
2 km

AUF DEN SPUREN DES WESTWALLS

Ich freue mich auf dieser Route über ein friedliches Europa, wenn ich bedenke, dass hier im 2. Weltkrieg eine solch schreckliche Front tobte.

- **1 /** Beginne und beende die Tour am Wanderparkplatz Schlangenberg
- **2 /** Erklimme mit der Burg Stolberg das Wahrzeichen der Stadt
- **3 /** Kehre im Gasthaus Weißes Rößl zünftig ein
- **4 /** Radle entlang der kleinen Vicht durch Stolberg
- **5 /** Der in Wiesen eingebettete Münsterbach ist eine Augenweide
- **6 /** Genieße das Naturschutzgebiet Münsterbusch
- **7 /** Entdecke einen alten Panzer
- **8 /** Erkunde weitere abgewrackte Panzer
- **9 /** Staune über die alte Haumühle
- **10 /** Erfrische dich beim Café Restaurant Napoleon in Kornelimünster
- **11 /** Erlebe erschreckende Historie am Westwall
- **12 /** Genieße frische Mehlspeisen im Restaurant Birkenhof

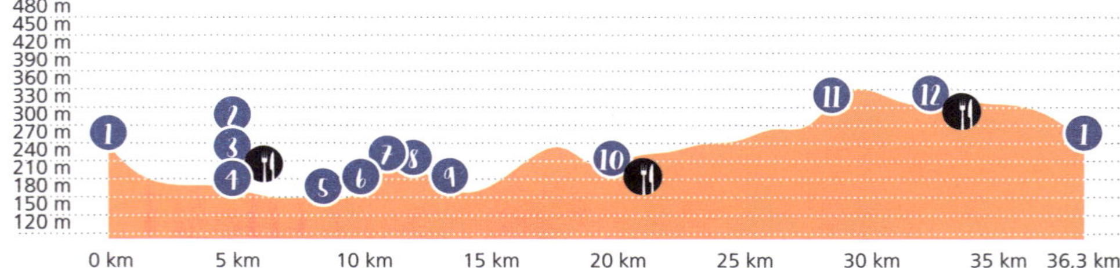

WESTWALL-RELIKTE

Radeln um die Kupferstadt Stolberg

Wir begeben uns auf die Spuren des Westwalls des NS-Regimes. Vorbei an abgewrackten Panzern und bizarren Panzersperren führt uns die Tour von der Kupferstadt Stolberg über ein Teilstück des Vennbahnwegs und durch dichte Eifelwälder.

36 Kilometer
273 Höhenmeter
2:45 Stunden
Rundtour

Auf nach Stolberg

Uns vom 1 / Wanderparkplatz Schlangenberg rechts haltend, biegen wir gleich links auf den Weg über die Felder ab. Wir erreichen Knotenpunkt (KP) 93 an der Zweifaller Straße und wenden uns nach links, um etwa 200 m weiter über KP 92 auf den linksseitigen Radweg zu wechseln und entlang einiger alter Industriegebäude Richtung KP 91 in die Innenstadt von Stolberg zu radeln. Am Ende der Zweifaller Straße biegen wir in Richtung der bereits in Sicht befindlichen höher gelegenen Burg ab, folgen dem Wegweiser Richtung STO-Altstadt und machen einen Abstecher über Stolbergs Kopfsteinpflaster Richtung KP 89 Stolberger Burg.

CHARAKTER

Sportlich ●●●○○
Abkühlung ●●○○○
Schlemmen ●●●●○
Panorama ●●●●○

Stolbergs Wahrzeichen

So gelangen wir zum Wahrzeichen der Stadt, der 2 / Burg Stolberg, die umgeben von kleinen ver-

◄ links / Panzersperren als Westwall-Relikte direkt am Weg

winkelten Gassen und alten Gemäuern auf einem mächtigen Kalksteinfelsen oberhalb des Vichtbachtals liegt. Nach teilweiser Zerstörung im Zweiten Weltkrieg wurde sie so wieder aufgebaut, wie sie zu Beginn des 18. Jh. ausgesehen hatte. Für eine Rast bietet sich auf dem Rückweg zu KP 91 das urige 3 / Gasthaus Weißes Rößl mit Biergarten und gemütlichem Innenhof an (Mo–Di, Do–Fr 16–21, Sa–So 12.30–21 Uhr, Burgstraße 35, 52222 Stolberg). Von KP 91 biegen wir rechts in den Steinweg Richtung KP 87 Stolberg Hbf und begleiten für eine längere trecke den kleinen Fluss 4 / Vicht. Kurz vor der Kreuzung Rhenaniastraße erblicken wir auf der gegenüberliegenden Straßenseite KP 87 und erreichen diesen über die Ampel. Wir orientieren uns Richtung KP 98 STO-Münsterbusch auf einem leicht ansteigenden Weg und folgen an einer Weggabelung der Beschilderung auf einen schattigen Waldweg. Entlang des romantisch mäandrierenden 5 / Münsterbachs erreichen wir an der Bushaltestelle Buschmühle die Straße.

INDE ODER MÜNSTERBACH?

In Stolberg wird die Inde bis zur Einmündung der Vicht auch 5 / Münsterbach genannt und ist Namenspatron für Straßen und Naturgebiete.

Abstecher ins Militär- und Naturschutzgebiet

Hier wollen wir einen Exkurs in das militärisch genutzte Naturschutzgebiet Münsterbusch machen, sofern es nicht gesperrt ist (Zugangszeiten des Standortübungsplatzes beachten: Zutritt verboten Mo–Fr 7–17 Uhr oder bei gehisster roter Flagge!). Dazu biegen wir nicht der Radroute folgend ab, sondern nehmen den Weg geradeaus über den Parkplatz in das Naturschutzgebiet hinein, wo Naturschutz und militärische Nutzung eine überraschende Koexistenz finden. Der Platz dient vor allem Kraftfahrausbildungen nicht nur des Militärs, sondern auch des Technischen Hilfwerks und Roten Kreuzes. 1937 in Betrieb genommen, durchquerte auch der Westwall das Gelände, das Verteidigungssystem an der West-

---

➤ rechts groß / Das Naturschutzgebiet Münsterbusch zu erradeln birgt Überraschungen ➤ rechts klein / Zeit für einen Burgblick über Stolbergs Altstadt

150 m

Stolbergs Altstadt überrascht uns mit verwinkelten Gassen und ihrem Wahrzeichen, der 2 / Burg Stolberg mit Ursprung im 12. Jahrhundert. Unter der Burg verläuft übrigens ein 150 Meter langes Stollensystem, das im 19. Jahrhundert als Kühlraum und Weinkeller genutzt wurde.

Lebensraum Panzerspuren

Die Gewässer in den Panzerspuren im 6 / **Naturschutzgebiet Münsterbusch** sind Heimat der größten rheinischen Population an Gelbbauchunken.

grenze des Deutschen Reichs, das mit Panzersperren, Gräben und 22.000 Bunkern 1936–1940 als Kriegsvorbereitung errichtet wurde. Alternative Route: Sollte das Gebiet gesperrt sein, folgst du von der Bushaltestelle links über die Inde KP 97 und dann 98 und setzt die Tour von dort fort.

Reste der Vergangenheit

Relikte

Der breite unbefestigte Weg führt uns bergauf durch das 6 / Naturschutzgebiet Münsterbusch, bis wir einen Modellflugplatz erreichen und dem Weg links folgen. Auf der rechten Seite rückt ein 7 / alter Panzer in Sicht, den wir staunend begutachten. Wir folgen für etwa 400 m dem Weg über eine Wegkreuzung entlang der Lichtung, um dann am Infoschild „Naturschutzgebiet Brander Wald" links abzubiegen. Wir passieren zwei weitere 8 / abgewrackte Panzer und finden bei genauem Hinschauen im Gebüsch getarnt auch noch einen dritten. Zum Glück sind wir hierzulande in friedlichen Zeiten, und so nutzen Kinder die Panzer im Naturschutzgebiet häufig als Klettermöglichkeit. Jetzt geht es kurz steil

bergab und an der Kreuzung links. Wir folgen dem unbefestigten Weg mit teils schlechter Wegdecke für etwa 900 m. Über einen kleinen Parkplatz am Waldausgang geht es dann weiter bergab auf einem asphaltierten Weg. Am Ende des Gefälles stoßen wir wieder auf die Radroute und biegen am alten Industriegebäude der 9 / Haumühle, einer ehemaligen Tuchfabrik und Färberei, ab, dem Wegweiser rechts Richtung KP 98 STO-Breinig folgend. Wir überqueren bergauf die Aachener Straße und den Fluss Inde, bis wir in Büsbach in den Weg Im Priesterland abbiegen.

Über Felder nach Kornelimünster

Auf schmalem asphaltiertem Weg begleiten wir eine hübsche Feldlandschaft und folgen KP 98 Richtung AC-Kornelimünster in den Ort Dorf hinein, um hinter der kleinen typischen Eifelkirche rechts in die Marienstraße abzubiegen. Wir verlassen Dorf und wenden uns nach rechts Richtung KP 31 AC-Kornelimünster. Wir lassen uns in den historischen Kern von Kornelimünster hinabrollen und passieren den Abteigarten. Wir radeln weiter zum Korneliusmarkt, auf dem jährlich über Frohnleichnam ein sehenswerter historischer Jahrmarkt stattfindet. Im 10 / Café Restaurant Napoleon können

BUNT

Die 1647 erstmalig erwähnte 9 / Haumühle war 1851 bis 1937 unter wechselndem Besitz Tuchfabrik und Färberei. Dabei lieferte der Münsterbach nicht nur weiches Wasser zum Färben, sondern auch die nötige Antriebskraft.

< links / Unvermittelt stehen abgewrackte Panzer am Weg ^ oben / Kurz vor Kornelimünster lädt diese hübsche Wegkreuzung zur Rast ein

wir eine Pause einlegen (Mo–Mi, Fr–Sa 14–23, Do 16–23, So 12–23 Uhr, Korneliusmarkt 54–56, 52076 Aachen-Kornelimünster). Wir verlassen den Platz Richtung KP 31 AC-Zentrum, fahren den Napoleonsberg auf dem freigegebenen Gehweg hinauf, überqueren die Straße und biegen gleich links ab Richtung Vennbahn/Ravel.

Ein Stück Vennbahnweg

Einige Meter weiter fahren wir links auf den Vennbahnweg auf, überqueren 700 m weiter das Iterbachviadukt – kurz anhalten und hinunterschauen – und genießen für 6 km den preisgekrönten Radweg. Dabei bewundern wir auch den alten Bahnhof Walheim, in dessen Bahnhäuschen eine Puppe die Lage überblickt. Schau mal zur zweiten Etage hinauf! In Schmithof biegen wir kurz nach einem Rastplatz an KP 33 links ab und verlassen den Vennbahnweg in die Frennetstraße Richtung KP 34 Roetgen. Entlang hübscher Eifelhäuser durchradeln wir das Eifeldorf, überqueren die befahrene Monschauer Straße und erreichen KP 34, von dem wir geradeaus Richtung KP 99 Zweifall fahren.

Westwall

Seltsam anmutende Betonhöcker auf den Weiden rechterhand rücken ins Blickfeld.

630 km

So lang war der 11 / Westwall, der von Kleve an der niederländischen Grenze bis an die Schweizer Grenze das Deutsche Reich absichern sollte. Als Teil der Kriegsvorbereitungen verkaufte ihn die NS-Propaganda dem Volk als Friedenssicherung. Rund eine halbe Million Menschen waren am größten Bauwerk der Nationalsozialisten beteiligt.

Sie sind Reste der Panzersperren des 11 / Westwalls. Du konntest sie vielleicht auch in Schmithof schon sehen und wirst ihnen gleich noch einmal begegnen. Wir biegen auf dem Radweg rechts Richtung Roetgen ab, überqueren 200 m weiter die Straße auf den linksseitigen Radweg und folgen etwa 100 m weiter einem Waldweg links Richtung Stolberg. An dieser Stelle findest du noch einmal freistehende Elemente des Westwalls, die du dir hier aus der Nähe ansehen kannst. Bald schon führt der Waldweg herrlich bergab. Nach etwa 4 km erreichen wir an KP 99 wie gerufen das 12 / Restaurant Birkenhof mit einer hübschen Gartenterrasse (Di–So ab 10 Uhr durchgehend, Küche 12–21 Uhr, Mulartshütter Str. 20, 52224 Stolberg). Gestärkt und erfrischt geht es jetzt bergab immer der Nase nach zu KP 1 Stolberg und weiter durch den Wald über KP 93 Stolberg zurück zum 1 / Wanderparkplatz Schlangenberg.

MEHLSPEISEN

Von 15–17.30 Uhr gibt's im 12 / Restaurant Birkenhof frische Pfannkuchen und Waffeln! Und auch sonst erwarten uns eine riesen Kuchenauswahl und tolle Gerichte.

TOURENINFO / Tour auf teils unbefestigten, aber gut fahrbaren Wegen mit einigen kurzen Steigungen bis circa 8 %. Wegen des militärischen Sperrbereichs am besten am Wochenende fahren, alternativ Streckenabschnitt auslassen. E-Bike-Ladestelle: 12 / Restaurant Birkenhof 6 x Schuko

---

< links / Rostig und doch farbenfroh – alte Waggons im Bahnhof Walheim ^ oben / Stolbergs Altstadt überrascht mit hübschen Gassen

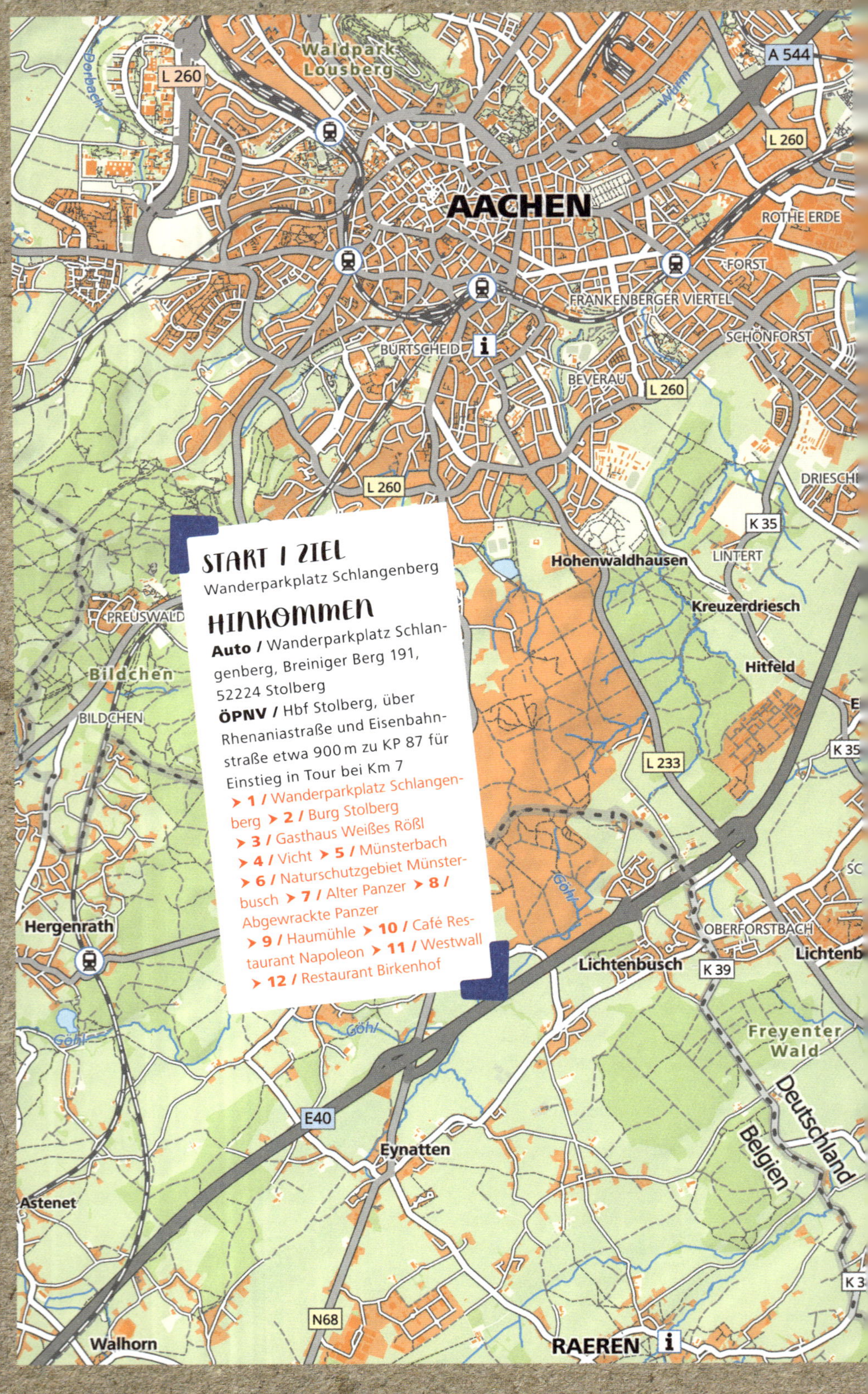
START / ZIEL
Wanderparkplatz Schlangenberg
HINKOMMEN
Auto / Wanderparkplatz Schlangenberg, Breiniger Berg 191, 52224 Stolberg
ÖPNV / Hbf Stolberg, über Rhenaniastraße und Eisenbahnstraße etwa 900 m zu KP 87 für Einstieg in Tour bei Km 7
➤ 1 / Wanderparkplatz Schlangenberg ➤ 2 / Burg Stolberg
➤ 3 / Gasthaus Weißes Rößl
➤ 4 / Vicht ➤ 5 / Münsterbach
➤ 6 / Naturschutzgebiet Münsterbusch ➤ 7 / Alter Panzer ➤ 8 / Abgewrackte Panzer
➤ 9 / Haumühle ➤ 10 / Café Restaurant Napoleon ➤ 11 / Westwall
➤ 12 / Restaurant Birkenhof
AACHEN
Waldpark Lousberg
L 260
A 544
ROTHE ERDE
FORST
FRANKENBERGER VIERTEL
BURTSCHEID
SCHÖNFORST
BEVERAU
Hohenwaldhausen
LINTERT
Kreuzerdriesch
Hitfeld
L 233
K 35
PREUSWALD
Bildchen
BILDCHEN
Hergenrath
Göhl
OBERFORSTBACH
Lichtenbusch
K 39
Freyenter Wald
Deutschland
Belgien
E40
Eynatten
Astenet
N68
Walhorn
RAEREN

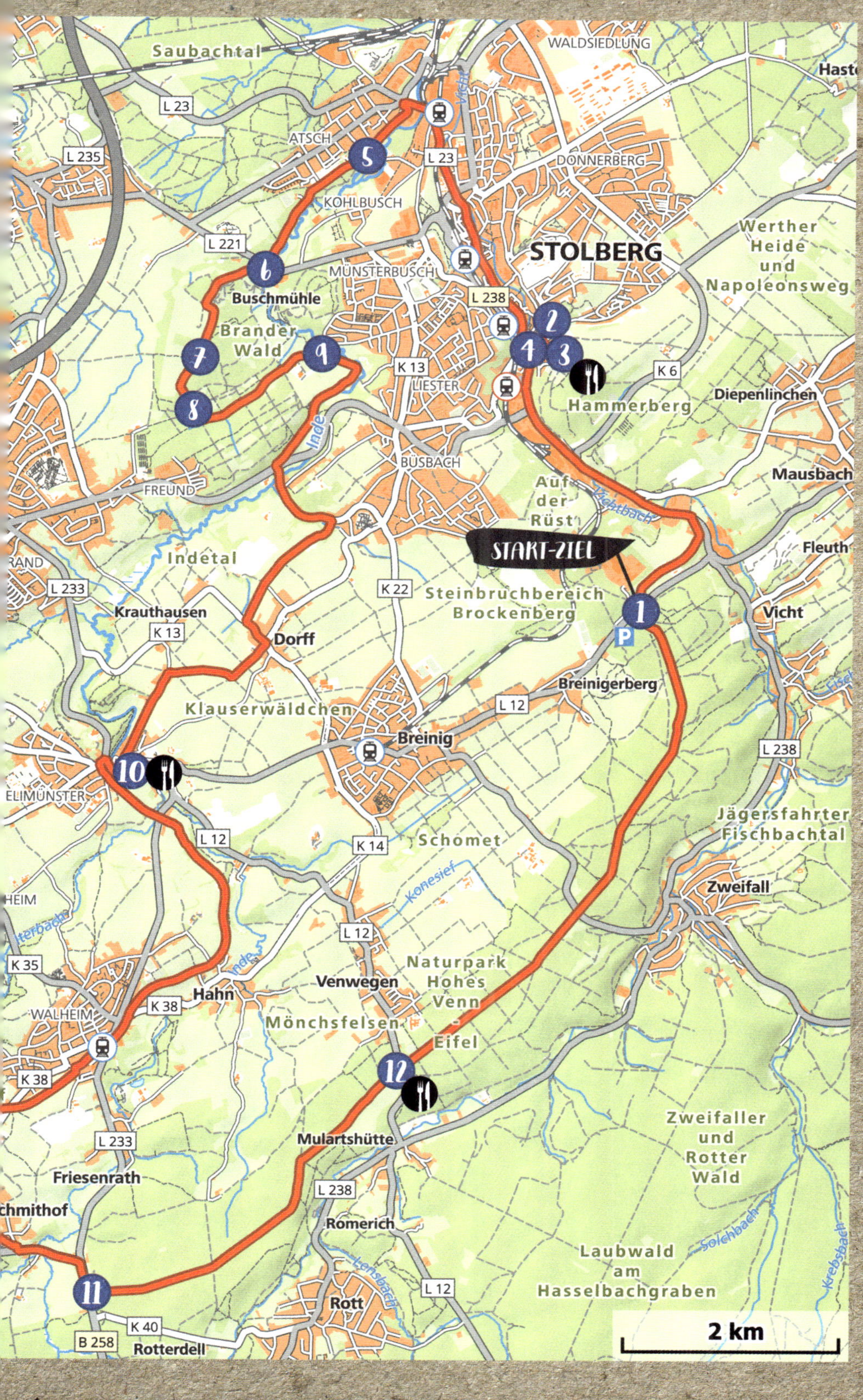
Saubachtal
WALDSIEDLUNG
ATSCH
DONNERBERG
KOHLBUSCH
STOLBERG
Werther Heide und Napoleonsweg
Buschmühle
MÜNSTERBUSCH
Brander Wald
LIESTER
Hammerberg
Diepenlinchen
BÜSBACH
FREUND
Mausbach
Auf der Rüst
START-ZIEL
Indetal
Fleuth
Steinbruchbereich Brockenberg
Vicht
Krauthausen
Dorff
Breinigerberg
Klauserwäldchen
Breinig
Jägersfahrter Fischbachtal
Schomet
Zweifall
Naturpark Hohes Venn - Eifel
Venwegen
Hahn
WALHEIM
Mönchsfelsen
Mulartshütte
Zweifaller und Rotter Wald
Friesenrath
Romerich
Laubwald am Hasselbachgraben
Rott
Rotterdell
2 km

AB INS WASSER!

Ich radle die Tour am liebsten an heißen Sommertagen und nutze die schönen kostenfreien Badebuchten zur Abkühlung.

> **1 /** Wir starten und beenden die Tour am Parkplatz Rurberg

> **2 /** Radeln über die Staumauer Schwammenauel

> **3 /** Genieße die Aussicht auf den Stausee vom Hotel Restaurant Seehof

> **4 /** Durst löschen im Strandbad Beach Club Eifel

> **5 /** Ins Wasser springen am Badestrand Eschauel

> **6 /** Abkühlen an der Badestelle der Woffelsbacher Bucht

> **7 /** Genieße Atmosphäre und Kulinarik im Café am Ferienhof

> **8 /** Beste Konditorkunst im Café Henn

> **9 /** Leere Speicher füllen wir im Ufercafé

> **10 /** Nochmal ins Wasser springen am Naturfreibad am Rurseezentrum

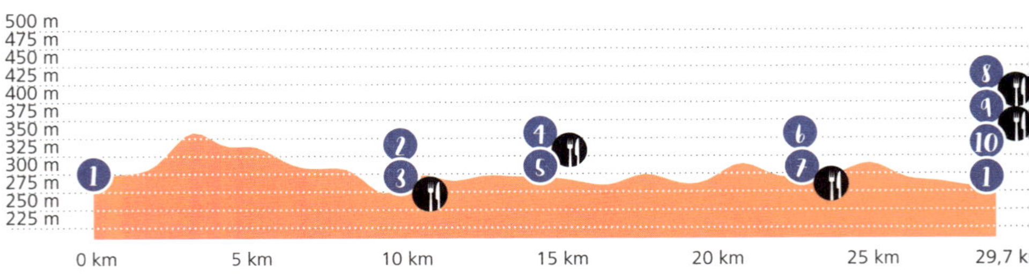

Juwel Rurstausee

Einen ganzen Tag baden und genießen

Die Tour führt ab Rurberg einmal um den wunderschönen Rurstausee, überquert die Staumauer und bietet neben schönen Einkehrpunkten auch tolle Bademöglichkeiten, genau das richtige für heiße Sommertage in der Eifel! Lässt sich für noch mehr Rursee mit der ½ Tour kombinieren.

30 Kilometer
215 Höhenmeter
2:15 Stunden
Rundtour

Auf zur anderen Seeseite

Vom 1 / Parkplatz Rurberg fahren wir bergab und biegen an der Touristeninformation ab auf den Eiserbachdamm, der den zu unserer rechten Seite gelegenen Eiserbachsee vom Rursee trennt. Wir erreichen Knotenpunkt (KP) 64 und halten uns links Richtung KP 86 Heimbach über den Paulushofdamm, der Rursee und Obersee abgrenzt. Auf der anderen Seite rechts liegt die Anlegestelle Rurberg Obersee, von der du mit dem Schiff auf dem Obersee zur Urftstaumauer oder nach Einruhr fahren kannst. Wir halten uns zur Umrundung des Rursees links weiter Richtung KP 86 Heimbach. Der Weg geht bald in einen schmalen asphaltierten Weg über und führt uns auf den nächsten 2 km etwa 100 Höhenmeter gut fahrbar hinauf, ehe wir an der Weggabelung links dem Radwegweiser

Charakter
Sportlich ●●●○○
Abkühlung ●●●●●
Schlemmen ●●●●○
Panorama ●●●●●

◂ links / Radfahren, segeln, schwimmen – am Rursee ist vieles möglich

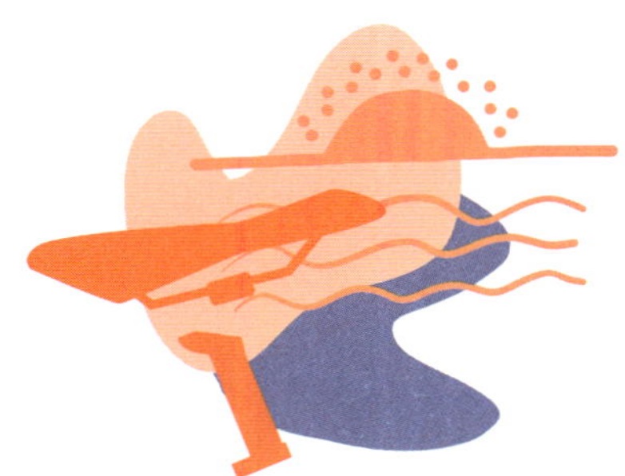

Richtung Staudamm Schwammenauel folgen. Es lohnt sich, immer wieder einmal auf diesem sehr natürlichen Abschnitt durch die Bäume zum Rursee hinabzuspähen. Moment, Rursee, Rurstausee oder Rurtalsperre – wie heißt er denn jetzt? Eigentlich ist es der Rurstausee, natürlich wird er als Stausee begrenzt durch eine Staumauer, die Rurtalsperre. Und im Volksmund wird er einfach „der Rursee" genannt. Egal wie du ihn nennst, seine gewundenen Ufer und hübschen Buchten bieten Erholung pur. Das glitzernde Wasser mit seinen kleinen Segelbooten und den grünen Bergrücken der Eifel bietet ein faszinierendes Panorama. Ab und an zieht ein weißes Boot der Rursee-Schifffahrt seine Linien im Wasser zwischen den Anlegestellen des Rursees.

NAHERHOLUNGSGEBIET RURSEE

Umgeben vom Naturpark Hohes Venn-Eifel und weiteren Naturschutzgebieten ist der Rursee inmitten einer grünen Lunge ein wahres Juwel der Region.

Staumauer

Nach etwa 9 km kommen wir über den Parkplatz Büdenbach und überqueren die 2 / Staumauer Schwammenauel. Sie bildet den Abschluss des Rursees, der mit den Vorsperren Obersee und Eiserbach 203,2 Mio. m^3 Stauvolumen besitzt und damit der zweitgrößte Stausee Deutschlands ist! Ist dir eigentlich schon aufgefallen, dass die Rur ohne „h" geschrieben wird, anders als die Ruhr im Ruhrgebiet? Ursprünglich wurde auch die Eifel-Rur mit „h" geschrieben, doch zur Unterscheidung wird es seit etwa 1900 weggelassen. Im Laufe der Zeit wurden Ortsnamen angepasst, aber Einruhr am Obersee ist nach wie vor ein unverändertes Relikt dieser Zeit.

Mit dem Schiff oder am anderen Ufer zurück

Kurz nachdem wir die Staumauer überquert haben, biegen wir links ab Richtung KP 87 Rurberg. Etwas oberhalb liegt hier die Terrasse des 3 / Hotels Restaurant Seehof, an dem es sich lohnt,

---

➤ rechts groß / Schiffsverkehr an der Staumauer Schwammenauel
➤ rechts klein / Auf dieser Seite des Rursees ergeben sich wundervolle Blicke durchs Laub

77,4 m

Das ist die Höhe der 1934–1938 erbauten 2 / Talsperre Schwammenauel, die 1939 in Betrieb genommen wurde. Wenn du über die Krone fährst, legst du 480 m zurück. Beim katastrophalen Hochwasser 2021 konnten die Wassermassen nicht mehr gesteuert abgegeben werden und liefen über den Überlauf der Staumauer ab.

MuskulaTour

Schiffstour

Auch der 5 / **Badestrand Eschauel** lässt sich von Schwammenauel bequem mit dem Schiff erreichen, dein Rad kannst du mitnehmen.

Touren-Varianten

eine Pause einzulegen (Selbstbedienung Apr.–Okt. Di–So 12–18, Nov.–März Sa–So 12–18, à la carte Di–So 18–21 Uhr, Schwammenauel Seehof 10, 52396 Heimbach). Wenn du Lust hast, kannst du vom Anleger Schwammenauel (Ablegezeiten Sa–So stündl. 11–16, Mo–Fr 11, 13 u. 15 Uhr), dem Heimathafen des 37 m langen Flaggschiffs Stella Maris der Rursee-Schiffahrt, ein Stück weiterfahren. Du kannst von hier sowohl unseren Etappenort 6 / Woffelsbach als auch Start und Ziel der Tour in Rurberg anfahren und so die Tagestour um 13 oder 18 km verkürzen, wenn du zum Beispiel die ½ Tour entlang des Obersees noch anschließen möchtest, aber merkst, dass es dir zu viele Kilometer werden.

Uferweg retour

Wir folgen dem Weg weiter um den Rursee, dessen Streckenprofil sich auf dieser Seite deutlich flacher zeigt. Nur ab und zu gibt es auf dem meist nicht asphaltierten, aber guten Weg kurze knackige Steigungen, die aber durch schöne Abfahrten wieder belohnt werden. Wir sind halt in der Eifel, ganz ohne Höhenmeter geht's

hier nicht. Wir erreichen bergauf KP 87, hier können wir einen Abstecher 300 m hinunter zum 4 / Strandbad Beach Club Eifel (Mo–Di 12–20, Mi–Do 11–21, Fr, So 11–22, Sa 11–23 Uhr, Eschaueler Weg 99, 52385 Nideggen) machen und am 5 / Badestrand Eschauel schwimmen gehen (DLRG-überwacht in den Sommerferien von NRW und an Wochenenden). Auch hier gibt es wieder eine Anlegestelle, den Schiffsanleger Schmidt-Eschauel, von dem du mit dem Schiff weiterfahren kannst bis 6 / Woffelsbach oder Rurberg. Du willst weiterradeln und bekommst einfach nicht genug von dem tollen Rundweg? Das kann ich verstehen! Wir halten uns geradeaus Richtung KP 21 Woffelsbach. Nach einer weiteren Steigung erreichen wir KP 21 und halten uns an der Weggabelung links Richtung Woffelsbach. Wir folgen der Route bergab bis zur Bushaltestelle im Ort, hinter der wir links in den Promenadenweg für etwa 500 m entlang Woffelbachs hübschem Rurseeufer abbiegen. Linkerhand liegt die kostenfreie 6 / Badestelle der Woffelsbacher Bucht (DLRG-überwacht in den Sommerferien von NRW und an Wochenenden) und ich kann dir wärmstens empfehlen, hier ins kühle erstklassige Wasser des Rursees zu springen. Treppen führen zum Wasser, Badesteg und -insel laden zum Baden ein. Definitiv meine Lieblingsbadestelle am Rursee! Am Ende des Promenaden-

< links / Woffelsbacher Bucht mit Badeplattform ^ oben / Kaffee mit Ausblick auf der Terrasse des Hotels Seehof

GLASKLAR

Das Wasser des Rursees hat an allen Badestellen eine hervorragende Qualität und im Sommer eine angenehme Badetemperatur. Hier an der 6 / Badestelle der Woffelsbacher Bucht kannst du auch Kanus ausleihen und den See ausgiebig erkunden!

wegs, der in eine Einbahnstraße mündet, radeln wir bergauf in die Uferstraße, um rechts der Seestraße zu folgen, bis wir etwa 300 m weiter wieder rechts in die Oberhausener Straße zum 7 / Café am Ferienhof abbiegen (Di–Fr 8.30–18, Sa 8.30–19, So 8.30–18 Uhr). Eine Einkehr ist Pflicht, denn hier gibt's den schönsten Innenhof, den besten Kaiserschmarrn und die leckersten Flammkuchen! Vom Café fahren wir zurück auf die Wendelinusstraße, auf der wir bei der Bushaltestelle abgebogen waren. Wir folgen ihr bis zur Hauptstraße bergauf und orientieren uns an der rot-weißen Radmarkierung Richtung KP 22 Rurberg. Wir begleiten die Straße Wingertsberg auf dem Fahrradweg, erreichen KP 22 und biegen links bergab Richtung KP 64 Rurberg ab. In Rurberg biegen wir hinter dem Campingplatz links ab und bleiben Richtung KP 64 Heimbach unterwegs. Bald erreichen wir Rurbergs Uferpromenade, passieren die Anlegestelle Rurberg und nutzen etwas weiter die Seeterrasse am 8 / Café Henn (Mo, Fr 8–11, Di–Do, Sa–So 8–15.30 Uhr, Seeufer 1, 52152 Rurberg) oder das 9 / Ufercafé (Mo–Fr 9–19, Sa–So 8–19.30 Uhr, Seeufer 8, 52152 Rurberg) für eine abschließende Einkehr. Übrigens, in Rurberg und Woffelsbach findet alljährlich im Juli auch das Volksfest „Rursee in Flammen" statt,

UMSIEDLUNG

Alte Häuser suchst du in den tiefen Lagen Rurbergs vergeblich. Für die Flutung des Talsperrenprojekts mussten ab 1934 Teile der Bevölkerung umgesiedelt werden.

KM 23

Das 7 / Café am Ferienhof ist für mich Erholung pur und überrascht dich, sobald du ums Eck den Fachwerk-Innenhof betrittst. Egal ob Cappuccino, Kuchen oder Deftiges, ich wäre am liebsten immer geblieben. Geht auch, denn der Hof vermietet gemütliche Ferienhäuschen. Teil der Wochenendtour zum Rursee!

das Feuerwerk kannst du dir sogar vom Schiff aus ansehen. Zum Abschluss fährst du noch einmal links über den Eiserbachdamm und biegst rechts ab zum 10 / Naturfreibad am Rurseezentrum. Hier wurde ein Sandstrand mit Flachwasserzone für Kinder angelegt (DLRG-überwacht in den Sommerferien von NRW und an Wochenenden Mai–Aug.). Das Naturfreibad ist ganzjährig kostenfrei zugänglich. Am Badestrand vorbei erreichst du über einen kleinen Weg wieder unseren Startpunkt am 1 / Parkplatz Rurberg.

In die Verlängerung

Noch nicht genug Rursee? Dann kombiniere einfach die ½ Tour und erkunde Obersee, Urfttalsperre und die ehemalige NS-Ordensburg Vogelsang.

TOURENINFO / Tour auf weitgehend wassergebundenen Wegen, teils Asphalt, für Familien mit Anhänger fahrbar, jedoch einige kurze steile Anstiege. Mit mehreren Badestellen gut geeignet für Kinder, Badesachen nicht vergessen!
E-Bike-Ladestelle: Touristeninfo Rurberg, 3 Ladeboxen je 2x Schuko

---

< links / Blick auf die Talsperre von Rurberg aus ^ oben / Romantisch spiegelt sich die untergehende Sonne im Rursee

GRÖSSENWAHN

Urfttalsperre und NS-Ordensburg Vogelsang

19 Kilometer
101 Höhenmeter
1:30 Stunden
Streckentour

Zwar hast du den Rursee umrundet, doch es gibt südlich noch Obersee und Urfttalsperre. Auf dieser Tour erweiterst du die Umrundung um eine Streckentour entlang beider Stauseen und bestaunst den Schrecken der ehemaligen NS-Ordensburg Vogelsang. Am gegenüberliegenden Berg thronend, erzählt sie von einer dunklen Vergangenheit, die du bei einem Abstecher in ihr beeindruckendes Museum erfahren kannst.

Der Obersee

Vom 1 / Parkplatz Rursee fahren wir bergab nach Rurberg und biegen über den Eiserbachdamm Richtung Anlegestelle Obersee ab. Wir erreichen KP 64 und fahren links weiter über den Paulushofdamm. Rechts führt ein schmaler Weg zum Anlegesteg Rurberg Obersee, von dem die Rursee-Schifffahrt zu den Anlegestellen Urftstaumauer und Einruhr fährt. Bis hierher sind wir auch mit Tour 16 gekommen. Nun fahren wir aber rechts, nutzen den Hauptweg, der uns auf dem Uferweg Richtung Urftstaumauer führt. Der 11 / Obersee liegt als Hauptvorbecken des Rurstausees unterhalb der Urfttalsperre und staut vor allem den Eifelfluss Rur. Bei Hochwasser erhält er zusätzlich Wasser aus dem Überlauf der Urfttalsperre. Wir folgen dem kurvigen Ufer und erreichen nach ca. 5 km schließlich die 12 / Urftstaumauer.

Die Urfttalsperre

In die Urfttalsperre fließt dagegen die Urft und das Wasser läuft nicht in den Obersee weiter – wo bleibt es also? Es wird über den 2,7 km langen Kermeterstollen zum Jugendstil-Kraftwerk Heimbach geleitet, das 1905 mit 12 MW Leistung das größte Wasserkraftwerk Europas war. Heute besitzt es 16 MW Leistung, das Wasser mündet dort schließlich in die Rur. Um die Spitzen der sogenannten Urftwelle bei wechselnder Stromproduktion zu entschärfen, wurde unterhalb die Stauanlage Heimbach gebaut. Kraftwerk und Stauanlage sind übrigens Teil von Tour 20. Direkt vor uns an der Staumauer liegt das 13 / Ausflugslokal Urfttalsperre (Di–Fr je nach Wetterlage 11.30–17, Sa–So 10.30–17 Uhr, Urfttalsperre 1, 53937 Schleiden), perfekt für eine Pause mit hausgemachten Eintöpfen und Kuchen jetzt oder auf dem Rückweg. Wir überqueren die Staumauer nicht und fahren am Ufer auf wunderschönem Weg weiter Richtung Victor-Neels Brücke. Dabei passieren wir bei Kilometer 6 das Schieberhaus des Kermeterstollens, vor dem wir den mächtigen, 7 Tonnen schweren 14 / Stollenverschluss von 1905 bestaunen können. Bald erblicken wir Burg Vogelsang, beeindruckend am Berg gegenüber gelegen. Wir erreichen unser Ziel an der hübschen 15 / Victor-Neels Brücke und treten auf gleichem Wege den Rückweg nach Rurberg an.

Optionaler Größenwahn

Wenn du die ehemalige 16 / NS-Ordensburg Vogelsang und ihr preisgekröntes Museum mit der NS-Dokumentation Vogelsang optional besichtigen möchtest, führen nach der Brücke Serpentinen mit 16 % Steigung für 1 km steil hinauf, sodass du dein Rad eventuell besser abstellst und hinaufwanderst. Es erwartet dich ein absolut sehenswerter Einblick in den Größenwahn des NS-Regimes, von dem du bereits von hier unten einen Eindruck bekommst.

TOURENINFO / Unbefestigter, aber sehr gut fahrbarer Weg ohne nennenswerte Steigungen, auch für Familien mit Anhänger.

---

^ oben / Mächtig thront die ehemalige NS-Ordensburg Vogelsang über der Urfttalsperre

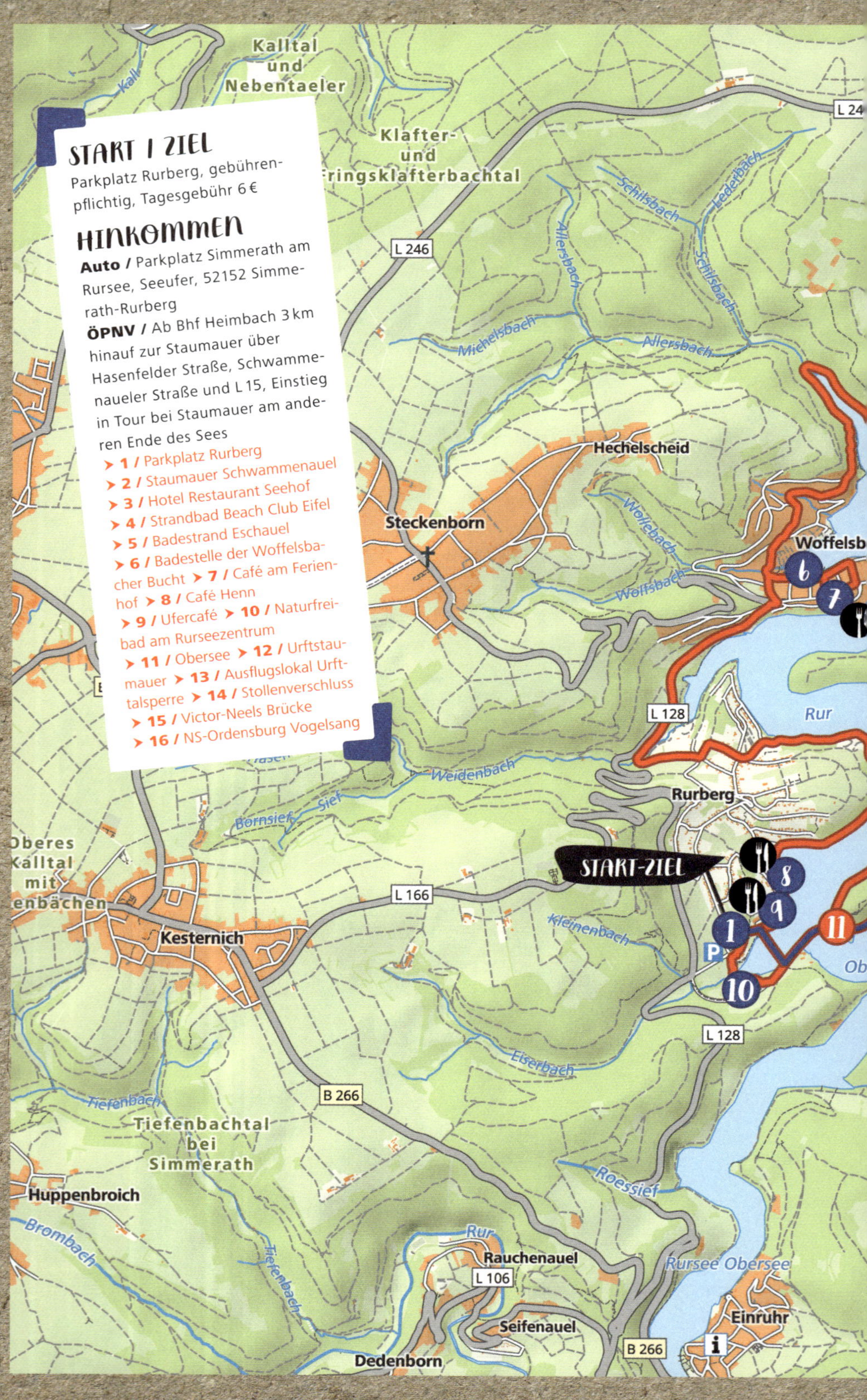
START / ZIEL
Parkplatz Rurberg, gebührenpflichtig, Tagesgebühr 6 €
HINKOMMEN
Auto / Parkplatz Simmerath am Rursee, Seeufer, 52152 Simmerath-Rurberg
ÖPNV / Ab Bhf Heimbach 3 km hinauf zur Staumauer über Hasenfelder Straße, Schwammenaueler Straße und L 15, Einstieg in Tour bei Staumauer am anderen Ende des Sees
➤ 1 / Parkplatz Rurberg
➤ 2 / Staumauer Schwammenauel
➤ 3 / Hotel Restaurant Seehof
➤ 4 / Strandbad Beach Club Eifel
➤ 5 / Badestrand Eschauel
➤ 6 / Badestelle der Woffelsbacher Bucht ➤ 7 / Café am Ferienhof ➤ 8 / Café Henn
➤ 9 / Ufercafé ➤ 10 / Naturfreibad am Rurseezentrum
➤ 11 / Obersee ➤ 12 / Urftstaumauer ➤ 13 / Ausflugslokal Urfttalsperre ➤ 14 / Stollenverschluss
➤ 15 / Victor-Neels Brücke
➤ 16 / NS-Ordensburg Vogelsang
Kalltal und Nebentaeler
Klafter- und Fringsklafterbachtal
Kall
L 246
Schilsbach
Lederbach
Allersbach
Michelsbach
Hechelscheid
Steckenborn
Wollebach
Woffelsbach
Woffelsb
Rur
L 128
Rurberg
Weidenbach
Bornsief
Sief
START-ZIEL
Oberes Kalltal mit
Kesternich
L 166
Kleinenbach
Ob
Eiserbach
B 266
Tiefenbach
Tiefenbachtal bei Simmerath
Huppenbroich
Brombach
Roessief
Rauchenauel
L 106
Seifenauel
Dedenborn
Rursee Obersee
Einruhr
L 24

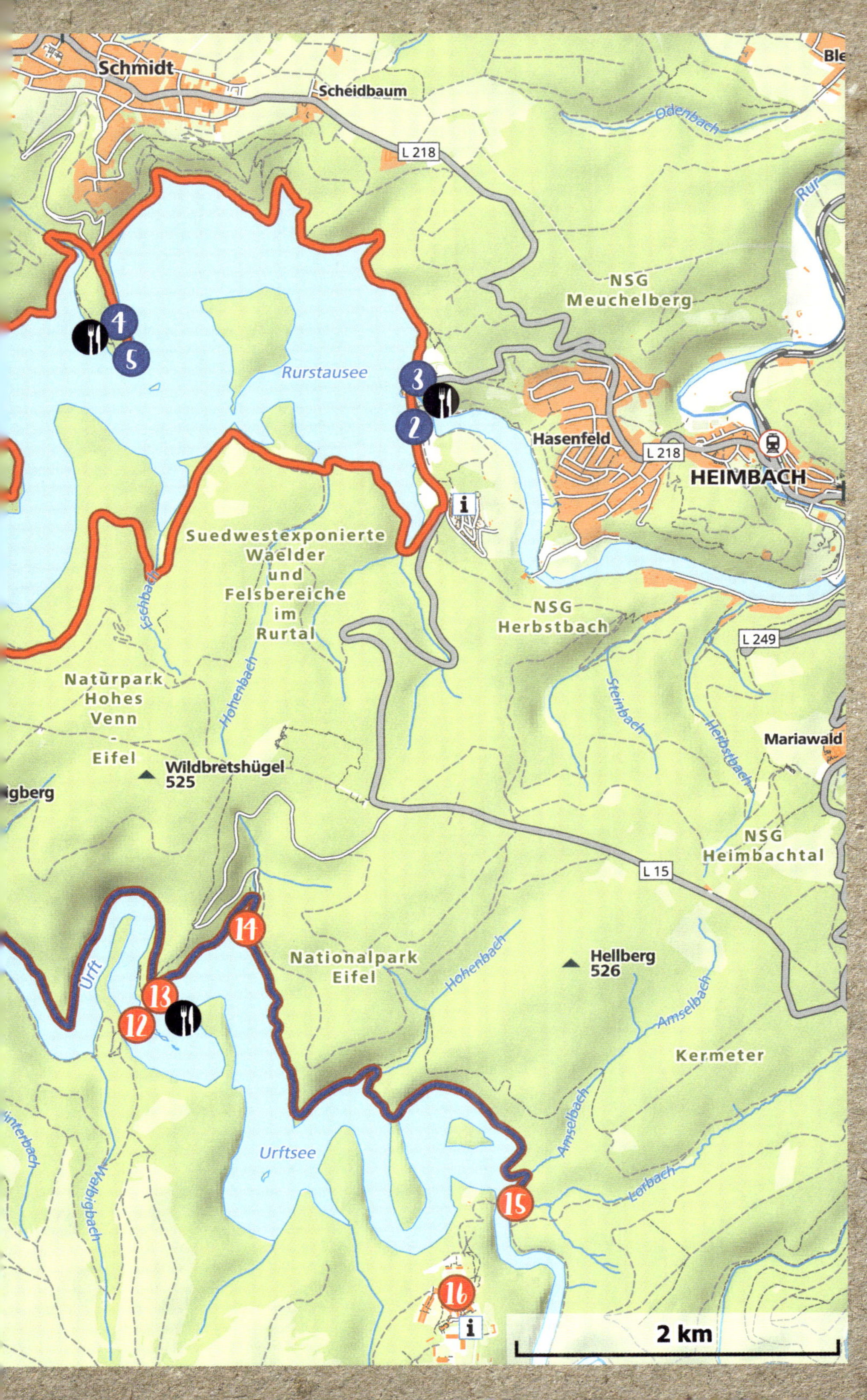

Schmidt
Scheidbaum
Ble
L 218
Odenbach
Rur
NSG
Meuchelberg
4
5
Rurstausee
3
2
Hasenfeld
L 218
HEIMBACH
Suedwestexponierte
Waelder
und
Felsbereiche
im
Rurtal
Eschbach
NSG
Herbstbach
L 249
Naturpark
Hohes
Venn
-
Eifel
Hohenbach
Steinbach
Herbstbach
Mariawald
Wildbretshügel
525
igberg
NSG
Heimbachtal
L 15
14
Nationalpark
Eifel
Hohenbach
Hellberg
526
Urft
13
12
Amselbach
Kermeter
Amselbach
Urftsee
Lorbach
15
16
2 km

NATUR PUR!

Ich liebe den Vennbahnweg und die anschließende Kombination mit der beeindruckenden Natur des Hohen Venns!

➤ **1 /** Am Parkplatz Fliederhügel in Mützenich startet und endet die Tour

➤ **2 /** Fühl dich wie im Urlaub in der Tuchmacherstadt Monschau

➤ **3 /** Zeit für eine Rast am Bahnhof Kalterherberg

➤ **4 /** In der Taverne A'Lutze scheint die Zeit still zu stehen

➤ **5 /** Stille deinen Durst im Le Café

➤ **6 /** Mit den Railbikes Hohes Venn fährst du nicht nur wie, sondern auch auf Schienen

➤ **7 /** Tolle Brüsseler Waffeln gibt's am Waffelwagen

➤ **8 /** Am Wachhäuschen Pd25bis seine Vergangenheit erfahren.

➤ **9 /** Bestaune den alten Bahnhof von Sourbrodt

➤ **10 /** Natur pur bietet das Hohe Venn

➤ **11 /** Genieße das weite Panorama über das Hohe Venn

➤ **12 /** Mach ein paar Schritte auf einem der Holzstege im Venn

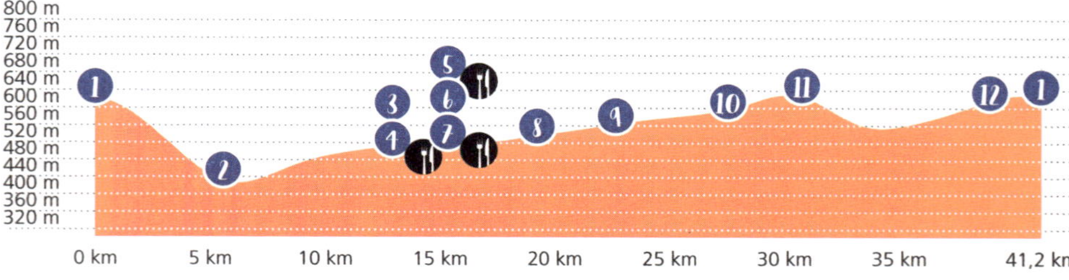

Exklaven am Venn

Vennbahnweg und Natur pur im Hohen Venn

Mal Belgien, mal Deutschland, mal Belgien. Gleite entlang deutscher Exklaven und früherer Bahnhöfe über den Vennbahnweg, eine der schönsten Radrouten der Region. Dein Rückweg führt auf unbefestigten Wegen durch die Natur des Hochmoors Hohes Venn.

41 Kilometer
397 Höhenmeter
2:45 Stunden
Rundtour

Charakter

Sportlich	●●●●○
Abkühlung	●●○○○
Schlemmen	●●●●○
Panorama	●●●●●

Start in Mützenich

Unsere Tour startet auf dem 1 / Parkplatz Fliederhügel am Ortsausgang von Mützenich. Wir lassen uns zunächst rechts auf dem Radweg bergab nach Mützenich rollen. Von Knotenpunkt (KP) 28 geht es geradeaus weiter Richtung KP 27, wir radeln immer weiter bergab durch das kleine Ortszentrum an der St.-Bartholomäus-Kirche vorbei. Schließlich verlassen wir den Ort, um an KP 27 auf den Vennbahnweg RAVeL Ligne 48 zu treffen. Wir befinden uns hier am alten Bahnhof von Monschau.

Optional kürzere Route

Wenn du im Folgenden etwa 2 km und ganze 100 Höhenmeter mit bis zu 16 % Steigung sparen möchtest, lässt du Monschau aus. In diesem Fall

---

< links / Alter Bahnhof von Sourbrodt, auch Ziel der Railbikes von Leykaul

fahren wir von KP 27 Richtung KP 38 immer auf dem Vennbahnweg entlang und lassen alte Bahnhöfe an uns vorüberziehen. Dabei überqueren wir das Viadukt von Reichenstein – wir bemerken beim Befahren kaum, über welch hübsches Bauwerk wir radeln. Kurz darauf erreichen wir den früheren Bahnhof Reichenstein. Die Bahnhöfe der Strecke laden mit Informationstafeln und Sitzgelegenheiten zum Verweilen ein.

Tuchmacherstadt Monschau

Von KP 27 halten wir uns bergab Richtung KP 26 Monschau und verlassen den Kreisverkehr an der ersten Ausfahrt Richtung KP 33. Die Route führt uns unmittelbar ins hübsche 2 / Monschau mit seinen historischen Fachwerkhäusern sowie einladenden Cafés und Restaurants entlang der Rur. Das zum Waschen und Färben optimale weiche Wasser der Vennbäche machte Monschau im 17. Jahrhundert zu einer Tuchmacherhochburg und trieb auch die Walkmühlen an. Von KP 33 folgen wir nun der Rur auf dem Rur Ufer-Radweg flussaufwärts Richtung KP 32 und von dort durchs wildromantische Rurtal zum KP 30 Reichenstein, dem Hinweis „Einstieg Vennbahnradweg" folgend. Diesen erreichen wir knapp 6 km nach Monschau, indem wir zuerst rechts auf die Straße Richtung KP 38 biegen und 400 m weiter scharf links. Wir befinden uns wieder auf dem Vennbahnweg in der Höhe des Bahnhofs Reichenstein.

EXKLAVEN

5 von 6 deutschen Exklaven liegen durch die belgische Trasse getrennt am Vennbahnweg: Mützenich, Ruitzhof, Rückschlag und Teile von Lammersdorf und Roetgen.

Entlang deutscher Exklaven

Es geht weiter Richtung KP 38 MO-Kalterherberg. Du wechselst heute mehrfach die Grenzseite, denn die alte Bahnlinie, offiziell belgisches Staatsgebiet, schlängelt sich durch Deutschland und Belgien und schafft dabei deutsche Exklaven

---

➤ rechts groß / Im idyllischen Monschau Pause machen mit Blick auf die Rur ➤ rechts klein / Die Kennzeichnung des Vennbahnwegs ist vorbildlich

1752

In diesem Jahr wurde das Rote Haus in 2 / Monschau erbaut, heute eines der Wahrzeichen der Stadt. In der mittelalterlichen Stadtanlage unterhalb der Burg Monschau kannst du die idyllisch entlang der Rur gelegenen und hervorragend erhaltenen Fachwerkhäuser entdecken. Mehr als 330 denkmalgeschützte Bauwerke gibt es hier!

ZEITSPRUNG

In der 4 / Taverne A'Lutze scheint die Zeit stehengeblieben. Längst im Rentenalter betreibt Wirtin Martha die Taverne aus purer Leidenschaft.

wie Ruitzhof, das zu deiner rechten Seite liegt. Am 3 / Bahnhof Kalterherberg erreichen wir KP 38. Wir machen einen Abstecher zur 4 / Taverne A'Lutze (Mo, Mi–Fr 14–23, Sa–So 11–23 Uhr, Am Schwarzbach 2b, B-4750 Küchelscheid), die bereits rechts ausgeschildert ist und direkt ums Eck liegt. Geschlossen? Etwa 500 m weiter findest du 5 / Le Café (Mai–Okt. Mi–Sa 11–19; Nov.–Apr. Mi–Sa 11–17 Uhr; Auf dem Hau 46, B-4750 Küchelscheid), ein uriges Café mit hübschen Sitzplätzen im Garten, wo man gut die Seele baumeln lassen kann. Wir fahren zurück zum Bahnhof Kalterherberg und rechts weiter auf dem Vennbahnweg.

AUF SCHIENE

Railbiking

Lust auf Radfahren im wahrsten Sinne des Wortes wie auf Schienen? Dann kommen dir die 6 / Railbikes Hohes Venn (Juli–Aug. tgl., Apr.–Juni u. Sept.–Okt. Sa–So; Abfahrten 11, 13.30 u. 15.45 Uhr; Am Breitenbach, B-4750 Leykaul-Elsenborn, BE) gerade recht, mit denen du einige Meter weiter am Railbike-Bahnhof von Leykaul starten kannst. Die Strecke führt 2 Fahrer und bis zu 2 Mitfahrer

7 km von Leykaul nach Sourbrodt und zurück, dafür brauchst du etwa 2 Stunden. An der Bahnstation liegt der Geruch von frischen Lütticher Waffeln in der Luft, denn hier erwartet dich auch ein Waggon aus den 50er Jahren, umgebaut zu einem 7 / Waffelwagen (10–18 Uhr an Railbike-Öffnungstagen). Wir folgen anschließend dem Vennbahnweg auf unserem eigenen Rad nach Sourbrodt. Dabei kommen wir am verfallenen 8 / Wachhäuschen Pd25bis vorbei, das eine bewegte Vergangenheit hat. Als 1940 die Nazis in Belgien einmarschierten, war Korporal Devisser vom Radfahrerbataillon einer der ersten belgischen Soldaten, die starben.

KM 15

Ein Erlebnis der besonderen Art bietet 6 / Railbike Hohes Venn. Hier darfst du eine fahrradbetriebene Draisine fahren! Das ist ein kleines Schienenfahrzeug zur Kontrolle von Eisenbahnstrecken.

Alter Bahnhof von Sourbrodt

Am 9 / Bahnhof von Sourbrodt radeln wir am Ziel der Railbikes und dem alten Bahnhofsgebäude vorbei. Wir biegen rechts vom Vennbahnweg ab. Hunger und Durst kannst du in der Boucherie Schneider stillen, hier findest du Getränke, Eis und Sandwiches zum Mitnehmen (Mo–Fr 7.30–18, Sa 7.30–16.00 Uhr, Rue de la Station 48, B-4950 Sourbrodt, BE). Wir folgen der Straße Richtung Zebrastreifen und biegen rechts ab auf die Route Spa RAVeL Ligne 44 Botrange. Am Ortsausgang biegen wir rechts ab und gleich wieder links Richtung KP 79. An dieser Stelle erblickst du das Bächlein „La

‹ links / Mit dem Railbike von Leykaul nach Sourbrodt ˄ oben / Bahntrassenweg pur am verfallenen Wachhäuschen Pd25bis

Rour". Es ist die Rur, die nur etwa 500 m westlich von hier entspringt. Wenn du die anderen Touren dieses Tourenguides fährst, wirst du in Tour 21 auch ihre Mündung erradeln! Wir folgen der Straße bergauf bis KP 79 und über KP 80 weiter Richtung KP 83.

Natur pur im Hohen Venn

Wir passieren eine Schranke und befinden uns im Naturschutzgebiet 10 / Hohes Venn. Wir folgen der Asphaltstraße bergauf an einem Nadelwald entlang, der mit seiner Flora aus Heidelbeersträuchern und Heidekraut etwas schwedisch anmutet. An der Weggabelung biegen wir links ab weiter bergauf Richtung Velotour 84, dabei geht die Route in einen unbefestigten, aber gut fahrbaren Weg über. Wir kommen wieder an einen Abzweig und folgen dem Weg weiter nach rechts. Doch vorher legen wir einen Halt ein, denn wenn du dein Rad ein paar Meter den Wanderweg hinabschiebst, genießt du ein atemberaubendes 11 / Panorama über das Hohe Venn. Jetzt folgt eine lange Abfahrt durch die wunderbare Vennlandschaft, dabei verlässt du den Hauptweg nicht, sondern fährst immer weiter Richtung VeloTour 84. Dieses Wegstück ist unbefestigt, teilweise etwas sandig und

AUF STEGEN

Hier führen 12 / Holzstege ins Moor. Mit dem Rad darfst du nicht hinein, doch es lohnt sich, sie einige Meter zu Fuß zu begehen – und sie ein andermal zu bewandern!

KM 31

Hier genießt du das 11 / Panorama über das Hohe Venn. Du befindest dich auf über 600 m Höhe und überblickst das Plateau des Hochmoors. Neben seltenen Birkhühnern leben hier auch Luchs, Wolf, Biber und Kreuzotter. Auch seltene Pflanzen wie wilde Orchideen und der fleischfressende Sonnentau sind hier heimisch.

im unteren Teil etwas blockig – fahre also entsprechend vorsichtig! Doch es lohnt sich, denn der Blick über diese fantastische Natur ist einfach grandios. Wir überqueren schließlich einen Bach über eine schmale Holzbrücke und folgen VeloTour 84 am Bach entlang links Richtung Ternell. Die hier sehr grobe Wegdecke bessert sich, wenn es bald bergauf geht, merklich. Wir erreichen VeloTour 84 am Ende der Steigung und folgen der Spitzkehre rechts Richtung KP 85 auf ebenem Weg. Von dort geht es an der Weggabelung Richtung KP 69 Hattlich weiter. Es folgt ein kurzes Stück mit bis zu 8 % Steigung, das wir an einer Kreuzung hinter uns lassen und rechts Richtung KP 69 Mützenich abbiegen. Es geht noch einmal ein wenig hinauf und du passierst einen der 12 / Holzstege im Venn, die ins Hochmoor führen. Wir folgen dem Weg weiter und erreichen am Parkplatz Grenzweg KP 69. Von hier folgen wir rechts der Straße, überqueren Belgiens Grenze nach Deutschland und radeln bis zu unserem Zielpunkt 1 / Parkplatz Fliederhügel am Ortseingang von

TOURENINFO / Erste Hälfte glatter und hervorragender Radweg mit leichten Steigungen, zweite Hälfte oft unbefestigte, kurz auch grobe Waldwege mit ein paar ordentlichen Steigungen.
E-Bike-Ladestelle: Am 7 / Waffelwagen Leykaul während der Öffnungszeiten

< links / Seltene Begegnung – Kreuzotter im Hohen Venn ^ oben / Natur pur im Hohen Venn

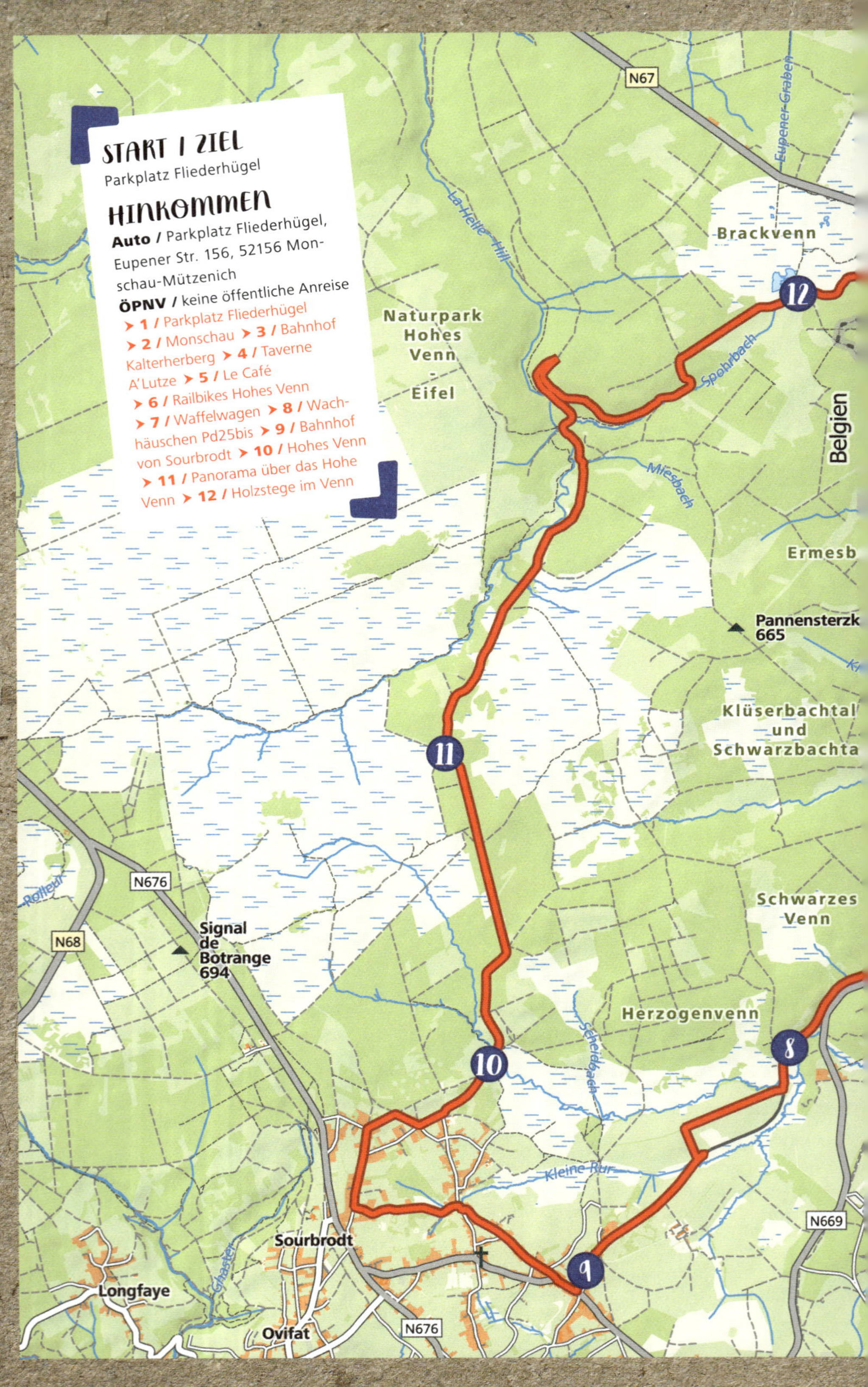

START / ZIEL
Parkplatz Fliederhügel
HINKOMMEN
Auto / Parkplatz Fliederhügel, Eupener Str. 156, 52156 Monschau-Mützenich
ÖPNV / keine öffentliche Anreise
➤ 1 / Parkplatz Fliederhügel
➤ 2 / Monschau ➤ 3 / Bahnhof Kalterherberg ➤ 4 / Taverne A'Lutze ➤ 5 / Le Café
➤ 6 / Railbikes Hohes Venn
➤ 7 / Waffelwagen ➤ 8 / Wachhäuschen Pd25bis ➤ 9 / Bahnhof von Sourbrodt ➤ 10 / Hohes Venn
➤ 11 / Panorama über das Hohe Venn ➤ 12 / Holzstege im Venn
N67
Eupener Graben
La Helle
Hill
Brackvenn
Naturpark Hohes Venn - Eifel
Spohrbach
Belgien
Miesbach
Ermesb
Pannensterzk
665
Klüserbachtal und Schwarzbachta
Schwarzes Venn
N676
N68
Rolleur
Signal de Botrange 694
Herzogenvenn
Scheidbach
Kleine Rur
N669
Sourbrodt
Longfaye
Ovifat
N676

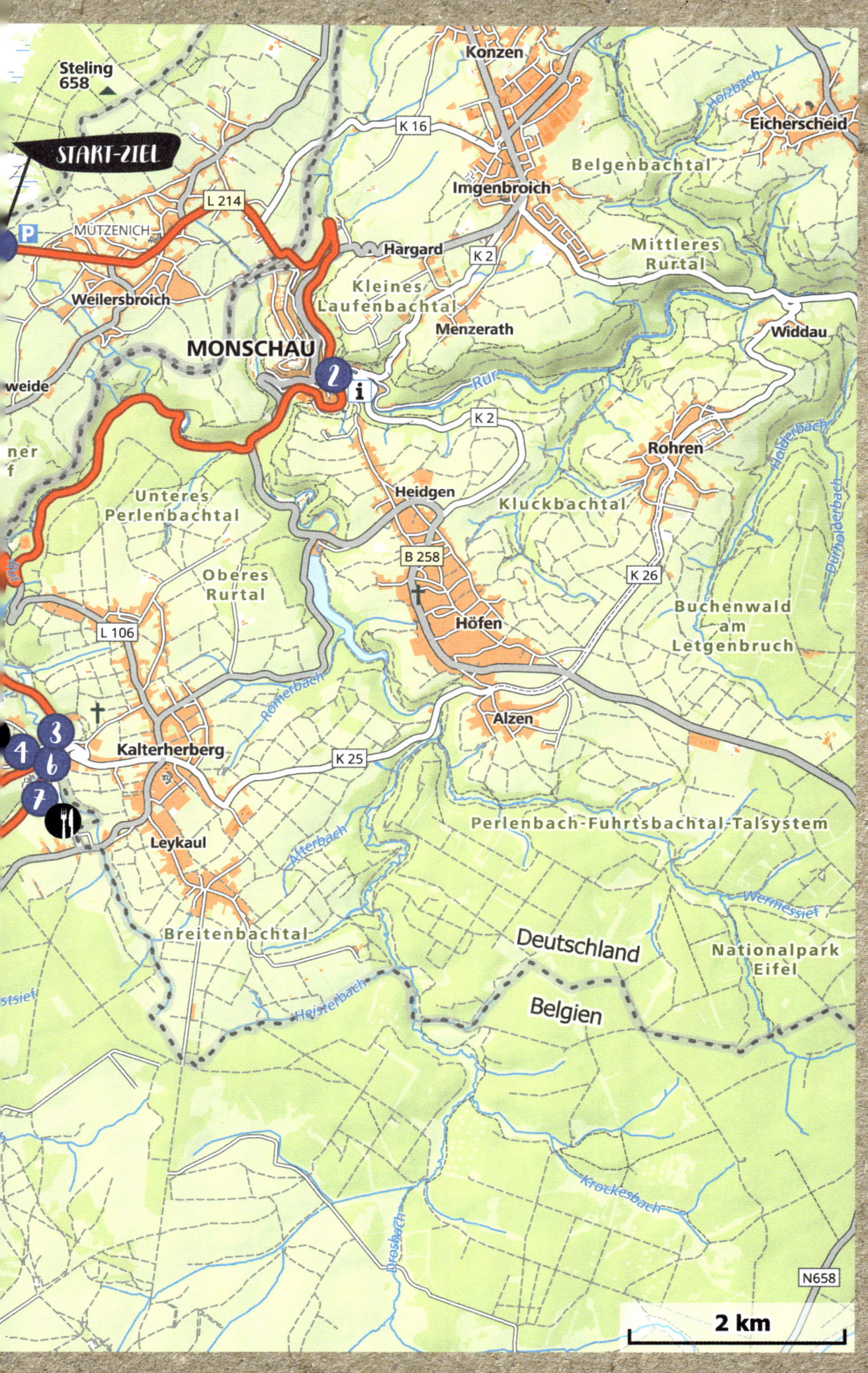
Steling
658
START-ZIEL
L 214
MÜTZENICH
Weilersbroich
MONSCHAU
weide
Konzen
K 16
Eicherscheid
Holzbach
Belgenbachtal
Imgenbroich
Hargard
K 2
Mittleres
Rurtal
Kleines
Laufenbachtal
Menzerath
Widdau
Rur
K 2
Rohren
Holderbach
Heidgen
Kluckbachtal
Unteres
Perlenbachtal
B 258
K 26
Oberes
Rurtal
Höfen
Buchenwald
am
Letgenbruch
L 106
Römerbach
Alzen
Kalterherberg
K 25
Perlenbach-Fuhrtsbachtal-Talsystem
Leykaul
Alterbach
Wermessief
Breitenbachtal
Deutschland
Nationalpark
Eifel
Belgien
Heisterbach
Krockesbach
Drosbach
N658
2 km

SPRACHLOS!

Ich komme aus dem Staunen nicht heraus, wenn ich das Duell zwischen gigantischer Ingenieurskunst und zerstörter Umwelt sehe. Eine Tour der anderen Art.

➤ **1 /** Auf geht's am Wanderparkplatz Hambach an der Sophienhöhe, wohin wir auch zurückkehren

➤ **2 /** Erster Halt am Tagebau Aussichtspunkt Terra Nova 4

➤ **3 /** Sprachlos am Aussichtspunkt Terra Nova 2

➤ **4 /** Den Blick schweifen lassen am Aussichtspunkt Terra Nova 1

➤ **5 /** Stärke dich beim FORUM :terra nova

➤ **6 /** Fahre entlang des berühmten Hambacher Walds

➤ **7 /** Erlebe in Morschenich-Alt einen geretteten Ort

➤ **8 /** Ein kurzer Halt an der Burg Obbendorf

➤ **9 /** Bestaune das Schloss Niederzier Hambach

➤ **10 /** Feiere deine Tour beim Gaffel Häusgen Hambach

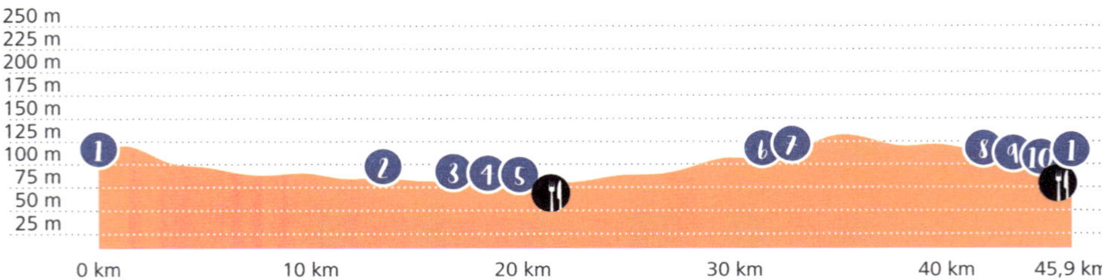

TRANSFORMERS LIVE

Dimensionen des Tagebaus Hambach

TOUR, DIE DU SO NIE GEMACHT HÄTTEST

Fast autofrei geht es um den Tagebau Hambach. Dabei umfährst du sowohl die rekultivierte Sophienhöhe als auch den offenen Tagebau. Du ahnst die gigantischen Dimensionen auf der Karte und realisierst sie mit Rad und Muskelkraft.

46 Kilometer
112 Höhenmeter
3:10 Stunden
Rundtour

CHARAKTER

Sportlich ●●●○○
Abkühlung ●○○○○
Schlemmen ●●●○○
Panorama ●●●●●

Am Fuß der Sophienhöhe

Wir folgen vom 1 / Wanderparkplatz Hambach dem Weg links vorbei an der Schranke Richtung Elsdorf und der Beschilderung VIA Exkurs durch den Lindenberger Wald. Der Stieleichen-Hainbuchen-Maiglöckchen-Wald erstreckte sich einst von hier bis zum Hambacher Wald auf der gegenüberliegenden Seite des Tagebaus auf 4.100 ha. Nur etwa 550 ha des heute geschützten Fauna-Flora-Habitats sind übrig geblieben und bieten seltenen Tierarten wie der Bechsteinfledermaus einen Lebensraum. An der Schutzhütte biegen wir rechts ab, weiter VIA Exkurs folgend. Wir passieren einen Parkplatz mit dem Rettungspunkt (RP) 43 und halten uns Richtung Bergheim. Die Orientierung für die folgenden 18 km ist einfach: Folge dem Weg am Fuße der Sophienhöhe. Heute rekultiviert, hat die aus dem Abraum des Tagebaus

◂ links / Energiewahnsinn – unglaubliche Ausmaße des Braunkohletagebaus

künstlich entstandene Sophienhöhe 10 km² Fläche und eine Höhe von ca. 300 m ü. NN. Wir folgen dem gut fahrbaren Wirtschaftsweg, kommen an RP 20 vorbei. Auf den fruchtbaren Ackerflächen der Jülicher Börde wechseln sich Kartoffeln mit Getreide, Mais, Zwiebeln, Zuckerrüben und Möhren ab. Hochsitze auf den Feldern Richtung Sophienhöhe lassen erkennen, dass der Wald einiges an Wildbestand zu bieten hat. Und es stimmt, hier treibt sich so einiges von Rot- bis Schwarzwild herum. Bunte Schmetterlinge tanzen über Wildblumenstreifen, die ab und an die Felder säumen. Wir passieren den früheren Standort der Höller Mühle, die 1983 durch einen Blitzschlag zerstört wurde. Während der Modellflugplatz auf der linken Seite an uns vorüberzieht, sehen wir mit etwas Glück die Kapriolen eines Modellfliegers am Himmel. Die nächsten Kilometer folgen wir einem aalglatten Asphalt-Speedway, beliebt bei Rennradfahrern und Triathleten, die uns sportlich überholen. Tja, wir genießen halt unser Radvergnügen!

TOUR, DIE DU SO NIE GEMACHT HÄTTEST

Atemberaubende Aussichtspunkte

An einem großen auf der Straße aufgemalten Schild mit „Vorfahrt gewähren" biegen wir rechts ab zum nur 100 m entfernten 2 / Tagebau Aussichtspunkt Terra Nova 4. Hier musst du hoch, um einen ersten Eindruck der gewaltigen Tagebaudimensionen zu bekommen. Ja, da fährst du heute komplett herum! Weiter geht's auf dem Radweg Richtung Terra Nova, immer geradeaus am Tagebaurand entlang. Es lohnt sich am nächsten 3 / Aussichtspunkt Terra Nova 2 noch einen Halt einzulegen. Zwar führt nur rechts eine lange Treppe etwas unscheinbar hinauf, doch die Aussicht auf den Tagebau von dieser Stelle raubt dir den Atem. Du verstehst, warum selbst Astronauten von der ISS die Tagebaue noch

TAGEBAUDIMENSIONEN

Der Tagebau Hambach, 1978 neu erschlossen, war bereits Ende 2017 mit 4.380 ha in etwa so groß wie 6.000 Fußballfelder und ist mit 300 m das tiefste künstliche Loch in NRW.

➤ rechts groß / Gut fahrbar führt die Route am Fuß der Sophienhöhe entlang ➤ rechts klein / Jetzt aber mal in den Tagebau schauen – vom Ausblick Terra Nova 4

100.000 km

So lang war das frühere Straßennetz des römischen Reichs, das die Route VIA Erlebnisraum Römerstraße erlebbar macht. Die Römerstraße verlief von Jülich geradewegs nach Köln, heutzutage steht dort die Sophienhöhe und du musst um den riesigen Tagebau fahren, um dorthin zu gelangen.

Perfektes Ausflugsziel

Der 4 / Aussichtspunkt Terra Nova 1 ist ein überregionaler Publikumsmagnet mit Restaurant, großem Abenteuerspielplatz, Pit-Pat, einer Kombi aus Minigolf und Billard, und Fußballgolf.

Tour, die du so nie gemacht hättest

erkennen können. Europas größte Tagebauflächen kannst du aus zwei Blickwinkeln betrachten. Einerseits als technische Meisterleistung mit fast 100 m hohen und 13.000 Tonnen schweren Baggern. Andererseits gehören die Kohlekraftwerke zu den größten Klimakillern Europas. Erst der beschlossene Kohleausstieg begrenzte den Abbau und rettete den Rest des Hambacher Walds. Nur 1,6 km weiter erreichst du den 4 / Aussichtspunkt Terra Nova 1, der neben einem tollen Spielplatz auch das Restaurant 5 / FORUM :terra nova mit Außenterrasse bietet (tgl. 12–20 Uhr, Kerpener Str./Nordrandweg, 50189 Elsdorf). Wir folgen der ersten Ausfahrt des Kreisverkehrs weiter am Tagebaurand entlang. Für den Tagebau mussten mehrere Dörfer weichen und niemand weiß, wie lange der ausgeschilderte Ort Manheim noch existieren wird.

Zukunftsorte und der legendäre Hambacher Wald

Wir überqueren über eine Brücke die Gleisanlagen und dann die Hauptstraße, um dem Radweg weiter rechts Richtung Zülpich für etwa 3 km parallel zur B 477 bis zu einem Kreisverkehr vor der

Autobahn zu folgen. Über den Radweg fahren wir geradeaus bergab durch die Unterführung und biegen hinter ihr rechts ab nach Geilrath, einem kleinen Ort, eingekeilt zwischen Tagebau, Autobahn sowie den Schienen der Deutschen Bahn und der Kohlebahn. An der Georgskapelle vorbei geht es weiter geradeaus, dem Radwegweiser Richtung Düren folgend. Linkerhand begleiten uns die Gleise der Deutschen Bahn, rechterhand die Trasse der Kohlebahn. Wir orientieren uns Richtung KP 49 Buir und biegen links durch die Unterführung nach Buir ab. Die rot-weißen Zwischenwegweiser weiter beachtend, durchfahren wir Buir. Am KP-Wegweiser radeln wir Richtung Tagebau Hambach etwa 50 m nach rechts, um der abknickenden Straße links zu folgen. Im darauf folgenden Kreisverkehr geht es rechts nach Elsdorf. Durch die Unterführung der Bahnlinie folgen wir dem Radweg, bis wir schließlich links Richtung Morschenich auf die L 257 abbiegen. Du radelst nun am legendären, von Umweltschützern schwer umkämpften 6 / Hambacher Wald entlang, der sich rechterhand erstreckt. Der 2018 von Aktivisten erwirkte Rodungsstopp sowie das von der Bundesregierung beschlossene vorzeitige Auslaufen der Braunkohlegewinnung bis spätestens 2038 haben den Wald gerettet, wenngleich auch

500

HEKTAR

Das ist die Restfläche des einst etwa 4000 Hektar großen 6 / Hambacher Walds, für dessen Erhalt über Jahre hinweg Klimaaktivisten gekämpft haben und der heute auch international Symbol für den Kampf gegen den Klimawandel ist.

⮜ links / Jetzt eine Pause – am FORUM :terra nova geht das mit Blick auf den Tagebau ⮝ oben / Platz zum Nachdenken über regenerative Energien am Aussichtspunkt Terra Nova 1

TOUR, DIE DU SO NIE GEMACHT HÄTTEST

in Hambach noch bis 2029 gebaggert werden soll. Nach etwa 1,6 km Landstraße erreichen wir 7 / Morschenich-Alt, durch den Schutz des Waldgebiets gerade noch vor den Baggern gerettet, nachdem fast alle Bewohner den Ort bereits verlassen mussten, und auf dem Ortsschild „Ort der Zukunft" genannt. Kurze Zeit später verlassen wir ihn und folgen der Straße, während am Horizont die Voreifel auftaucht. Wir überqueren die Gleise über eine Brücke und biegen rechts in die Straße Am Kieswerk. Der asphaltiere Weg führt uns am Kieswerk vorbei in einem Bogen nach links. Wir gelangen an die L 264 und folgen dem Radweg rechts für etwa 7 km Richtung Jülich, teils die Straße begleitend, teils durch Wald und später über Felder. Etwa 50 m nach KP 95 überqueren wir links eine Brücke über die Landstraße nach Hambach.

RITTERSITZ

8 / Burg Obbendorf ist der älteste erhaltene Rittersitz im Jülicher Land mit Schießscharten, Wehren und Gängen, die an längst vergangene Zeiten erinnern.

Tourabschluss im Biergarten

Nach der Brücke auf dem asphaltierten Weg links haltend, gelangen wir zur Triftstraße, der wir nach rechts über die Große Forststraße in die Bachstraße folgen. Ein kurzer Abstecher nach links erlaubt uns einen Blick auf die 1180 entstandene 8 / Burg Obbendorf. Zurück an der Bachstraße geht es erst links, dann rechts bis ans

KM 33

Eigentlich beschlossene Sache, dem Tagebau zum Opfer zu fallen, rettete der Kohleausstieg in letzter Minute das erstmals 1158 erwähnte 7 / Morschenich-Alt. Die meist verlassenen Häuser mit teils zugemauerten Türen und Fenstern vermitteln eine morbide Atmosphäre. Wird es wieder ein lebendiger Ort der Zukunft?

Ende der Herzogstraße, wo uns 9 / Schloss Niederzier Hambach erwartet. Über die Schlossstraße gelangen wir nach rechts in die Große Forststraße, denn dort können wir uns im Restaurant 10 / Gaffel Häusgen Hambach mit einem tollen Gastgarten im Hof stärken (Do–Sa 17–22, So, Feiertage 11–21 Uhr, Große Forststraße 176, 52382 Niederzier). Wir setzen unsere Tour entlang der Straße fort, biegen vor der Bushaltestelle Hambach Sägewerk rechts in den Güstener Weg und folgen dem Wegweiser Via Exkurs. Wir fahren geradeaus in den Waldweg, passieren eine Schranke und überqueren die Landstraße wieder über die Brücke. Von hier folgen wir dem unbefestigten Waldweg geradeaus bis zum Fuß der Sophienhöhe, biegen links ab und folgen den letzten 100 m weiter dem Schild Via Exkurs zum Ziel 1 / Wanderparkplatz Hambach.

TOURENINFO / flache Tour, für Familien mit Anhänger geeignet, zur Hälfte asphaltiert, zur Hälfte gut fahrbare manchmal etwas holprige Wirtschaftswege. E-Bike-Ladestellen: 5 / FORUM :terra nova 4x Schuko, 8 / Gaffel Häusgen Hambach Schuko

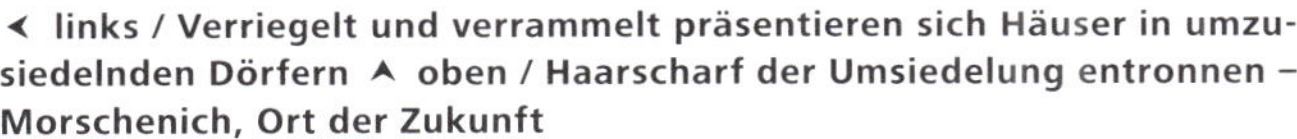

< links / Verriegelt und verrammelt präsentieren sich Häuser in umzusiedelnden Dörfern ^ oben / Haarscharf der Umsiedelung entronnen – Morschenich, Ort der Zukunft

START I ZIEL

Wanderparkplatz Hambach (kostenfrei)

HINKOMMEN

Auto / Wanderparkplatz Hambach, Niederzierer Straße, Einfahrt gegenüber Abbiegung nach Hambach

ÖPNV / Etwa 5 km vom Bahnhof Jülich ist ein Einstieg in die Strecke bei Kilometer 2,6 über die Römerstraße via Stetternich am Fuß der Sophienhöhe möglich

➤ **1 /** Wanderparkplatz Hambach
➤ **2 /** Tagebau Aussichtspunkt Terra Nova 4 ➤ **3 /** Aussichtspunkt Terra Nova 2 ➤ **4 /** Aussichtspunkt Terra Nova 1 ➤ **5 /** FORUM :terra nova ➤ **6 /** Hambacher Wald
➤ **7 /** Morschenich-Alt
➤ **8 /** Burg Obbendorf
➤ **9 /** Schloss Niederzier Hambach
➤ **10 /** Gaffel Häusgen Hambach

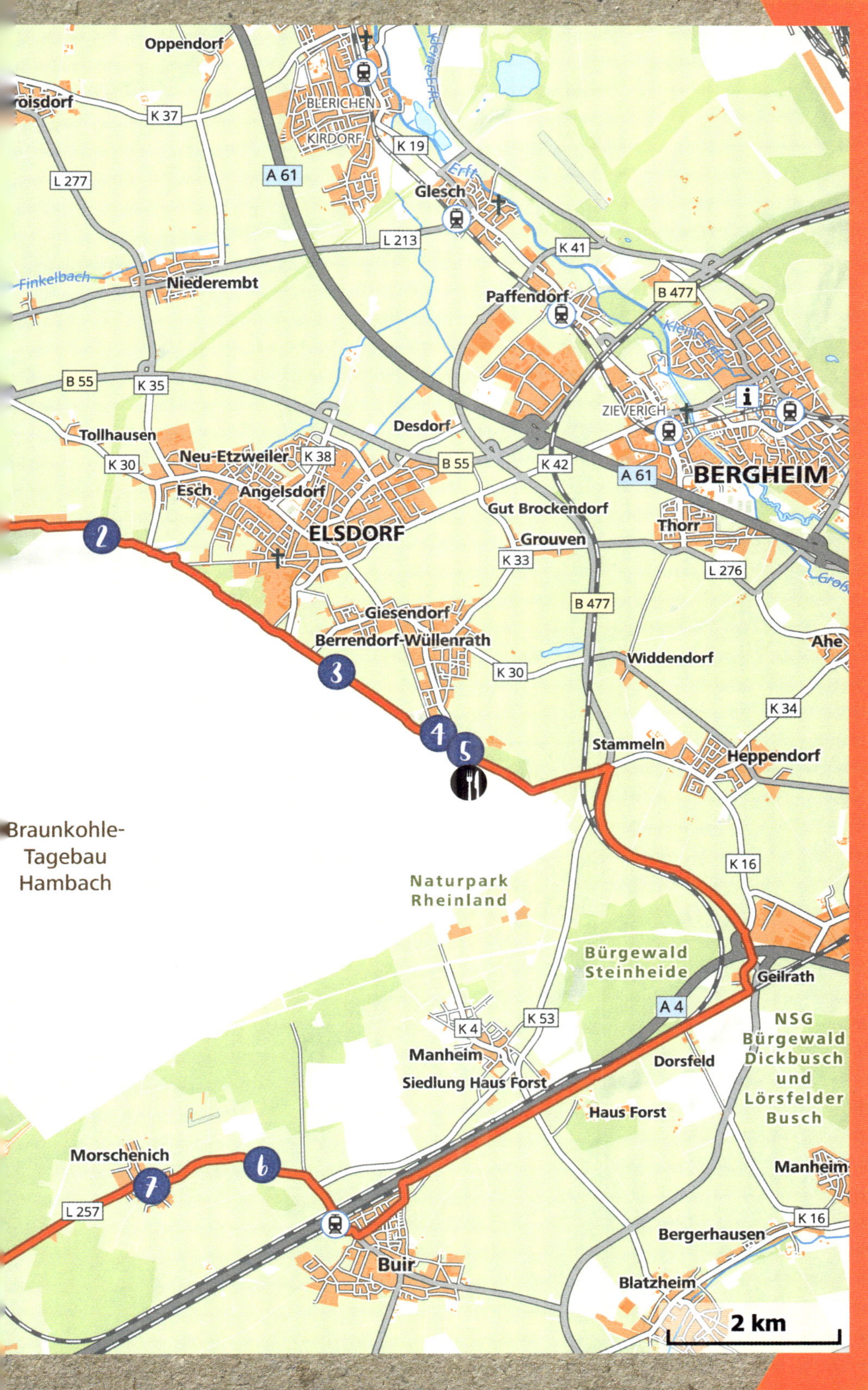

Oppendorf
roisdorf
K 37
BLERICHEN
KIRDORF
K 19
A 61
L 277
Glesch
L 213
K 41
Finkelbach
Niederembt
Paffendorf
B 477
B 55
K 35
ZIEVERICH
Tollhausen
Desdorf
Neu-Etzweiler
K 38
K 30
B 55
K 42
Esch
Angelsdorf
A 61
BERGHEIM
Gut Brockendorf
ELSDORF
Thorr
Grouven
K 33
L 276
B 477
Giesendorf
Berrendorf-Wüllenrath
Ahe
Widdendorf
K 30
K 34
Stammeln
Heppendorf
Braunkohle-
Tagebau
Hambach
K 16
Naturpark
Rheinland
Bürgewald
Steinheide
Geilrath
A 4
NSG
Bürgewald
Dickbusch
und
Lörsfelder
Busch
K 53
K 4
Manheim
Dorsfeld
Siedlung Haus Forst
Haus Forst
Morschenich
Manheim
L 257
K 16
Bergerhausen
Buir
Blatzheim
2 km

URLAUBSSTIMMUNG
Blauer Himmel über uns, unter uns surren die Räder – auf einem Radausflug Urlaub in Kurzform genießen, wie hier am Uferradweg am Rursee auf Tour 16.

WOCHENEND-BIKEAWAYS

MINI-URLAUBS-TOUREN MIT ÜBERNACHTUNG

BAHNTRASSEN-ROLLEN!

Ich liebe es, über RAVeL-Bahntrassen zu gleiten, die hügelige Landschaft vorüberziehen zu lassen und Lütticher Waffeln an der Maas zu genießen!

➤ **1 /** Start und Ziel ist das Parkhaus Lothringer Straße in Aachen

➤ **2 /** Halt am historischen Bahnwaggon auf belgischer Seite

➤ **3 /** Monumental staunen am Fort Battice

➤ **4 /** Belgischer Kaffee beim Restaurant Quai des Champs

➤ **5 /** Vom Platz St. Lambert den Übernachtungsstopp Lüttich und seine Leckereien erkunden

➤ **6 /** Erklimme in Lüttich die Stufen der Treppe Montagne de Bueren

➤ **7 /** Erfrische dich beim Eiscafé Hugo

➤ **8 /** Erkunde den Tunnel von Dalhem

➤ **9 /** Stärkung verspricht die beeindruckende Abtei Val-Dieu

➤ **10 /** Kurzer Halt beim Bergbauort Plombières

➤ **11 /** Abschlussgetränk und belgische Pommes am Dreiländereck

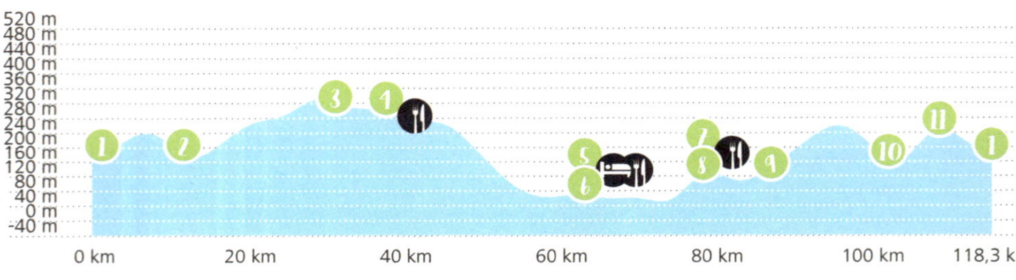

LÜTTICHER LECKEREIEN

Über Bahntrassenwege durch die Wallonie

Uns erwartet eine vielfältige Tour von Aachen über alte Bahntrassen durch die hügelige Landschaft der Provinz Lüttich und entlang der Maas und ihrer Kanäle nach Lüttich, das uns mit historischen Gassen zum Verweilen und Schlemmen einlädt.

Tag 1 + Tag 2
64 + 54 Kilometer
450 + 500 Höhenmeter
3:45 + 3:45 Stunden
Rundtour

TAG 1

Frühstück in Aachen

Nur etwa 20 Minuten Fahrt trennen Aachen und Lüttich (Liège) per ICE-Direktverbindung. Doch wir wollen heute die Landschaft dazwischen erleben. Vom 1 / Parkhaus Lothringerstraße in Aachen starten wir nach links die Theaterstraße hinauf und biegen sofort rechts ab in die Vereinsstraße, der wir über die Römerstraße in die Hackländerstraße folgen. An ihrem Ende überqueren wir die Kreuzung geradeaus, um rechts Richtung Burtscheid abzubiegen und 120 m weiter der Dammstraße zum Kurpark Burtscheid zu folgen. Er wurde bereits Ende des 18. Jahrhunderts angelegt und ist die älteste Parkanlage Aachens mit zahlreichen warmen Quellen. Wir schieben unser Rad durch die Fußgängerzone und entdecken auf der linken Seite das Café Leni liebt Kaffee (Mi–So 9–18

◂ **links / Erstklassige Bahntrassenwege machen einen großen Teil dieser Lüttich-Tour aus**

Uhr, Burtscheider Markt 21, 52066 Aachen), eine Mikrorösterei mit ausgefallenen Frühstücken. Genau das Richtige, falls dein Frühstück zu kurz gekommen ist. Sollte es geschlossen sein, liegt 50 m weiter das Café Lammerskötter (Mo–Fr 8–18.30, Sa–So 8–18 Uhr, Kapellenstraße 2, 52066 Aachen), ein Öcher Traditionscafé. Öcher, so heißen die Aachener in ihrem Plattdeutsch. Von hier fahren wir geradeaus weiter durch die Fußgängerzone und die Kapellenstraße, bis wir kurz darauf rechts in die Malmedyer Straße abbiegen. Ihr folgen wir bis zu ihrem Ende und halten uns an der großen Kreuzung geradeaus auf der St. Vither Straße, die in den Luxemburger Ring, dann in den Brüsseler Ring und schließlich in die Lütticher Straße übergeht. Wir fahren links bergauf, erreichen Knotenpunkt (KP) 13 und halten uns geradeaus Richtung KP 37 Kelmis. Auf dem Radweg entlang der Hauptstraße verlassen wir Aachen kurz darauf.

Bahntrassenwege

Bald schon sind wir in Belgien und rauschen bergab durch Kelmis. Kurz nach einem 2 / historischen Bahnwaggon aus den 30er Jahren geht es rechts auf einen Schotterweg, der Radbeschilderung Richtung Liège folgend. Wir befinden uns nun auf dem Bahntrassenweg RAVeL Ligne 39A und folgen dem Bachlauf der Gueule, passieren das Göhltal-Viadukt von Moresnet und treffen auf den RAVeL Ligne 39, dem wir nun sehr lange folgen. Wir genießen den schönen Bahntrassenweg lange parallel zur Eisenbahnstrecke, passieren Montzen und überqueren kurz vor Welkenrath etwa nach 22 km an KP 14 rechts einen kleinen Gleisübergang für Fußgänger und Radfahrer Richtung KP 78. Die breite Straße mündet in einen schmalen Weg, wir halten uns geradeaus bis zum Ort Hoof. Dort biegen wir nicht links ab Richtung KP 78, sondern folgen der Straße weiter geradeaus durch den Ort und

RAVEL

Das bedeutet „Réseau Autonome de Voies Lentes", übersetzt „unabhängiges Netz langsamer Wege". Es sind ehemalige Bahntrassen – top beschildert und sehr gut fahrbar.

➤ rechts groß / Historischer Bahnwaggon kurz vor dem RAVeL Ligne 38
➤ rechts klein / Belgien beginnt bereits kurz hinter Aachen

KM 13

Der 2 / historische Bahnwaggon wurde zwischen 1933 und 1935 gebaut. Er wurde auf der Linie 39A Moresnet-Kelmis eingesetzt, die zwischen 1871 und 1952 in Betrieb war und in der Nähe des aktuellen Standorts des Waggons verlief.

FESTUNGS-ANLAGE

Das 1934 erbaute 3 / Fort Battice widerstand 1940 für 12 Tage heftigem deutschen Beschuss, eine ins Innere abgeprallte Bombe zerstörte es aber schließlich.

ÜBER BAHNTRASSEN

fortan Richtung KP 45. Im kleinen Ort Elsaute folgen wir ihm mit einer scharfen Rechtskurve und rollen bald den Berg hinab durch die schöne Landschaft Richtung Clermont. So erreichen wir KP 45 und biegen sofort scharf links ab Richtung KP 44, den wir 700 m weiter erreichen und dann links auf den RAVeL Ligne 38 abbiegen, dem wir nun weiter Richtung Herve folgen. Er ist gleichzeitig Teil der europäischen Radroute EuroVelo (EV) 3, ebenfalls Garant für klasse Radwege.

Beeindruckende Festungsanlage

Auf der linken Seite taucht ein riesiger Bunker hinter hohem Gras auf. Wir erreichen das 3 / Fort Battice mit einem kleinen Museum und legen einen Stopp ein (Rue d'Aubel, Battice, 4651 Herve, BE). Das Fort war Teil des äußeren Festungsrings von Lüttich und eines der vier Forts, die in den 30er Jahren neu errichtet wurden, um die Ostfront gegen Deutschland zu sichern. Wir kommen auf die RAVel Ligne 38, der wir weiter bis Herve folgen. Dort stärken wir uns auf der Außenterrasse des 4 / Restaurants Quai des Champs (Di–Mi

11–19, Do–So 11–22 Uhr, Place de la Gare 1–3, 4650 Herve, BE) direkt an der Strecke. Weiter geht's auf die letzten 25 km! Fast unbemerkt kassieren wir einen Knotenpunkt nach dem anderen, und so fliegen KP 41, 38 und 35 an uns vorbei. Der EV 3 führt an eine Wegekreuzung oberhalb von Liège, geradeaus am Berg thront das Gebäude der Basilique Notre Dame de Chèvremont. Wir biegen den zweiten Radweg bergab ab und folgen dem EV 3 weiter Richtung KP 32, bevor wir im Tal den Fluss L'Ourthe überqueren und damit auf den RAVeL 5 Ourthe gelangen und KP 11 erreichen. Wir biegen rechts ab und folgen weiter dem EV 3 meist am Lauf des Flusses entlang. Etwa 3 km vor dem Zentrum überqueren wir die L'Ourthe erneut und halten uns anschließend links Richtung Zentrum auf dem RAVel Meuse.

Lüttichs Altstadt

Um ins Zentrum von Liège zu gelangen, überqueren wir die Meuse links über die Brücke Passerelle Saucy, folgen der Rue de la Régence geradeaus und biegen rechts ab über die Rue Joffre zu unserem Tagesziel, dem 5 / Platz St. Lambert vor dem imposanten Palais mitten im Stadtzentrum. Wir empfehlen dir, zunächst in deiner Unterkunft einzuchecken, bevor du die kleinen verwinkelten Gassen

Sonntag

Jeden Sonntag findet in Liège eine echte Institution statt. La Batte, der größte und älteste Wochenmarkt Belgiens, bietet dir entlang der Maas unzählige Marktstände mit Obst, Brot, Fisch, Kleidung, Büchern und vielem mehr.

< links / Straßen überquert der RAVel 38 meist über hübsche Brücken
^ oben / Fort Battice war eine imposante Festung

der Altstadt von Liège erkundest und ihre Spezialitäten genießt. Dazu zählen die Boulets Liégeois, Bouletten in einer süß-sauren Soße, die du im Café Lequet (Mo, Mi–Sa 12–14 u. 18–21, So 12–15.30 Uhr, Quai Sur Meuse 17, 4000 Liège, BE) genießen kannst – reserviere am besten einen Platz. Liège ist auch bekannt für seine Waffeln, die du im Une Gaufrette Saperlipopette probieren kannst, übersetzt „Eine Waffel sapperlot!" (Mi–So 9–18 Uhr, Rue des Mineurs 7, 4000 Liège, BE). Sehenswürdigkeiten gibt es einige in Liège, zum Beispiel den 2009 von Stararchitekt Calatrava erbauten ultramodernen Hauptbahnhof, der sich aber nicht so recht in das historische Bild von Liège einfügt.

TOCHTER DER MAAS
Lüttich hat sich zunächst an den Ufern der Maas ausgebreitet und eroberte nach und nach die umliegenden Hügel.

TAG 2
Endlose Treppe

Der zweite Tag bricht an, Zeit für den Rückweg nach Aachen über den Norden unserer Runde. Unser Highlight liegt nahe dem

⮝ oben / Ganz schön aus der Puste ist man nach Erklimmen der Montagne de Bueren ➤ rechts / Traditionelles im Une Gaufrette Saperlipopette

Platz St. Lambert, von dem wir heute wieder starten: Die Treppe 6 / Montagne de Bueren, zu der wir gelangen, indem wir der Rue de Bex folgen, die nahtlos in den Place du Marché und die En Féronstrée übergeht. Wir biegen links in die Rue Velbruck und wieder links in's die Rue Hors-Château, um zum Fuße der berühmten Treppe zu gelangen. Der Aufstieg mit 28–30 % Steigung zu den höher gelegenen Wohnvierteln und der nicht weit entfernten Zitadelle wird mit einem fantastischen Ausblick über die Stadt belohnt. Einige Meter weiter links kommen wir anschließend durch die Rue de la Rose zurück auf die En Féronstrée und folgen ihr bis zum Kreisverkehr Place des Déportés, an dem wir die erste Ausfahrt nehmen und über eine Brücke, die Pont Maghin, aufs andere Meuse-Ufer wechseln.

Entlang der Meuse

Wir folgen links dem RAVel Meuse/EV 19 Richtung Herstal. Nach 1,2 km überqueren wir erneut den Fluss über die Pont Atlas, bleiben auf dem EV 19 und halten uns auch kurz nach dem Binnenhafen von Liège weiter Richtung Herstal auf dem RAVeL Canal Albert/EV 19. Ich liebe dieses lange Stück immer am Wasser entlang. Wir folgen lange dem Albertkanal und über-

374

So viel Stufen hat eine der längsten Treppen Europas, die Ende des 19. Jahrhunderts errichtete 6 / Montagne de Bueren. 260 m lang, verbindet sie über 67 Höhenmeter Lièges Altstadt mit einer alten Zitadelle und ermöglichte Soldaten einen schnellen Zugang zur Innenstadt. Grandiose Aussicht über Liège!

TUNNEL VON DALHEM

Der 135 m lange Tunnel war Teil einer Lokalbahnlinie und wurde 1991 nach einem Zugunfall eingestellt. 2019 restauriert und gesichert, ist er Teil des Radnetzes.

MHHH! BELGISCHES EIS

queren ihn erst wieder über die Rue d'Argenteau hinüber zum Ort Hermalle sous Argenteau. Wir verlassen nun die Radroute und damit auch die schöne Flussstrecke, folgen dem Radweg durch den Ort, überqueren die Meuse und über einen Kreisverkehr Richtung Etangs de la Julienne die Autobahn. Nach etwa 100 m halten wir uns links und biegen kurz darauf rechts ab nach Dalhem. Die beiden nun folgenden steilen Serpentinen sind mit dem Rad fahrbar, alternativ schieben wir es einen schmalen Fußweg nach oben. Nach der zweiten Serpentine fahren wir geradeaus weiter, durchfahren den Ort Richelle und biegen an seinem Ende rechts in die Rue de Housse, der Radbeschilderung Saint-Remy folgend. Bevor du abbiegst, siehst du 30 m weiter links das 7 / Eiscafé Hugo (14.02.–23.12.: Mi–So 13–21, Apr.–Aug. bis 22 Uhr, Rue de Richelle 96, 4600 Visé, BE). Ein leckeres Eis kommt nach einem Drittel der Strecke gerade recht! Wir erreichen KP 15 und biegen links Richtung KP 13 ab. Rasant geht es bergab, und wir verlieren die gerade erklommenen Höhenmeter wieder, bis wir links abbiegen und kurz darauf Dalhem mit seinem kleinen historischen Ortskern wie aus

dem Mittelalter erreichen. Wir erreichen KP 13, von dem wir uns Richtung KP 12 orientieren und nach Überquerung des Bachs die zweite Ausfahrt im Kreisverkehr Richtung Val-Dieu nehmen. 100 m weiter liegt rechterhand am KP 12 der 1904 erbaute 8 / Tunnel von Dalhem. Wer Lust hat, einen kurzen Abstecher durch einen ehemaligen Zugtunnel zu fahren, hat hier die Gelegenheit! Zwischen Schienen alter Bahntrassen radeln wir danach weiter zu KP 11, den wir nach Montroux erreichen. Von hier halten wir uns 4 km auf einer ruhigen Straße, über KP 8 zu KP 7.

Klosterpause

An KP 7 biegen wir links ab Richtung KP 10 zur 9 / Abtei Val-Dieu, die direkt vor uns liegt. Eine Rast in der Brasserie du Val Dieu im wundervollen Innenhof des 1216 gegründeten Zisterzienserklosters, das auch eine Brauerei unterhält, ist unumgänglich (Mo–Sa 10.30–19, So ab 9.30 Uhr, Val Dieu 227, 4880 Aubel, BE)! Innenhof, Park, Basilika und die Wanderungen sind von 8.30 Uhr bis Sonnenuntergang kostenfrei zugänglich. Anschließend geht es am Kloster vorbei bergauf. Wir folgen der Straße etwa 5 km, passieren KP 10 und halten uns geradeaus, bis wir rechts Richtung Battice abbiegen. Wir durchfahren das kleine Zentrum von Aubel und bie-

< links / Dalhems Tunnel wurde sehenswert renoviert ^ oben / Die hübsche Abtei Val-Dieu kommt jetzt genau richtig für eine Einkehr

ABTEI-BIER

Als ehemalige Zisterzienserabtei wurde die 9 / Abtei Val-Dieu bis 2001 von Mönchen bewohnt, seitdem lebt und arbeitet hier eine zisterziensische Laiengemeinschaft. Seit 1997 werden in der hauseigenen Brauerei wieder Abteibiere gebraut.

GALMEI

Das einzeln stehende Haus in der Kurve ist das Bergbauhaus des 10 / Bergbauorts Plombières. Im Naturschutzgebiet liegt eins der letzten natürlichen Galmeivorkommen der Wallonie, also Zink und Blei im Boden. Auf dem auch nach Einstellung des Bergbaus schwermetallhaltigen Boden sind einzigartige Pflanzen wie das Galmeiveilchen heimisch, das von April bis September blüht.

gen vor der Kirche links ab Richtung Centre Sportiv. So treffen wir an einer historischen Lokomotive auf den RAVeL 38/EV 3 und freuen uns auf Bahntrassenradeln Richtung Hombourg. Wir treffen auf den alten Bahnhof von Hombourg, neben dem ein Verein historische Bahnwaggons zu erhalten versucht, und folgen weiter dem RAVeL 38, bis er im Tal des früheren 10 / Bergbauortes Plombières fast unbemerkt in den RAVeL 39 übergeht.

Bergauf zum Dreiländereck

Bis zur Grenze geht es zunächst leicht, aber konstant bergauf, und einige anstrengende Serpentinen später haben wir das 11 / Dreiländereck erreicht (Teil der Tour 6 „Limburger Höhen").
Nach einem kurzen Abstecher zum Grenzpunkt und der letzten Chance auf belgische Pommes folgen wir dem Forstweg an der Schranke vorbei Richtung Aachen-Zentrum. Dabei wechselt der Forstweg später auf Asphalt und wir folgen immer weiter den Serpentinen bergab. Wir biegen rechts durch die Unterführung ab und folgen links Aachen-Zentrum, bis wir auf die Vaalserstraße stoßen. Auf ihr folgen wir dem Radweg rechts Richtung Zentrum und nehmen dann geradeaus die Straße An der Schanz bergauf Richtung Hauptbahnhof. Sie geht bergab in den Boxgraben und kurz vor dem Hauptbahnhof in die Lagerhausstraße über. Vom Hauptbahnhof aus überqueren wir den Bahnhofplatz, fahren die Bahnhofstraße hinab und erreichen die Theaterstraße. Etwa 40 m rechts erreichen wir unser Ziel, das 1 / Parkhaus Lothringerstraße.

STEIGUNG

Bis zu 14 % Steigung erwarten dich auf den Serpentinen vor dem 13 / Dreiländereck – danach genießt du Fahrtwind pur bergab!

TOURENINFO / Hervorragend beschilderte Tour mit vielen erstklassigen Bahntrassenwegen und Zeit für die Landschaft. Einige Straßenabschnitte und Steigungen, für E-Bikes problemlos, aber auf Reichweite achten wegen fehlender Lademöglichkeiten an der Strecke. Unterkunft zum Nachladen nutzen!

◂ links groß / Unverkennbar Bahntrassenweg – heute für Fahrräder traumhaft nutzbar gemacht ◂ links klein / Zum Dreiländereck Aachen geht's ordentlich hinauf

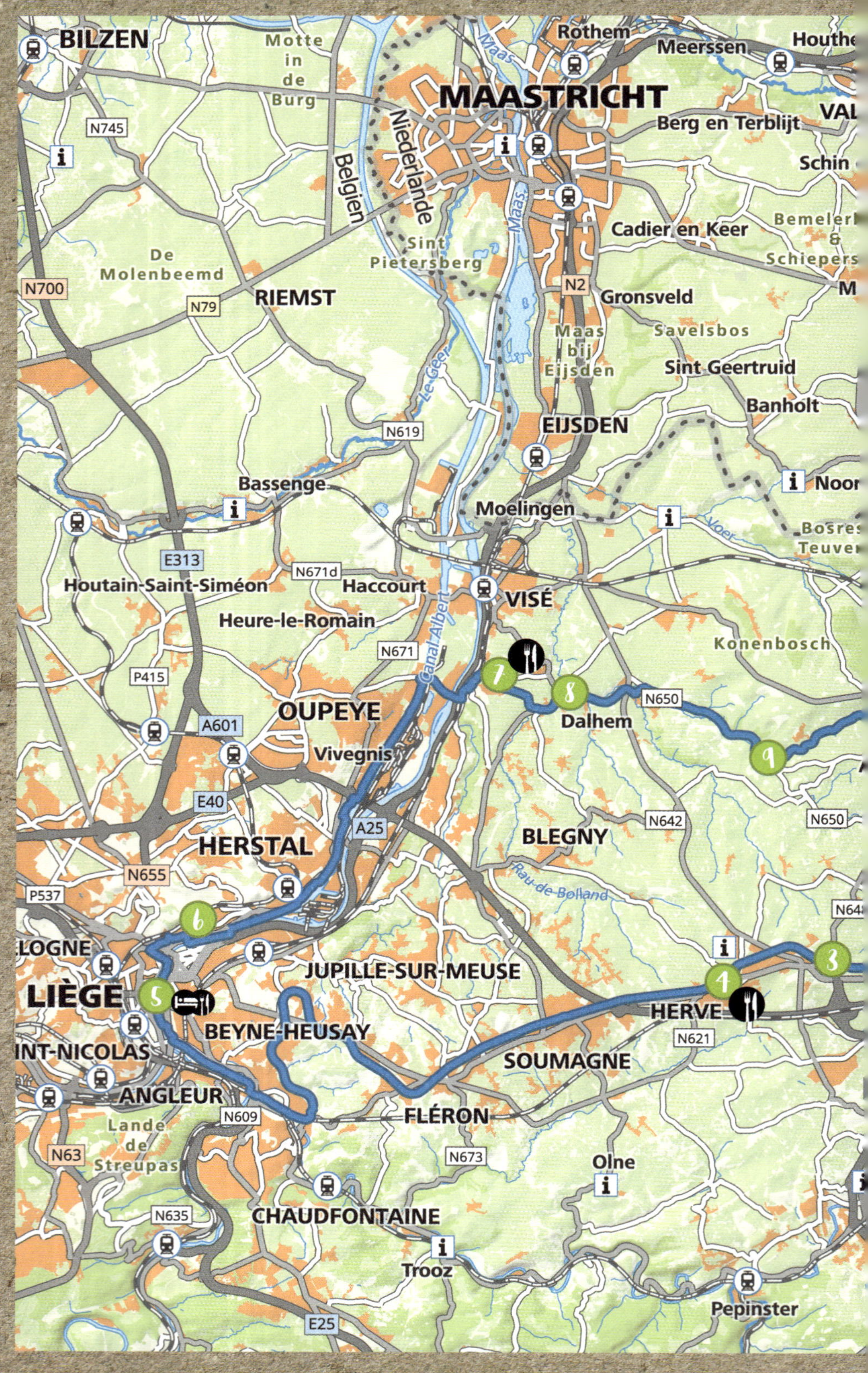
BILZEN
Motte in de Burg
Rothem
Meerssen
Houthe
MAASTRICHT
Maas
Berg en Terblijt
VAL
Schin
N745
Belgien
Niederlande
Maas
Cadier en Keer
Bemelen & Schiepers
De Molenbeemd
Sint Pietersberg
N700
N79
RIEMST
N2
Gronsveld
M
Maas bij Eijsden
Savelsbos
Sint Geertruid
Le Geer
Banholt
N619
EIJSDEN
Noor
Bassenge
Moelingen
Voer
Bosres Teuven
E313
N671d
Houtain-Saint-Siméon
Haccourt
VISÉ
Canal Albert
Heure-le-Romain
Konenbosch
N671
P415
N650
OUPEYE
Dalhem
A601
Vivegnis
E40
A25
N642
N650
HERSTAL
BLEGNY
N655
Rau-de-Bolland
P537
LOGNE
JUPILLE-SUR-MEUSE
LIÈGE
HERVE
BEYNE-HEUSAY
N621
INT-NICOLAS
SOUMAGNE
ANGLEUR
N609
FLÉRON
Lande de Streupas
N63
N673
Olne
N635
CHAUDFONTAINE
Trooz
Pepinster
E25

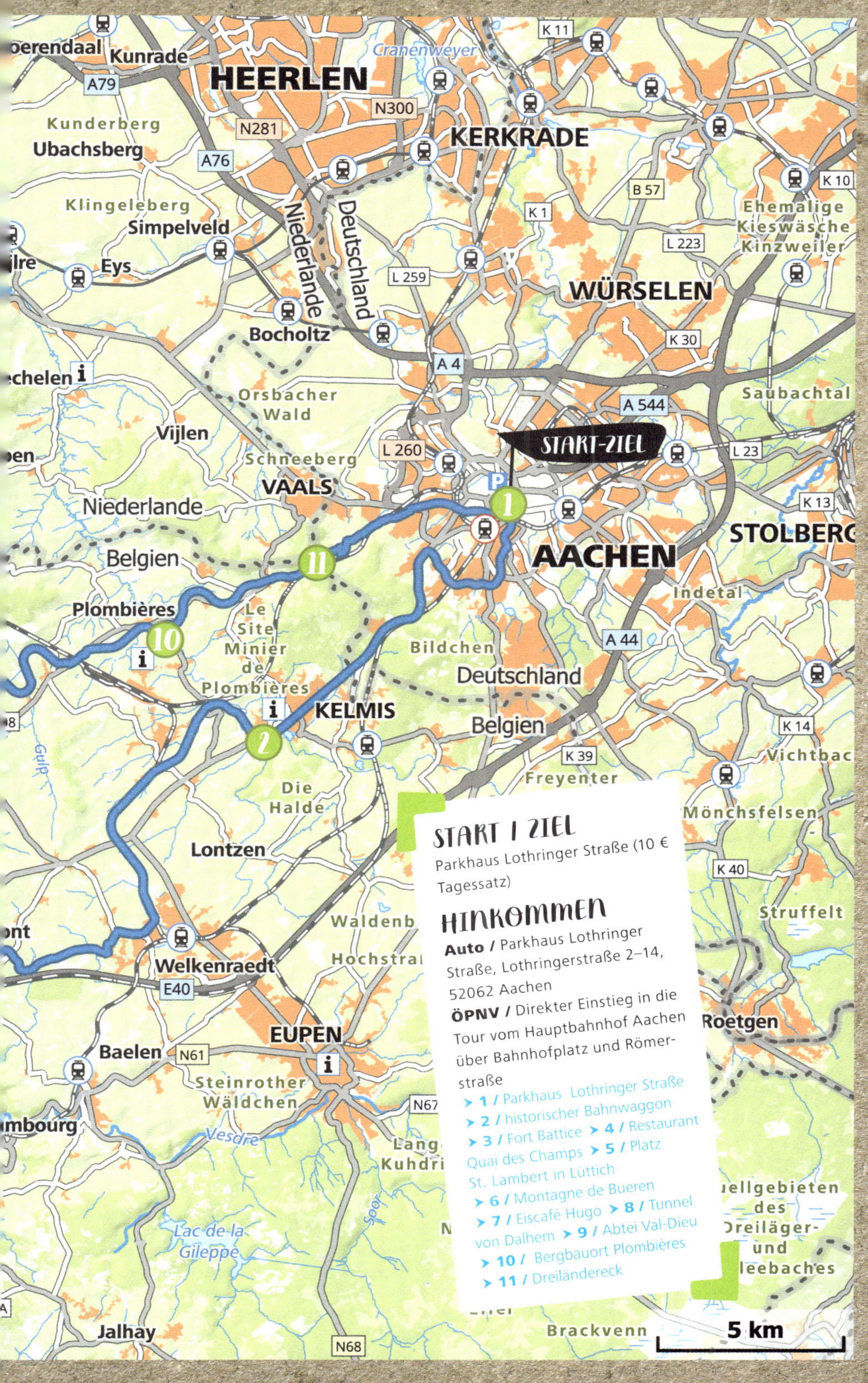
HEERLEN
KERKRADE
Kunrade
Kunderberg
Ubachsberg
Klingeleberg
Simpelveld
Eys
Niederlande
Deutschland
Bocholtz
WÜRSELEN
Ehemalige Kieswäsche Kinzweiler
Orsbacher Wald
Vijlen
Schneeberg
VAALS
Saubachtal
START-ZIEL
AACHEN
STOLBERG
Niederlande
Belgien
Plombières
Le Site Minier de Plombières
Indetal
Bildchen
Deutschland
Belgien
KELMIS
Freyenter
Die Halde
Lontzen
Vichtbac
Mönchsfelsen
Struffelt
Waldenb
Hochstra
Welkenraedt
EUPEN
Roetgen
Baelen
Steinrother Wäldchen
Vesdre
Lac de la Gileppe
Jalhay
Brackvenn
5 km
START / ZIEL
Parkhaus Lothringer Straße (10 € Tagessatz)
HINKOMMEN
Auto / Parkhaus Lothringer Straße, Lothringerstraße 2–14, 52062 Aachen
ÖPNV / Direkter Einstieg in die Tour vom Hauptbahnhof Aachen über Bahnhofplatz und Römerstraße
› 1 / Parkhaus Lothringer Straße
› 2 / historischer Bahnwaggon
› 3 / Fort Battice › 4 / Restaurant Quai des Champs › 5 / Platz St. Lambert in Lüttich
› 6 / Montagne de Bueren
› 7 / Eiscafé Hugo › 8 / Tunnel von Dalhem › 9 / Abtei Val-Dieu
› 10 / Bergbauort Plombières
› 11 / Dreiländereck

STAUSEE-TRIP!

Ich liebe Vennbahnweg, Rursee und Rur. So lässt sich ein feiner Bahntrassenweg mit einem wundervollen See und einem romatischen Fluss verbinden!

- **1 /** Los geht's am Parkhaus Lothringerstraße in Aachen
- **2 /** Erste Einkehr am Restaurant Brander Bahnhof
- **3 /** Radfahrerspot am Restaurant Bahnhofsvision
- **4 /** Sieh dir historische Waggons am Bahnhof Walheim an
- **5 /** Radfahrer-Highlight Café Pavillon am Stellwerk Raeren
- **6 /** Die besten Waffeln gibt's im Café Kaffeefee
- **7 /** Eifelhistorie im Bauernmuseum Lammersdorf
- **8 /** Am Ferienhof Schmickerath in Woffelsbach übernachten und im Café entspannen
- **9 /** Kaffee mit Aussicht im Restaurant Der Seehof
- **10 /** Zwischenstopp am Jugendstil-Wasserkraftwerk Heimbach
- **11 /** Geniale Aussicht von der Burg Hengebach
- **12 /** Ab ins Wasser im Freibad Heimbach
- **13 /** Stärke dich im Gasthof Burg Hausen
- **14 /** Abschluss-Schlemmen im Gut Kallerbend
- **15 /** Vom Hauptbahnhof Düren zurück zum Start

500 m
400 m
300 m
200 m
100 m
1 2 3 4 5 6 7 8 9 10 11 12 13 14 15
0 km 20 km 40 km 60 km 80 km 103,6 km

TOUR DE RUR

Von Aachen zum Rursee und entlang der Rur bis Düren

Diese Tour führt von Aachen über den erstklassigen Vennbahnweg zu einem der hübschesten Stauseen der Region und folgt am zweiten Tag durch den Nationalpark Eifel flussabwärts der Rur bis Düren. Mit dem Zug geht's zurück nach Aachen.

Tag 1 + Tag 2
53 + 51 Kilometer
478 + 234 Höhenmeter
3:30 + 3:30 Stunden
Streckentour

CHARAKTER

Sportlich ●●●●○
Abkühlung ●●●●●
Schlemmen ●●●●●
Panorama ●●●●●

TAG 1
Auf dem Vennbahn-Radweg

Vom 1 / Parkhaus Lothringerstraße fahren wir auf der Fahrradstraße rechts und befinden uns sofort auf dem Vennbahn-Radweg, der uns für etwa 40 Kilometer begleiten wird. Wir folgen der Lothringerstraße geradeaus in die Schlossstraße, bis wir Knotenpunkt (KP) 6 am Frankenberger Park erreichen, dem Vennbahnweg weiter nach links folgen und den Park rechts umfahren. Der Bahnhof Rothe Erde, ehemals ein zentraler Bahnhof der frühen deutschen Stahlindustrie, rückt mit seinem historischen Eingang ins Blickfeld. Wir biegen direkt hinter ihm rechts unter der Brücke ab, überqueren die Straße und fahren bergauf links weiter. Auf unserer linken Seite liegt der Stadtteil Rothe Erde, schon bald verlassen wir Aachens Stadtverkehr und überqueren nach etwa

< links / Atemberaubend schön sind die Spiegelungen im Rursee

6 km die Autobahn.

Schlemmen an der alten Bahntrasse

Es erwarten dich bis Roetgen tolle Einkehrmöglichkeiten, die erste nach knapp 8 km im Biergarten des 2 / Restaurants Brander Bahnhof (Mo–Sa 11.30–23, So 11.30–22 Uhr, Karl-Kuck-Straße 1, 52078 Aachen). Neben selbstgebackenem Kuchen gibt's herzhafte Brauhausgerichte, die das Radfahrerherz höherschlagen lassen. Direkt die nächste Einkehrmöglichkeit folgt 4 km weiter am 3 / Restaurant Bahnhofsvision (Mo–Fr 16–23, Sa 12–23, So 12–22 Uhr, Am Bahnhof 2, 52076 Aachen), das im 120 Jahre alten Bahnhof Kornelimünster zum Verweilen einlädt. Du kannst es nicht verfehlen, der Vennbahnweg verläuft mitten durch den Gastgarten! Wenn du möchtest, kannst du einen Abstecher in Kornelimünsters knapp 500 m entfernten historischen Ortskern machen, zu dem du etwas weiter links abzweigst. Er ist auch Bestandteil von Tour 15 in diesem Guide. Wir folgen weiter dem Vennbahn-Radweg, überqueren in Walheim die Straße und fahren hinter dem Bahnhäuschen weiter, um die historischen Züge und Waggons am alten 4 / Bahnhof Walheim zu bewundern. Sei bei KP 33 nicht irritiert, hier kannst du auch kürzer nach Roetgen fahren, wir bleiben aber auf dem viel schöneren Vennbahnweg, der uns mit gut verteilter Steigung bald zu einem weiteren Einkehrklassiker führt: dem 5 / Café Pavillon am Stellwerk Raeren (tgl. 10–20 Uhr, Langenbend 49, 4730 Raeren, BE). Genieße deine Pause auf dem offenen Waggon direkt auf den Gleisen!

MUSEUMSBETRIEB GEPLANT

Am 4 / Bahnhof Walheim versuchen die Eisenbahnfreunde Grenzland die Strecke mit historischen Waggons und Bahnen touristisch zu aktivieren.

Belgischer Vennbahnweg

Bald erreichen wir Roetgen und haben mehr als die Hälfte unserer Tagesetappe geschafft. Hier darfst du das 6 / Café Kaffeefee am

---

➤ **rechts groß / Bahntrassenquerung am alten Bahnhof Walheim**
➤ **rechts klein / Einkehr am Brander Bahnhof nach Brauhaus-Art**

125 km

So lang ist der Vennbahn-Radweg und führt dabei durch 3 Länder. Durchgängig mit gelb-schwarzem Hinweisschild mit blauem Band gekennzeichnet, kannst du den Flow dieser vom Straßenverkehr völlig losgelösten Route genießen. Trotzdem nenne ich zur Orientierung hin und wieder einige Knotenpunkte.

alten Bahnhof nicht auslassen (Di–So 12–18 Uhr, Vennbahnweg, 4730 Raeren, BE). Um dich herum Deutschland, sitzt du hier doch auf dem belgischen Vennbahnweg! Wir überqueren die Straße und folgen dem Vennbahnweg vorbei an der Touristeninformation Roetgen. Von hier radeln wir Richtung Lammersdorf beständig leicht bergauf durch dichten Nadelwald, bis wir den Bahnhof Lammersdorf passieren. Falls geöffnet, bietet sich ein Abstecher 100 m links in die Bahnhofstraße zum 7 / Bauernmuseum Lammersdorf an, in dessen Fachwerkhaus du die frühere Lebensweise in der Eifel erspüren darfst (Mai–Okt. je 1. und 3. So. im Monat, 11–18 Uhr, Bahnhofstraße 3, 52152 Simmerath).

HEIMATGESCHICHTE & DORFKULTUR

Abwärts zum Rursee

Wir befinden uns an KP 16 und verlassen hier nun unseren treuen Begleiter, den Vennbahnweg, Richtung KP 17 Simmerath. Am Ende der Kirchstraße biegen wir rechts ab Richtung Rursee. Bergab rollend passieren wir KP 17 und KP 18 Richtung KP 19 und radeln schließlich am Restaurant Biker Ranch geradeaus über den Kreis-

verkehr Richtung Kesternich bis zu KP 20, der den höchsten Punkt unserer Tour darstellt. Wir biegen links ab Richtung KP 21 SI-Woffelsbach. Ab und an rückt bereits der blaue Rursee ins Sichtfeld, und immer weiter radeln wir bergab ins Rurseetal, bis zum KP 21. Von hier fahren wir weiter Richtung Woffelsbach, wo wir fast auf Seehöhe eine Bushaltestelle und auf der rechten Seite einen Parkplatz erreichen. Dem Promenadenweg links folgend, lassen wir unseren Blick über den Rursee schweifen, fahren 500 m weiter rechts auf die Uferstraße, biegen wieder rechts in die Seestraße ab und erreichen schließlich rechts in der Oberhausener Straße den ausgeschilderten 8 / Ferienhof Schmickerath mit seinem Café & Bistro am Ferienhof (Di–Fr 8.30–18, Sa 8.30–19, So 8.30–18 Uhr, Obershausener Str. 11/11a, 52152 Simmerath).

KM 52

Am Tagesziel 8 / Café & Bistro am Ferienhof Schmickerath gibt's hervorragende Flammkuchen, einen feinen Kaiserschmarrn und ab 9 Uhr tolles Frühstück. Serviert in einer bezaubernden Fachwerkatmosphäre im Innenhof oder in der gemütlichen Gaststube.

Übernachtungen

In Woffelsbach empfehle ich dir die hübschen Ferienwohnungen eben jenes Ferienhofs Schmickerath. Eine Alternative ist das nicht weit entfernte Hotel Zum kleinen Seehof (Uferstraße 6, 52152 Woffelsbach), ab 2 Nächten auch das Hotel Zur alten Frische (Wendelinusstraße 5, 52152 Woffelsbach). Ausweichen kannst du 4 km

‹ links / Idyllische Radwege führen hinab zum Rursee ^ oben / Radweg wie im Bilderbuch auf dem Vennbahnweg am alten Bahnhof von Raeren

südlich nach Rurberg ins Hotel Paulushof (Seeufer 10, 52152 Rurberg) oder von KP 21 ins Hotel Der Seehof (Schwammenauel Seehof 10, 52396 Heimbach), direkt an der Staumauer gelegen (etwa 14 km weiter und die zweite Etappe entsprechend verkürzend).

TAG 2 / Seeblicke

WASSERKRAFT

Das 11 / Jugendstil-Wasserkraftwerk Heimbach ist seit 1905 in Betrieb und wird von der Urfttalsperre (Erweiterungstour 16 1/2) über den Kermeterstollen gespeist.

Wir starten unsere zweite Etappe nach einem Frühstück im Café Schmickerath. Zunächst schieben wir unser Rad hinab auf den Promenadenweg und radeln dann über die Bushaltestelle Richtung KP 21, von dem wir am Vortag gekommen sind, dabei folgen wir der rot-weißen Markierung bergauf. Von KP 21 fahren wir Richtung KP 87 Rurtalsperre auf dem durch die grün-blaue Welle gekennzeichneten RurUfer-Radweg, der uns heute bis zu unserem Zielort Düren begleiten wird. Wir passieren KP 87 und fahren am bezaubernden Rurseeufer weiter Richtung KP 86. Dabei führt der Weg immer wieder 20 bis 30 Höhenmeter über das See-

---

⮝ oben / Traumhaft schöner Uferradweg mit Ausblicken auf den Rursee ➤ rechts / Jugendstil-Wasserkraftwerk Heimbach

niveau hinauf und hinab. Doch der Blick auf das glitzernde blaue Wasser des Rursees entschädigt.

Staumauer

Immer wieder passieren wir Bootsstege und erreichen schließlich die Staumauer Schwammenauel. Hier kannst du eine erste Pause mit Seeblick einlegen auf der tollen Sonnenterrasse des 9 / Restaurants Der Seehof (Selbstbedienung Apr.–Okt. Di–So 12–18, Nov.–März Sa–So 12–18, à la carte Di–So 18–21 Uhr, Schwammenauel Seehof 10, 52396 Heimbach). Wir überqueren die Straße, folgen dem RurUfer-Radweg über die Staumauer Richtung Heimbach zum KP 86, wo wir links steil bergab ein großes Ferienresort passieren. Am Ende des Gefälles radeln wir rechts weiter auf dem RurUfer-Radweg Richtung Heimbach KP 71. Das 10 / Jugendstil-Wasserkraftwerk Heimbach, beziehungsweise das Urftkraftwerk, taucht vor uns auf. Besichtigungen können beim Besucherdienst des RWE nach vorheriger Anmeldung vereinbart werden (März–Okt., Einzelbesucher: Di, Do, Sa, So 14 Uhr), aber auch von außen ist das Kraftwerk eindrucksvoll.

Mittelalterliche Burgen

Schon bevor wir Heimbach erreichen, fällt uns die

7,83 km²

Das ist die Fläches des Rursees. Er bietet tolle Erholungsmöglichkeiten, und ich empfehle dir, zwei Nächte zu bleiben. Du kannst direkt in Woffelsbach im Rursee zur Badeinsel schwimmen, Kanus leihen, deine Füße bei einer Rurseeschifffahrt hochlegen, oder in Kombination mit meiner Tour 16 den Rursee umrunden!

RINGBURG-ANLAGE

Die **12 / Burg Hengebach** stammt aus dem 12.–14. Jahrhundert, diente als Ruine im 19. Jahrhundert als Steinbruch und wurde im 20. Jahrhundert restauriert.

AUSBLICK VOM BURGTURM

Burg ins Auge, die über Fluss und Ort thront. Wir wollen sie uns näher ansehen, und so machen wir einen Abstecher von KP 71 rechts Richtung Mechernich KP 72. Dazu folgen wir der Straße etwa 200 Meter, biegen dann rechts ab Richtung Kloster Mariawald und erreichen nach 100 m die Auffahrt zur Burg. Sie ist steil, sodass du dein Rad besser abstellst und die 11 / Burg Hengebach zu Fuß erkundest. Vom Burgturm aus genießt du eine fantastische Aussicht über das Rurtal. In Heimbach selbst findest du zahlreiche Einkehrmöglichkeiten, wo du eine Pause einlegen kannst. Hier bei Kilometer 18 liegt auch ein kleiner Bahnhof, von dem du die Tagesstrecke mit der Rurtalbahn u.a. über die Bahnhöfe Hausen (Km 22), Nideggen-Brück (Km 30), Obermaubach (Km 35,4), Kreuzau (Km 43) und Lendersdorf (Km 45,5) abkürzen kannst. Die kleinen Eifel-Bahnhöfe liegen alle dicht an der Strecke und du kannst von jedem deine Tour entlang der Rur weiter fortsetzen. Zurück an KP 71 fahren wir weiter Richtung KP 70 Nideggen. Dazu nutzen wir den für Fahrräder freigegebenen linksseitigen Bürgersteig und folgen linksseitig dem Kreisverkehr, um die Rur bergauf zu überqueren und dem

Radwegweiser direkt rechts bergab zu folgen. Du kommst zum 12 / Freibad Heimbach (Öffnung saisonal, Auf Wissen Woog, 52396 Heimbach), für mich eines der schönsten Freibäder der Region, liegt es doch idyllisch eingebettet in die Eifelnatur. Es kommt wie gerufen zur Abkühlung an einem heißen Sommertag! Wir überqueren etwas später die Rur zu Beginn eines Campingplatzes, den wir vom anderen Flussufer nach Überquerung der Bahngleise auf einem Radweg begleiten, bis dieser die Straßenseite wechselt. Linksseitig der Straße fahren wir weiter, bis wir den RurUfer-Radweg nach rechts zu einer Einkehr nach Hausen kurz bergauf verlassen. Noch vor der Kirche erreichen wir den 13 / Gasthof Burg Hausen (Fr–Sa 16–22, Mi–Do, So 16–21 Uhr, Hausener Str. 8, 52396 Heimbach). Nur ein paar Meter weiter um die Kurve gibt es mit dem Hausener Kaffeestübchen eine tolle Alternative für Kuchenspezialitäten (Do–So 12–18 Uhr, Hausener Str. 14, 52396 Heimbach). Wir folgen anschließend dem Rurufer-Radweg weiter. Dabei überqueren wir wieder die Rur, und es geht ein kurzes Stück knackig bergauf auf den Höllerberg. Auf der folgenden Strecke haben wir einen klasse Blick auf die rötlichen Buntsandsteinfelsen in der Nähe von Abenden, die auch bei Kletterern beliebt sind. Wir radeln durch Abenden und fahren nach einer Rechtskurve geradeaus auf die Burg Nideggen zu, die majestätisch

KM 23

Von niederländischen Gastgebern geführt, gibt's beim 14 / Gasthof Burg Hausen auf der gemütlichen Terrasse oder im Innenhof der ehemaligen Wasserburg tolle Snacks und leckeren hausgemachten Kuchen. Die ältesten Teile der Burg stammen aus dem 16. Jahrhundert.

◂ links / Auf der Terrasse des Gasthofs Burg Hausen lässt es sich wunderbar entspannen ▴ oben / Aufstieg zur Burg Hengebach mit tollem Ausblick

KM 32

Im 14 / Gut Kallerbend darfst du deine Tour de Rur feiern. Nach Düren sind es noch etwa 20 km und du hast die meisten Höhenmeter bereits hinter dir. Hier gibt's tollen hausgebackenen Kuchen und Gutbürgerliches nach traditionellen Familienrezepten aus regionalen Produkten. Ein bisschen wie bei Oma!

auf den Felsen über dem Rurtal ruht. Die Auffahrt hätte ordentlich Höhenmeter, sodass wir sie von hier unten bewundern wollen.

Immer die Rur entlang

Weiter geht es Richtung KP 70 Kreuzau, den wir bei Brück erreichen. Der ersten Ausfahrt im Kreisverkehr rechts folgend geht es Richtung KP 69 weiter. Wir nutzen dabei ein Stück die Straße, um bei KP 69 rechts auf den schmalen Weg Richtung KP 55 Kreuzau zu radeln. Über die Brücke Stegbend, die gleichzeitig auch das Tor zum Nationalpark Eifel ist, erreichen wir Zerkall und kurz darauf 14 / Gut Kallerbend (Küche Di–Mi u. Fr–So 9–19 Uhr, Gut Kallerbend 1, 52385 Nideggen-Zerkall), mit wunderbarer Terrasse und Gerichten nach Familienrezepten. Wir passieren das Restaurant Strepp am Stausee Obermaubach und überqueren die Staumauer, an deren Ende wir eine Fischtreppe mit Schaufenster besichtigen können. Auf dem RurUfer-Radweg bleibend, geht es rechts zu KP 1 in Winden und über KP 2 in Kreuzau und KP 3 weiter Richtung KP 9, den wir noch an der Rur bei Düren erreichen. Wir verlassen den Uferweg rechts Richtung Düren-Zentrum durch eine kleine Unterführung, fahren rechts bis zur Hauptstraße und biegen erneut ab Richtung Düren-Zentrum, bis wir KP 5 erreichen. Von hier gelangen wir über die Wirtelstraße zum bereits ausgeschilderten 15 / Hauptbahnhof Düren. Mit dem Zug fahren wir zurück zum Aachener Hauptbahnhof. Dort angekommen, überqueren wir den Bahnhofsvorplatz und fahren bergab auf dem

PAUSE AM STAUSEE

Der Stausee Obermaubach dient als Ausgleichbecken für die unterschiedlich starken Wassermengen der Rur und wird gerne zur Naherholung genutzt.

TOURENINFO / 1. Etappe asphaltierter Bahntrassenweg und einige Höhenmeter, 2. Etappe teils Schotterwege, teils asphaltiert. Verkürzung der 2. Etappe mit Rurtalbahn möglich.
E-Bike Ladestellen: 5 / Café Pavillion Raeren 4 x Ladeschrank, 6 / Kaffeefee: Akku hereinreichen, Touristeninfo Roetgen: 2 x Schuko

---

< links groß / Rurquerung über eine sehenswerte Brücke < links klein / Mal wild, mal romantisch – die Rur

Horbach
K 1
B 57
L 223
A76
L 231
Vetschau
WÜRSELEN
ESCHW
A 4
K 30
K 36
A 544
Seffent
L 260
START
L 23
VAALS
STOLBERG
AACHEN
Brander Wald
K 6
A 44
K 22
K 13
K 14
Schlangenberg
L 233
Breinig
Deutschland
KELMIS
Belgien
Lichtenbusch
Hahn
Venwegen
Hauset
K 39
Freyenter Wald
Vichtbachtal mit Grölis-, Schlee- und Lensbach
Friesenrath
Zweifaller und Rotter Wald
Eynatten
Schmithof
E40
K 38
Inde
K 40
Rott
Walhorn
RAEREN
N68
Struffelt
Has
Petergensfeld
Kettenis
Naturpark Hohes Venn - Eifel
Roetgen
L 12
EUPEN
Weser
Deutschland
N67a
Wesertalsperre
Belgien
Quellgebieten des Dreiläger- und Schleebaches
B 258
Oberes Kalltal
K 20
N67
Getzbach
Belgen
L 106
Konzen

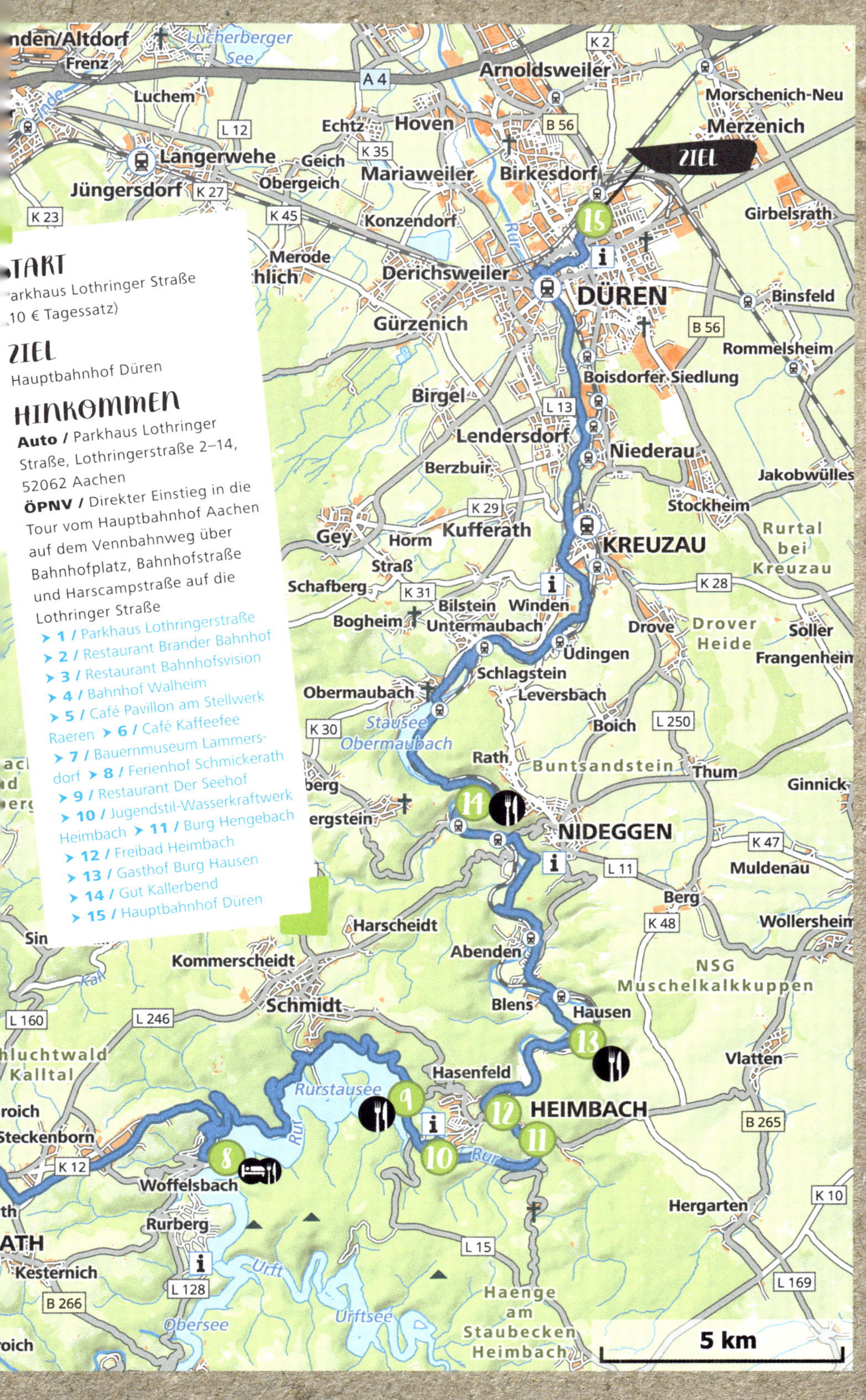
START
Parkhaus Lothringer Straße
(10 € Tagessatz)
ZIEL
Hauptbahnhof Düren
HINKOMMEN
Auto / Parkhaus Lothringer Straße, Lothringerstraße 2–14, 52062 Aachen
ÖPNV / Direkter Einstieg in die Tour vom Hauptbahnhof Aachen auf dem Vennbahnweg über Bahnhofplatz, Bahnhofstraße und Harscampstraße auf die Lothringer Straße
› 1 / Parkhaus Lothringerstraße
› 2 / Restaurant Brander Bahnhof
› 3 / Restaurant Bahnhofsvision
› 4 / Bahnhof Walheim
› 5 / Café Pavillon am Stellwerk Raeren
› 6 / Café Kaffeefee
› 7 / Bauernmuseum Lammersdorf
› 8 / Ferienhof Schmickerath
› 9 / Restaurant Der Seehof
› 10 / Jugendstil-Wasserkraftwerk Heimbach
› 11 / Burg Hengebach
› 12 / Freibad Heimbach
› 13 / Gasthof Burg Hausen
› 14 / Gut Kallerbend
› 15 / Hauptbahnhof Düren
ZIEL
Lucherberger See
Frenz
A 4
K 2
Arnoldsweiler
Luchem
Inde
Morschenich-Neu
L 12
Echtz
Hoven
B 56
Merzenich
Langerwehe
Geich
K 35
Mariaweiler
Birkesdorf
Jüngersdorf
K 27
Obergeich
K 23
K 45
Konzendorf
Girbelsrath
Rur
Merode
Derichsweiler
DÜREN
Binsfeld
Gürzenich
B 56
Rommelsheim
Boisdorfer Siedlung
Birgel
L 13
Lendersdorf
Niederau
Berzbuir
Jakobwülles
K 29
Stockheim
Gey
Horm
Kufferath
KREUZAU
Rurtal bei Kreuzau
Straß
Schafberg
K 31
K 28
Bilstein
Winden
Bogheim
Untermaubach
Drove
Drover Heide
Soller
Üdingen
Frangenheim
Schlagstein
Obermaubach
Leversbach
K 30
Stausee Obermaubach
Boich
L 250
Rath
Buntsandstein
Thum
Ginnick
NIDEGGEN
K 47
L 11
Muldenau
Berg
Harscheidt
K 48
Wollersheim
Abenden
Kommerscheidt
Kall
NSG Muschelkalkkuppen
Blens
L 160
L 246
Schmidt
Hausen
Kalltal
Hasenfeld
Vlatten
Rurstausee
HEIMBACH
Steckenborn
B 265
Rur
K 12
Woffelsbach
K 10
Hergarten
Rurberg
L 15
Kesternich
Urft
L 128
L 169
B 266
Haenge am Staubecken Heimbach
Obersee
Urftsee
5 km

RADELN OHNE STEIGUNG!

Ich mag es, megaflach entlang der Maas zu radeln und in ihr zu baden. Und in den Outlets gibt's die Welt der Mode – für mich nachhaltige Outdoorkleidung!

> **1 /** Beginn und Ende der Tour ist am Parkplatz Maasmechelen

> **2 /** Wie gemacht für Radfahrer ist das Fietscafé Brug 36

> **3 /** Innehalten am Wallfahrtsort Heppeneert

> **4 /** Lege eine Pause am Marktplatz der Altstadt von Maaseik ein

> **5 /** Besuche das Apothekenmuseum in Maaseik

> **6 /** Abkühlung in der Maas am Badestrand De Steenberg

> **7 /** Lass dich verzaubern vom weißen Städtchen Thorn

> **8 /** Niederländische Spezialitäten im Café-Maasterras 't Veerhuis

> **9 /** Sonnen und baden im PalmBeach Strandbad bei Roermond

> **10 /** Shopping pur im Designer-Outlet Roermond

> **11 /** Übernachte in Roermond

> **12 /** Besichtige das spanische Festungswerk Stevensweert

> **13 /** Die Hompesche Molen bewundern und Boere Ijs schlecken

> **14 /** Shopping zu Outlet-Preisen im Maasmechelen Village

150 m
125 m
100 m
75 m
50 m
25 m
0 m
-25 m
-50 m

0 km | 20 km | 40 km | 60 km | 80 km | 100 km | 109,0 km

NUR NICHT MAASLOS

Outlet to Outlet
von Maasmechelen nach Roermond

TOUR, DIE DU SO NIE GEMACHT HÄTTEST

Eine Radtour zwischen zwei Mega-Outletcentern würdest du so sicherlich nie fahren. Aber sie lässt sich verbinden, die Welt des Shoppings mit tollen Strecken entlang der hübschen Maas und durch wundervolle Naturreservate.

Tag 1 + Tag 2
54 + 55 Kilometer
68 + 76 Höhenmeter
2:50 + 3:30 Stunden
Rundtour

CHARAKTER
Sportlich ●●●●○
Abkühlung ●●●●○
Schlemmen ●●●●○
Panorama ●●●●●

TAG 1

Auf nach Roermond

Wir starten unsere Tour am kostenlosen 1 / Parkplatz Maasmechelen gegenüber vom Maasmechelen Village. Shopping empfehle ich dir eher am Ende der Rückfahrt, heute wollen wir uns der Tour nach Roermond widmen. Wir biegen links zum Kreisverkehr vor dem Hotel Terhills ab, von dem wir die dritte Ausfahrt Richtung Knotenpunkt (KP) 55 nehmen. Nach Überquerung des Kanals Zuid Willemsvaart erreichen wir diesen und biegen rechts ab Richtung KP 48. Knapp 7 km radeln wir nun in aller Ruhe entlang des Wasserlaufs durch Belgisch-Limburg und treffen kurz nach Kilometer 7 in Höhe Dilsem-Stokkem auf das 2 / Fietscafé Brug 36 (Di–Do 13.30–22, Fr–So 11–22 Uhr, Oude Brugstraat 15, 3650 Dilsen-Stokkem, BE). Perfekt für eine Pause mit Pannenko-

◂ **links / An der Maas lässt es sich herrlich entspannen**

TOUR, DIE DU SO NIE GEMACHT HÄTTEST

eken oder den berühmten Brüsseler Waffeln. Wir fahren noch ein Stück den Kanal entlang, biegen von KP 48 rechts ab Richtung KP 49 und von diesem Richtung KP 46. Nun führt uns die flache Flussroute entlang der breiten Maas. Wir passieren KP 46, durchfahren das Naturreservat Maaswerden und bleiben auf dem Weg geradeaus Richtung KP 26, bis wir schließlich den beschaulichen 3 / Wallfahrtsort Heppeneert mit seiner Kirche „Onze lieve Vrouw van Rust" erreichen. Schau dir die sehenswerte Kirche unbedingt einmal von innen an. Nebenbei gibt es direkt am Radweg diverse Gastronomie mit Außenterrassen. Wir erreichen unmittelbar danach KP 26 und setzen unsere Fahrt Richtung KP 24 fort, den wir nach einer Brückenunterführung erreichen.

Maaseiks Altstadt

Von hier führt der Maasweg Richtung KP 25 durch die 4 / Altstadt von Maaseik. Der Marktplatz lädt zu einer Pause ein. Wenn du möchtest, kann du hier das 5 / Apothekenmuseum (Di–Fr 10–17, Sa–So 10–13 u. 13.30–17 Uhr, Markt 45, 3680 Maaseik, BE) mit der ältesten Apothekeneinrichtung Belgiens aus dem 17. Jahrhundert besichtigen. Wir verlassen Maaseik vom Markt aus, finden zurück zur Maas und radeln entlang von Weinreben zum KP 25. Von hier geht es rechts Richtung KP 22 weiter, den wir am kleinen Fähranleger „De Spaenjerd" erreichen. Wir setzen jedoch nicht über, sondern halten uns links Richtung KP 21. Dabei passieren wir Kinroois trubeligen Jachthafen und Ferienpark und verstehen, warum es auf der Strecke auf den letzten Kilometern immer lebhafter wurde. Kurz hinter dem Jachthafen passieren wir den 6 / Badestrand De Steenberg (ständig zugänglich, Dalerweg 1, 3640 Kinrooi, BE), von dessen schönem Sandstrand du kostenfrei

MAASEIK

In Höhe der 4 / Altstadt von Maaseik gab es einst einen Maashafen, doch seit 1822 ist die Maas hier nicht mehr schiffbar, Kanäle senkten den Wasserspiegel.

➤ rechts groß / Radeln entlang der Maas, so sind Radtouren ein Genuss
➤ rechts klein / Ab Kinrooi flussaufwärts flitzen häufig Jachten über die Maas

KM 20

Dir wird direkt auffallen, wie viele Besucher und Pilger im direkt an der Maas gelegenen 3 / Wallfahrtsort Heppeneert unterwegs sind. Beim Besuch der 1873 erbauten Kirche kannst du dir die seit 1893 verehrte und einst von der Maas angespülte Statue O.L.V. van Rust (Unsere liebe Frau des Friedens) ansehen.

SPRUNG INS KÜHLE NASS

Am **6 / Badestrand De Steenberg** kannst du dich mit Blick auf den Jachthafen von De Spaanjerd erfrischen und auf der Liegewiese sonnen!

ins kühle Wasser der Maas springen kannst. Was für eine willkommene Abkühlung an einem heißen Sommertag! Von hier radeln wir weiter Richtung KP 21 Kessenich und an diesem angelangt rechts Richtung KP 53 Thorn.

TOUR, DIE DU SO NIE GEMACHT HÄTTEST

Het witte Stadje

Wir überqueren die grüne Grenze in die Niederlande, und kurze Zeit später fahren wir durch einen meiner Lieblingsorte der Strecke, das mittelalterlich wirkende 7 / Thorn. Aufgrund seiner weiß getünchten Häuser wird es auch „Het witte Stadje" („das weiße Städtchen") genannt. Der Ort geht zurück auf eine um das Jahr 975 gestiftete Benediktinerabtei. Thorns Altstadt ist vollständig mit Kieselsteinen aus der Maas gepflastert, dafür nehmen wir die ruckelige Strecke gern in Kauf. Nachdem wir Thorn verlassen, erreichen wir am Maasufer KP 53 und fahren weiter am Wasser entlang Richtung KP 52, den wir in Wessem erreichen und uns rechts Richtung KP 42 halten. Der Radweg führt direkt am 8 / Café-Maasterras 't Veerhuis entlang, das uns zu niederländischen Spezialitäten

mit einer Terrasse an der Maas einlädt (tgl. 9–22 Uhr, Polstraat 1, 6019 BL, Wessem, NL). Nach Unterquerung der Autobahn halten wir uns links, erreichen KP 42 und überqueren den Kanal Wessem-Nederweert Richtung KP 35. Über die Schleuse Lateraalkanal führt uns unser Weg rechts weiter Richtung KP 84, der sich an der nahen Schleuse von Linne befindet. Wir überqueren diese nicht, sondern fahren geradeaus weiter über KP 93 auf der Straße Richtung KP 94. Die Maasplassen – die Seen entlang des Flusses – sind im Sommer gut besucht, regelmäßig findest du Übergänge auf die Wiesen.

105

So viele Objekte haben in der Altstadt von 7 / Thorn den Status eines Rijksmonuments. Die Franzosen führten Ende des 18. Jahrhunderts eine Fenstersteuer ein, die armen Bewohner der Stadt verkleinerten die Fenster und übertünschten die unterschiedlichen Steine weiß.

Ab ins Wasser!

Wir nutzen die Unterführung unter der N280 hindurch und erreichen etwa 500 m weiter das 9 / PalmBeach Strandbad (kostenpflichtig, tgl. 10–20 Uhr, De Weerd 200, 6041 TL Roermond, NL). Wenn du die Gelegenheit noch nicht genutzt hast: Hier am Maassee „De Weerd" kannst du dich zum Abschluss der Etappe noch einmal abkühlen. Wasserpark, Strandbar, Schirme und Liegen, hier bekommst du alles. Wir umfahren den Maassee weiter bis zum KP 94, radeln von hier weiter Richtung KP 83 und überqueren die Maas Richtung Roermond. Von der Brücke aus siehst du wun-

< links / Kommt an heißen Tagen wie gerufen – der Badestrand De Steenberg ^ oben / Hübsche weiße Häuser zieren „Het witte Stadje" Thorn

derbar die Mündung der Rur in die Maas. Am KP 83 überqueren wir die Straße und fahren links Richtung Horn. Wir erreichen die Hauptstraße von Roermond, fahren rechts und durch die Unterführung sofort wieder rechts am Stadskantor entlang, biegen rechts Richtung Radwegweiser Designer-Outlet ab und erreichen kurz darauf den Eingang zum Shoppingparadies 10 / Designer-Outlet Roermond (Mo–Fr 10–20, Sa–So 9–21 Uhr, Stadsweide 2, 6041 TD Roermond, NL). Hier in 11 / Roermond, früher Hansestadt, heute Bischofssitz und vor allem Shoppingstadt, wollen wir heute übernachten und uns die denkmalgeschützte Altstadt ansehen.

STADT MIT FLAIR

11 / Roermond bietet mit Rur und Maas ein wunderbares Flair, und du kannst alte Gebäude wie die Münsterkirche aus dem 13. Jahrhundert entdecken.

TAG 2
Rückfahrt nach Maasmechelen

Die Rückfahrt beginnt wieder am 10 / Designer-Outlet Roermond. Wir fahren auf die Straße Maashaven, umfahren das Stadskantor

---

⮝ oben / Die Rur mündet in Roermond in die Maas ➤ rechts / Designer-Outlet Roermond – shopping all day long

und halten uns kurz vor dem Roerhaven Richtung KP 64 Herten. Entlang der Gastronomiezeile der Roerkade begleiten wir das letzte Stück der Rur vor ihrer Mündung in die Maas. Wir biegen am KP 64 rechts Richtung KP 82 über die Stenen Brug ab und befinden uns auf einem Stück des RurUfer-Radwegs. Wir begleiten zunächst die Rur und bald darauf die Maas, bis wir KP 82 erreichen und schräg rechts den RurUfer-Radweg Richtung KP 92 verlassen. Wir passieren den Ort Ool und biegen an KP 92 rechts Richtung KP 93 ab, um die Maas mit der Fahrradfähre „Biej Ool Euver" für 2 € inklusive Rad zu überqueren (nur bei gutem Wetter: Juli–Aug.: Mo–Do 11–17, Fr–So 11–18.30 Uhr; Mai, Juni, Sept.: Mi–Fr 11–17, Sa–So 11–18 Uhr; Apr.: Fr 11–17, Sa–So 11–18 Uhr; Okt.: Fr–So 11–17 Uhr). Alternative: Es ist kein Fährbetrieb? Dann fährst du einfach über KP 36 und 37 und kommst auch so auf die weitere Route. Aber Hand aufs Herz – eine Fährfahrt gehört auf einer Tour entlang der Maas einfach dazu!

TOUR, DIE DU SO NIE GEMACHT HÄTTEST

Maaslandschaften

Wir folgen KP 93, passieren eine Schranke und bewegen uns auf den Maasplassen Zuidplas & Smalbroek. Das Wasser der Maas begleitet uns auf allen Seiten, es ist wunderbar,

46.700 km²

363 Tage im Jahr ist das 10 / Designer-Outlet Roermond geöffnet. Es ist mit circa 200 Shops auf 46.700 km² das größte Factory-Outlet-Center Nordeuropas und bietet dir Shopping unlimited.

SPANIER

Das 12 / Festungswerk Stevensweert wurde 1633 auf einer Insel zwischen zwei Maasarmen von den Spaniern während des 80-jährigen Krieges gegründet.

TOUR, DIE DU SO NIE GEMACHT HÄTTEST

entlang der Maasplasse zu rollen. Wir radeln hier ein kurzes Stück unseres Hinwegs, halten uns an KP 93 Richtung KP 84, erreichen Osen und biegen links über KP 84 und die Schleuse Linne auf die Maasroute Richtung KP 36 ab. Wir überqueren ein Wasserkraftwerk über eine Brücke und halten uns etwa 900 m Richtung KP 36, bis wir ihm nicht nach links auf der Maasroute, sondern der Straße in einer leichten Rechtskurve folgen. Etwa 300 m weiter biegen wir rechts in den Karkolkweg und befinden uns wieder auf der Maasroute, nun in Richtung KP 37. Wir umfahren das Gaskraftwerk Claus und biegen am KP 37 links ab Richtung KP 11 und von diesem rechts durch die Stadt Maasbracht bis zum KP 10. Falls du eine Pause einlegen möchtest, fährst du von hier ein Stück rechts entlang Maasbrachts Uferpromenade mit zahlreichen Einkehrmöglichkeiten. Vom KP 10 halten wir uns Richtung KP 39, wo wir den Julianakanaal über eine Brücke Richtung KP 1 überqueren. Ungefähr 2 Kilometer weiter überqueren wir rechts die Oude Maas. Wir fahren im Kreisverkehr geradeaus, passieren

Porta Isola und erreichen das 12 / Festungswerk Stevensweert, eine zur Festung ausgebaute kleine Stadt mit einer hübschen Wasserlandschaft aus Festungsgräben.

37 m

Mit dieser Höhe ist die 300 Jahre alte 13 / Hompesche Molen mit ihren 6 Etagen die höchste Getreidemühle Limburgs. Den schönsten Blick auf sie bekommst du vom benachbarten Hügel an der Maas. Probier unbedingt das Boere Ijs, das Bauern-Eis, der Brasserie!

Bilderbuchmühle

Wir erreichen die höchste Getreidemühle Limburgs, die 13 / Hompesche Molen, mit ihrer wunderschönen Außengastronomie und einem tollen Naturspielplatz für Kinder (Sa–So 10–18 Uhr, Molendijk 6, 6107 AA Stevensweert, NL). Kurz darauf durchfahren wir den Ort Ohé en Laak. Vorbei an der hübschen St. Annakapel setzen wir unseren Weg über KP 1 fort und radeln am Hafengebiet entlang Richtung KP 3, an dem wir scharf rechts Richtung KP 13 abbiegen. Wir durchfahren Roosteren und überqueren am KP 13 die Straße auf der Maasroute Richtung KP 19. So erreichen wir Grevenbicht und setzen die Tour über KP 27 fort Richtung KP 50, um mit der Fähre „Hoal euver II" (ganzjährig 7–21.30 Uhr, 16. Juni–15. Sept. bis 23 Uhr) von Berg a.d. Maas in den Niederlanden nach Meeswijk in Belgien überzusetzen und KP 50 zu erreichen. Alternative

< links / Schleusen gehören zu einer Tour in den Niederlanden dazu
^ oben / Niederlande und Windmühlen sind untrennbar verbunden – hier die Hompesche Molen

KM 109

Mehr als 100 Shops, Restaurants und kostenloses Parken. Das Shoppingdorf 14 / Maasmechelen Village wirkt einladend und weitläufig. Fahrräder sind, wie auch im Designer-Outlet Roermond, nicht erlaubt. Parke dein Fahrrad auf den Fahrradstellplätzen oder noch besser: Lass dein Gepäck in Auto oder Unterkunft.

zur Fähre: Die Fähre hat geschlossen? Dann kannst du stattdessen zum KP 19 zurückfahren und dort mit der Fahrradfähre 't Veerke (Juni–Aug. tgl. 10–20 Uhr, Mai u. Sept. tgl. 10–19 Uhr; Apr. u. Okt. an Wochenenden 10–18 Uhr; bei Hochwasser geschlossen) von Grevenbicht (NL) nach Rotem (BE) zum KP 46 übersetzen und von dort über KP 49 zu KP 50 fahren.

Am Kanal nach Maasmechelen

Von KP 50 setzen wir die Tour an der Maas entlang fort zum KP 56. Dabei biegen wir nicht nach etwa 400 m auf den Weg über Meeswijk ab, sondern bleiben auf der Maasroute, die uns ebenfalls zu KP 56 führt. Wir folgen rechts Richtung KP 55 dem schnurgeraden Kanal unter einigen Brücken entlang, biegen von KP 55 Richtung KP 60 ab und überqueren den Kanal Zuid Willemsvaart, um abschließend nach ungefähr 2 km den Kreisverkehr vor dem Hotel Terhills in Maasmechelen zu erreichen. Auf der Terrasse der rechts gelegenen Brasserie De Karbonkel (tgl. 12–23 Uhr, Zetellaan 72, 3630 Maasmechelen, BE) kannst du den Tourabschluss feiern, denn nur 100 m weiter bist du am Ziel, dem 1 / Parkplatz Maasmechelen, angelangt. Direkt gegenüber liegt das 14 / Maasmechelen Village (tgl. 10–19 Uhr, Zetellaan 100, 3630 Maasmechelen, BE) – nun darfst du ganz entspannt shoppen gehen!

NATIONALPARK HOGE KEMPEN

Verlängere dein Wochenende: Maasmechelen hat mit dem Nationalpark Hoge Kempen viel zu bieten. So kannst du die Tour herrlich ausklingen lassen.

TOUR, DIE DU SO NIE GEMACHT HÄTTEST

TOURENINFO / Flache Tour, beste Radwege. Für Familien mit Anhänger geeignet. Badesachen nicht vergessen!
Übernachtung Roermond: weareroermond.com/de/Kategorien/ubernachten
Maasmechelen (bei Verlängerung oder Start in Roermond): visitmaasmechelen.com/de/ubernachten
E-Bike-Ladestelle: 2 / Fietscafe Brug 36 8 x Schuko

‹ links / Maasmechelen Village – entspanntes Einkaufswunderland
‹ links / Terhills – das Tor zum Nationalpark Hoge Kempen

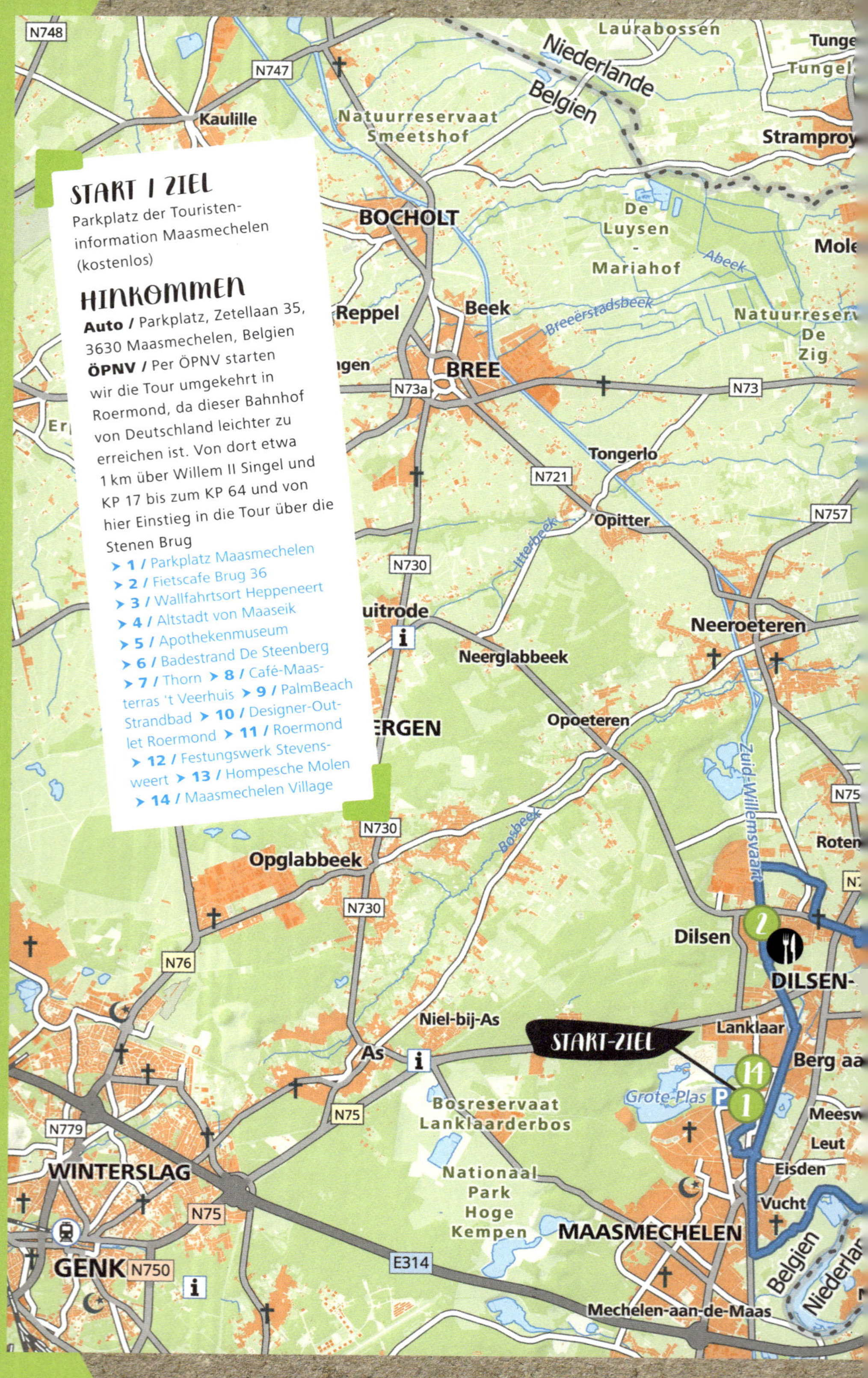

START / ZIEL

Parkplatz der Touristeninformation Maasmechelen (kostenlos)

HINKOMMEN

Auto / Parkplatz, Zetellaan 35, 3630 Maasmechelen, Belgien
ÖPNV / Per ÖPNV starten wir die Tour umgekehrt in Roermond, da dieser Bahnhof von Deutschland leichter zu erreichen ist. Von dort etwa 1 km über Willem II Singel und KP 17 bis zum KP 64 und von hier Einstieg in die Tour über die Stenen Brug

➤ **1** / Parkplatz Maasmechelen
➤ **2** / Fietscafe Brug 36
➤ **3** / Wallfahrtsort Heppeneert
➤ **4** / Altstadt von Maaseik
➤ **5** / Apothekenmuseum
➤ **6** / Badestrand De Steenberg
➤ **7** / Thorn ➤ **8** / Café-Maasterras 't Veerhuis ➤ **9** / PalmBeach Strandbad ➤ **10** / Designer-Outlet Roermond ➤ **11** / Roermond ➤ **12** / Festungswerk Stevensweert ➤ **13** / Hompesche Molen ➤ **14** / Maasmechelen Village

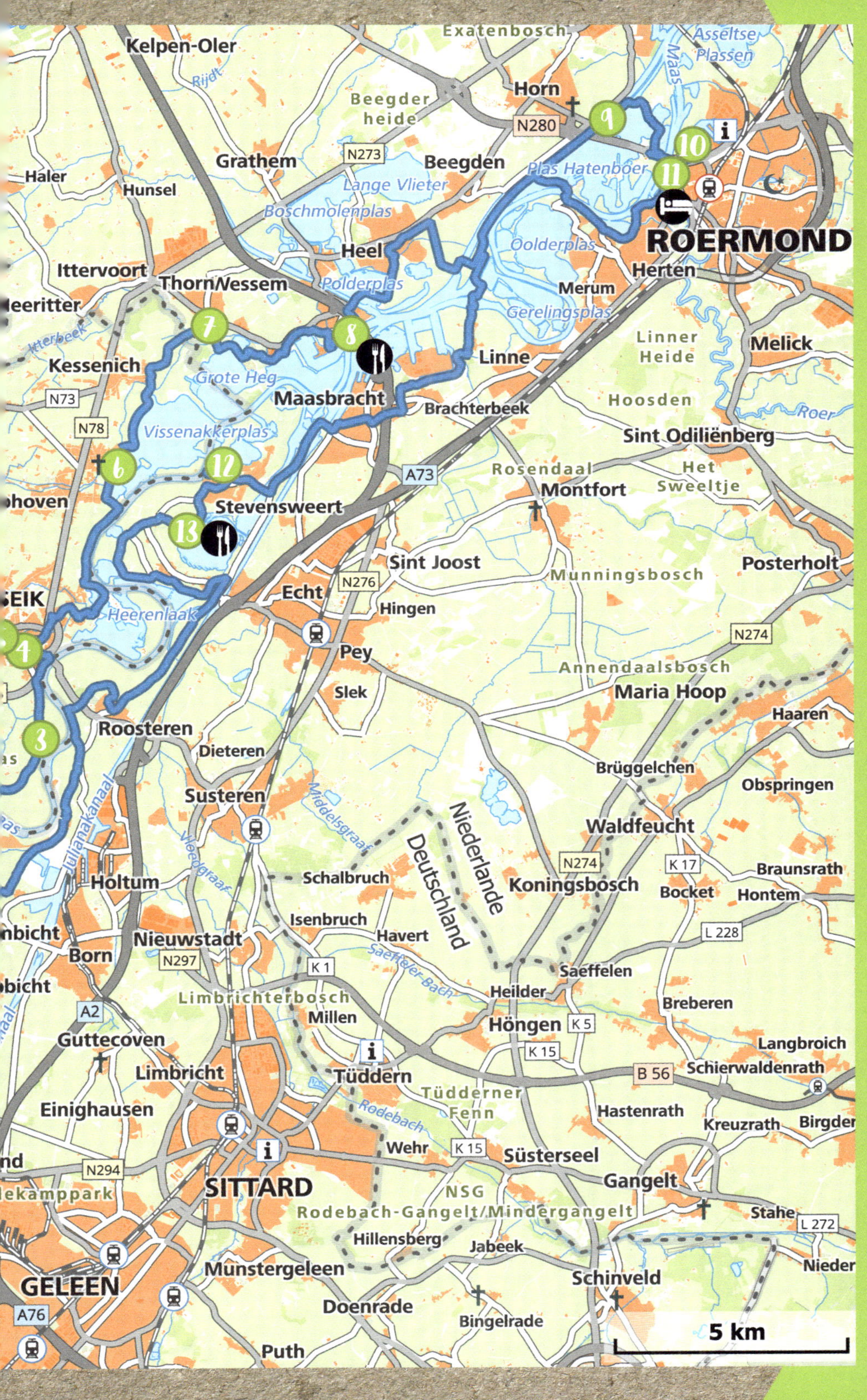

Kelpen-Oler
Exatenbosch
Asseltse Plassen
Maas
Horn
Beegder heide
N280
Grathem
N273
Beegden
Haler
Hunsel
Lange Vlieter
Plas Hatenboer
Boschmolenplas
ROERMOND
Heel
Oolderplas
Ittervoort
Thorn/Wessem
Polderplas
Herten
Merum
Gerelingsplas
Linne
Linner Heide
Melick
Kessenich
Grote Heg
Maasbracht
N73
Brachterbeek
Hoosden
Roer
N78
Vissenakkerplas
Sint Odiliënberg
A73
Rosendaal
Het Sweeltje
Montfort
Stevensweert
Sint Joost
Posterholt
Munningsbosch
N276
Echt
Hingen
Heerenlaak
N274
Pey
Annendaalsbosch
Maria Hoop
Slek
Haaren
Roosteren
Dieteren
Brüggelchen
Obspringen
Susteren
Waldfeucht
Julianakanaal
Vloedgraaf
Middelsgraaf
Niederlande
Deutschland
N274
K 17
Braunsrath
Schalbruch
Koningsbosch
Bocket
Hontem
Holtum
Isenbruch
L 228
Havert
Nieuwstadt
Born
N297
K 1
Saeffeler-Bach
Saeffelen
Heilder
Breberen
Limbrichterbosch
Millen
Höngen
K 5
A2
K 15
Langbroich
Guttecoven
Schierwaldenrath
Limbricht
Tüddern
B 56
Tüdderner Fenn
Rodebach
Einighausen
Hastenrath
Kreuzrath
Birgden
Wehr
K 15
Süsterseel
N294
Gangelt
SITTARD
NSG
Rodebach-Gangelt/Mindergangelt
Stahe
L 272
Hillensberg
Jabeek
Nieder
GELEEN
Munstergeleen
Schinveld
A76
Doenrade
Bingelrade
5 km
Puth

BYE-BYE INS WOCHENENDE!
Am Horizont wartet die Erholung, wenn wir ins Wochenende radeln – oder wie hier Burg Nideggen der Tour 20.

AUFGESATTELT!

DREILÄNDERCK- UND RADBASICS

RADVERGNÜGEN

im Dreiländereck Aachen

Vor einigen Jahren noch recht stiefmütterlich behandelt, entwickelt sich die Radkultur in der Region rund um die Städteregion Aachen, Düren und die angrenzenden Regionen sehr positiv. Dazu tragen Stadtradeln, die Entdeckung touristischer Qualitäten und der E-Bike-Boom bei.

FAHRRADKULTUR & -VERLEIH

Der Zustand der Radwege in der Region ist meist gut – und manchmal hervorragend, wie auf dem Vennbahn-Radweg. Auch der RurUfer-Radweg bietet, obwohl nur selten asphaltiert, insgesamt eine überzeugende Oberflächenqualität. Oft sind gut in Schuss gehaltene nicht asphaltierte Wege besser fahrbar als Jahrzehnte alte vom Frost arg gebeutelte Asphaltwege. Innerhalb der Städte sind die Wege meist besser als auf dem Land, in Aachen gibt es mittlerweile sogar tolle Fahrradstraßen. Fahrräder inklusive Helm kannst du in beinahe jeder Stadt leihen. Insbesondere das Angebot an E-Bikes nimmt stark zu, auch das städtische meist kostenfreie Angebot zum Lastenräderverleih ist im Kommen.

ANREISE MIT BUS & BAHN

Die Züge der Deutschen Bahn fahren mit Fahrradabteilen Aachen und Düren an. Andere Städte der Region sind durch Regionalbahnen angebunden und bieten ebenfalls Fahrradtransport an. Beinahe alle größeren Städte sind erreichbar, u.a. Alsdorf, Eschweiler, Jülich, Stolberg und Heinsberg. Überregionale Ziele wie Roermond und Lüttich erreichst du vom DB Hauptbahnhof Aachen aus. Waggons mit Fahrradtransport sind mit einem Fahrradsymbol gekenn-

ALLES RUND UMS FAHRRAD-FAHREN IM DREILÄNDERECK

zeichnet, fürs Fahrrad muss ein extra Ticket gekauft werden. Busse sind im Allgemeinen nicht zu empfehlen, da ein Transport Montag bis Samstag erst zu späten Tageszeiten und nur mit maximal 1–2 Fahrrädern unter Vorrang von Kinderwagen und Rollstuhlfahrern möglich ist. Eine Ausnahme ist der Fahrradbus, der sonntags mit Fahrradanhänger in die Eifel fährt (www.avv.de/rad).

HÖHENPROFIL UND TOURDAUER

Flach bis hügelig – die Region hat für jeden das richtige Profil. Schließlich bist du bei Roermond gerade einmal auf einer Höhe von unter 20 Metern, während du dich im Hohen Venn auf über 600 m Höhe bewegst. So findest du auch in diesem Band Tagestouren zwischen etwa 100 bis über 300 Höhenmeter. Die angegebene Tourdauer berechnet sich mit einer gemütlich fahrbaren Durchschnittsgeschwindigkeit von meist 15–16 km/h.

REGELN

Es gelten die Regeln der Straßenverkehrsordnung, Fahrräder müssen verkehrstauglich sein. Eine Helmpflicht besteht weder in Deutschland noch in den Niederlanden und Belgien. Aber mal ganz ehrlich: Was nützt dir die hübsche Frisur, wenn du ohne Helm auf der Bordsteinkante aufschlägst?

ORIENTIERUNG

In allen Bereichen der Region wird das NRW-einheitliche System der Radwegweiser mit roter Be-

schriftung und Umrandung auf weißem Grund in Kombination mit einem Knotenpunktsystem benutzt. Dabei wird an Knotenpunkten die Richtung mit Angabe von nächstem Knotenpunkt, Zielort und Entfernung angezeigt. Bei Richtungswechseln informieren quadratische Zwischenschilder mit rotem Pfeil. Länderübergreifend ist das System auch in der deutschsprachigen Gemeinschaft Belgien und der niederländischen Provinz Süd-Limburg installiert.

Für E-Biker

Wann immer ich Lademöglichkeiten für E-Bikes gefunden habe, findest du sie unter den Toureninfos. Doch ich habe unterwegs nur ganz wenige E-Biker laden sehen. Denn Hand aufs Herz: Bei üblichen Reichweiten von ca. 60–120 Kilometern sind die meisten Touren mit vollem Akku abgedeckt, so auch die Touren dieses Guides. Es hilft natürlich, wenn du dein E-Bike kennst und weißt, wie du die Reichweite beeinflussen kannst. Wer bergauf nur Full Power fährt, dessen Reichweite schmilzt wie der Schnee im Sommer.

Raus mit Kind & Kegel

Viele der Touren eignen sich auch für Kinder. Für selbstfahrende Kinder kannst du am besten selber einschätzen, ob die Streckenlänge für sie individuell fahrbar ist. Überfordere lieber nicht und fahre stattdessen erstmal ein Teilstück, insbesondere falls Höhenmeter dazukommen. Für Kinderanhänger hingegen liegt es mehr an der Kondition der Mama-Papa-Zugmaschine – oder der Größe des E-Bike-Akkus. Die grundsätzliche Fahrbarkeit findest du unter den Toureninfos.

FACTS
DREILÄNDERECK AACHEN

666 km

länderübergreifende Radrouten in der Region

Vennbahn, RurUfer-Radweg (beide 4-Sterne-ADFC-Routen), Grünroute (3-Sterne-ADFC Route)

322 m

Der Dreiländerpunkt, wo Niederlande, Belgien und Deutschland aufeinandertreffen, liegt am Vaalserberg, dem höchsten Berg der Niederlande

5 VON 6

deutschen Exklaven bildet der Vennbahnweg, indem er als belgisches Territorium deutsche Bereiche abtrennt

4.800 km²

So groß ist das Gebiet, das dieser Radführer mit seinen Touren abdeckt

787

Einwohner je km²

Bevölkerungsdichte der Städteregion Aachen

Kreis Düren: 282 Einwohner je km²

622 m

höchster Punkt im abgedeckten Gebiet im belgischen Brackvenn

niedrigste Stelle: 16 m bei Roermond

400 m

tiefste künstliche Senke in Nordrhein-Westfalen: im Tagebau Hambach – auch von der internationalen Raumstation, ISS, zu erkennen

4.380 ha

= 6000 Fußballfelder

Fläche des größten Tagebaus Deutschlands, dem Tagebau Hambach

220 m

Länge der Schaufelradbagger in den Tagebauen, die größten selbstfahrenden Arbeitsmaschinen der Welt. Sie wiegen 13.500 t und sind 96 m hoch.

700 hm

Höhendifferenz zwischen der höchsten (Abraumberg Sophienhöhe) und tiefsten Stelle des Tagebaus Hambach

RAUSZEIT-HIGHLIGHTS

FÜR KINDER

Energie erleben
Im 10 / Museum Energeticon erleben nicht nur Kinder die Energieformen von gestern, heute und morgen hautnah.
Tour 3 // Seite 30

Spielspaß am Berg
Im 12 / Speeltuin Kitskenberg gibt's typisch niederländischen Spielspaß mit Trampolin, Riesenrutsche und tollen Spielgeräten.
Tour 10 // Seite 91

Outdoor-Spielplatz de luxe
Nicht so schnell langweilig wird's Kindern auf dem Spielplatz der 9 / Gitstapper Mühle mit Treppenhubschraubern, Trampolinen und vielen Klettergeräten.
Tour 11 // Seite 99

Badespaß pur
Ein wahres Vergnügen ist Baden im 10 / Naturfreibad am Rurseezentrum mit Flachwasserzone für Kinder im glasklaren Wasser des Rursees.
Tour 16 // Seite 151

FÜR E-BIKER

Picknick und Braukunst
Am 9 / Restaurant Bolten Landwirtschaft (Foto) bringst du einfach dein eigenes Picknick mit und trinkst Selbstgebrautes, während dein Akku am Strom hängt.
Tour 1 // Seite 14

Glaskunst
Während dein E-Bike an der Ladestation am 4 / Glasmalerei-Museum Linnich auflädt, bewunderst du drinnen die Glasmalereien.
Tour 2 // Seite 18

Kultur, Schlemmen, Laden
Erst das Energeticon besuchen, dann im 9 / Restaurant Eduard im gleichen Haus schlemmen und gleichzeitig dein Bike laden.
Tour 3 // Seite 29

Sundowner
Genieß Strand und Kulinarik am 9 / Lago Laprello, während dein Akku in den Ladeschränken am Bootshaus lädt.
Tour 12 // Seite 110

Top für jede Lust und Laune: Kleine und große Abenteuer, die besten Einkehrtipps und entspanntesten Pausenplätze

FÜR SCHLEMMER

Frühstück all day long

Das grandioseste Frühstück der Region findest du im 4 / Ambientehof mit toller Hofatmosphäre und Willkommensgefühl-Faktor.

Tour 1 // Seite 12

Best of Hausmannskost

Wie bei Oma schmeckt's im 6 / Restaurant Timmermanns, gemütlich draußen im Fachwerkhof oder drinnen in der urigen Stube.

Tour 11 // Seite 96

Frisch Gezapftes und leckeres Deftiges

Das gibt's bei Brauhausatmosphäre im 10 / Gaffel Häusgen Hambach, das du unerwartet mitten im kleinen Ort Hambach findest.

Tour 18 // Seite 173

Waffelfreak

Nix geht über Brüsseler Waffeln. Besonders bei Une Gaufrette Saperlipopette in 5 / Lüttich sind sie ganz großes Kino.

Tour 19 // Seite 186

FÜR RUHESUCHENDE

Laut und ruhig

Laut rauscht die Rur das 5 / Linnicher Rurwehr hinab – und doch ist es beruhigend, dem strömenden Wasser zuzuschauen.

Tour 2 // Seite 20

Andere Welt

Auf der Sophienhöhe bist du meist alleine mit der Natur, der 5 / Lebensbaumkreis ist ein besonders schöner Ort zum Innehalten.

Tour 5 // Seite 44

Ruhe am Rursee

Genau der richtige Ort für Ruhesuchende ist das kleine 6 / Woffelsbach am Rursee, das nicht ganz so überlaufen ist wie viele andere Eifelorte.

Tour 16 // Seite 149

Die Stille hören

Stille um die Ohren, Moor um dich herum, Natur pur – das ist das 10 / Hohe Venn. Du kannst nicht anders, als anzuhalten, um die Stille und Ruhe zu genießen.

Tour 17 // Seite 162

DAS KRIEGST DU NICHT ALLE TAGE

TOUR 10

Blütezeit Heide
September
Seite 90

NATIONALP
DE MEINWE

Effelder Spargelfest
Christi Himmelfahrt
Seite 100

TOUR 11

TOUR 12

Selfkantbahn von Gillrath nach Schierwaldenrath
historische Schmalspurbahn, Sa, So mehrmals tgl., Dampflok meist nur So
Seite 108

GILLR

TEVERENER H

Blütezeit Heide
Mitte August bis Mitte September
Seite 116

TOUR 13

PLOMBIÈRES

Blütezeit Galmeiveilchen
Blütezeit April bis September
Seite 190

TOUR 19

TOUR 19

La Batte
Größter und ältester Wochenmarkt Belgiens, jeden Sonntag
Seite 185

LÜTTICH

ann am besten wohin? Alle Events und zeitlich grenzten Highlights der Touren findest du in der Karte.

Blütenmeer des Blauen Hasenglöckchens bei Barmen
2 Wochen Ende April–Mai
Seite 21
UR 2

TOUR 5
Graureiherkolonie Sophienhöhe
Brutzeit April bis Juni
Seite 45

IEN SOPHIENHÖHE

JÜLICH

Epochenfest Brückenkopfpark in Jülich
Geschichte hautnah an Pfingsten
Seite 17
TOUR 2

Weinsommer Jülich
4 Tage Mitte Juli
Seite 22
TOUR 2

ELI-
TER

Historischer Jahrmarkt in Kornelimünster
Fronleichnam
Seite 139
TOUR 15

URBERG

ursee in Flammen
ehrtägiges Volksfest mit euerwerk im Juli
eite 150
JR 16

WEITERE EVENTS

Karnevalsumzug Eschweiler Drittgrößter Karnevalsumzug Deutschlands, Rosenmontag

Öcher Osterbend Kirmes mit Abschlussfeuerwerk in Aachen, 1 Woche um Ostern

Narzissenblüte im Perlenbachtal bei Monschau, April

Turmfest Rheydt Familienfest in Mönchengladbach-Rheydt, 3 Tage Ende Juni

Annakirmes Düren 1 Woche Ende Juli bis Anfang August

Les Fêtes du 15. août Lütticher Volksfest, 15. August

Schlemmermarkt Rhein.Maas in Wassenberg, August

Weinsommer Aachen Ende August

Öcher Sommerbend Kirmes mit Abschlussfeuerwerk in Aachen, 2 Wochen Ende August

Kunsthandwerkerinnenmarkt in Jülich, 2 Tage im September

Herbstlichter im Jülich Brückenkopfpark, 3 Wochen im Oktober

PACKLISTE

GRUNDAUSSTATTUNG

- Fahrradhelm
- Radkleidung
- Radhandschuhe
- Radbrille
- Trinkflasche
- Fahrradschloss
- Handy
- Karte/Navigationsgerät
- Fahrradlicht, Ersatzakku/-batterie
- Erste-Hilfe-Set

TAGESTOUR

- Regenkleidung
- Wechselkleidung
- Reparaturset: Ersatzschlauch, Werkzeu
- Luftpumpe
- Packtaschen klein
- Verpflegung: Snacks, genügend Wasser
- evtl. wasserdichte Handyhülle

BIKEAWAYTOUR

- Zahnbürste
- Waschbeutel
- Packtaschen groß
- evtl. Zelt
- evtl. Schlafsack
- evtl. Kompass
- Handyladegerät

REISE-APOTHEKE

Pflaster & Blasenpflaster, Mückenschutz, Sonnenschutz, Zeckenkarte

RADCHECK

findest du auf der nächsten Seite

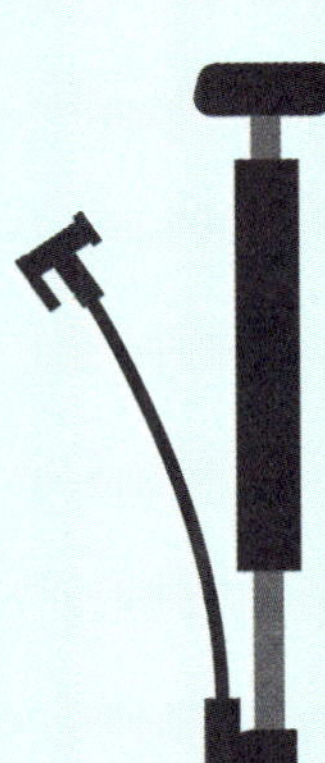

RADCHECK

AM BESTEN
nimmst du dein Fahrrad vor jeder Tour unter die Lupe, zumindest aber beim Frühjahrsputz. Darüber hinaus ist ein regelmäßiger Service beim Profis zu empfehlen.

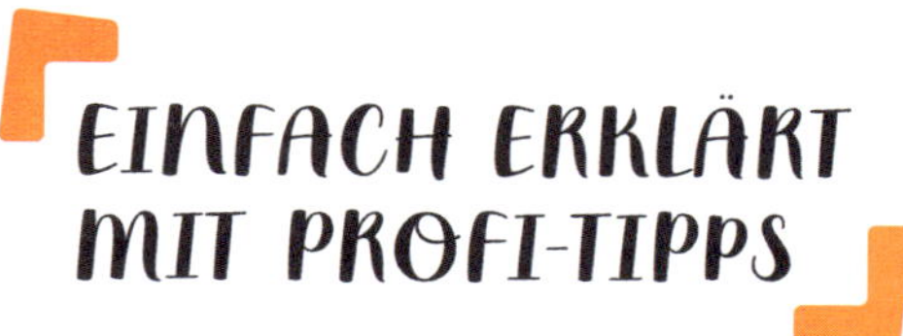

Picobello: Reinigung des Fahrrads

Ein sauberes Fahrrad lebt länger und dir fallen beim Putzen Defekte auf. Daher ran an den Schwamm und die milde Seife oder den Fahrradreiniger und losgelegt! Wenn das Fahrrad getrocknet ist, mit einem sauberen Lappen Wasserränder wegpolieren. Handarbeit ist angesagt – ein Hochdruckreiniger ist tabu, da er auch Fett und Öl entfernt und Wasser in empfindliche Teile eindringen kann.

Tipp: Für verwinkelte Teile ist eine alte Zahnbürste praktisch.

Pralle Geschichte: Die Reifen

Um grob den Reifendruck zu überprüfen, mach die Daumenprobe: Lässt sich der Reifen mehr als 1 cm eindrücken, musst du pumpen. Angaben zu Mindest- und Maximaldruck findest du auf der Reifenflanke. Für wenig Rollwiderstand auf befestigten Straßen orientiere dich an der oberen Grenze, wenn du auf unbefestigen Wegen unterwegs bist, an der unteren. Je schmaler der Reifen und je höher das Gesamtgewicht, desto mehr Luftdruck ist nötig. Am einfachsten lassen sich die Reifen mit einer Standpumpe mit Druckmesser aufpumpen.

Tipp: Fahrradgeschäfte bieten machmal vor Ort gratis Pumpen zum Selbermessen und -aufpumpen an.

Nimm auch das Reifenprofil unter die Lupe: Entferne eventuelle Steinchen oder Scherben und halte nach Rissen oder Schnitten Ausschau. Wenn das Profil zu brüchig oder stark abgefahren ist, brauchst du einen neuen Mantel.

Läuft wie geschmiert: Kette reinigen und ölen

Fürs Reinigen zuerst mit einem trockenen Tuch Kette von altem Fett und Schmutz befreien, indem du am Pedal drehst und so die Kette durch das Tuch ziehst. Den feinen Zwischenräumen kannst du wieder mit der Zahnbürste zu Leibe rücken. Danach Kettenöl, am besten biologisch abbaubares, auftragen, indem du es hinten auf die Kette träufelst, während du sie mit dem Pedal durchdrehst. Kurz einwirken lassen, dann mit einem Lappen das überschüssige Öl von der Kette abziehen.

Tipp: Hast du eine Kettenschaltung, schalte einmal alle Gänge durch, damit sich das Öl auf allen Zahnrädern verteilt.

Eine gut geölte Kette und der richtige Reifendruck machen außerdem ein E-Bike leichtgängiger, was die Akku-Reichweite erhöht.

Schraube locker?

Prüfe regelmäßig die Schraubverbindungen der Steuerung (Lenker, Vorbau und Steuersatz), Laufräder, Pedale, Sattelklemmen und Anbauteile wie Schutzbleche und Gepäckträger.

Tipp: Legst du selbst Hand an, ist ein Drehmomentschlüssel am besten, damit du die Schrauben entsprechend den Drehmomentangaben für dein Fahrrad nachziehen kannst.

Nichts kann dich stoppen, außer: die Bremsen

Prüfe, ob vordere und hintere Bremse einen gleichmäßig starken Druckpunkt haben. Öffne und schließe die Bremsen auch im Stand. Wenn bei hydraulischen Bremsen mehrmaliges Pumpen für einen soliden Druckpunkt erforderlich ist oder sich der Hebel bis zum Lenker durchziehen lässt, muss das System entlüftet werden. Wenn bei mechanischen Felgenbremsen die Bremsarme nicht gleichmäßig arbeiten, einstellen (lassen). Sind die Verschleißindikatoren auf den Bremsbelägen, kleine Rillen im Gummi, verschwunden, müssen die Beläge getauscht werden. Den Verschleiß von Scheibenbremsen kannst du bei relativ neuen Belägen mit einer Taschenlampe von oben durch den Schlitz im Sattel prüfen. Bei älteren und dünneren Belägen müssen die Räder zur Sichtprüfung ausgebaut werden.

Tipp: Gegen Verschmutzung und Korrosion der Bremszüge bei mechanischen Bremsen hilft ein Spritzer Teflonspray in die Enden der Außenhüllen. So gleiten die Kabel besser in ihrer Hülle.

Damit dir ein Licht aufgeht: die Beleuchtung

Weil's am Abend auch schon mal später werden kann und du auch am Rückweg sichtbar sein möchtest: Sind Lichter und Reflektoren vorhanden und funktionieren sie?

Für alle mit extra Antriebskraft: Akku & Motor

Bei längerer Nichtnutzung, zum Beispiel in der Winterpause, achte darauf, dass sich der Akku nie tiefenentlädt. Korrosionsspuren bei den Steckverbindungen mit einem speziellen Kontaktspray entfernen. Fallen dir Schäden am Motorgehäuse auf, am besten schnell in eine Fachwerkstatt.

Los geht's!

© KOMPASS-Karten GmbH
Karl-Kapferer-Straße 5
A-6020 Innsbruck
www.kompass.de

1. Auflage 2022 (22.01)
Verlagsnummer 3808
ISBN 978-3-99121-415-1

Text und Fotos (soweit nicht anders angegeben): Bernd Schadowski / Radreiseglück

Titelfoto: Kathedrale in Aachen (Adobe: @ Andreas Basler – stock.adobe.com)
Fotos: Adobe: © jessicahyde – stock.adobe.com (Graspapier-Hintergrund, div. Seiten), © KimWillems – stock.adobe.com (117), © Monika Wisniewska – stock.adobe.com (237), © Sina Ettmer – stock.adobe.com (159); mauritius images: © Christophe Ketels/Alamy (187)

Gestaltung / Illustration – Composing / Agenten und Freunde Iris Streck München
Illustrationen: © stock.adobe.com: © val_iva; mtmmarek, © Azar, © askaja; creativmarket: © amber&ink; © NassyArt
Illustrierte Karten und zugehörige Miniaturen, wenn nicht anders angegeben / Agenten und Freunde Martina Dobrindt München

Miniaturen auf Karten: Designed by Freepik: © starline (Welle unter Staudamm); Adobe: © mtmmarek – stock.adobe.com (Weinrebe), © askaja – stock.adobe.com (Tagebau Hambach), © Azar – stock.adobe.com (Viadukt)

Grafische Herstellung: KOMPASS-Karten

Karten: © KOMPASS-Karten GmbH unter Verwendung OpenStreetMap Contributors (www.openstreetmap.org)

Erzähl uns von deinen Abenteuern auf Instagram und Facebook mit: #folgedeinemKOMPASS

BIKE-BUCKETLIST DREILÄNDERECK AACHEN

ENJOY THE SILENCE

In aller Ruhe umfährst du den idyllischen Rursee und hältst nur für zweierlei an: Gaumenfreuden und Badespaß, zum Beispiel an der Badebucht Woffelsbach.

Tour 16 // Seite 145

RADFAHREN AUF GLEISEN

Steige von deinem edlen Ross einfach mal auf die Gleise um und fahre mit Familie oder Freunden mit einer Fahrrad-Draisine von Railbikes Hohes Venn von Leykaul nach Sourbrodt.

Tour 17 // Seite 157

GIGANTISCHE MASCHINEN

Erradle Deutschlands größten Tagebau Hambach und wirf einen Blick vom Aussichtspunkt Terra Nova 1 auf die größten selbstfahrenden Bagger der Welt.

Seite 167

SHOPPING DE LUXE

Für Shopping-Freuden radle vom Maasmechelen Village zu Roermonds Designer-Outlet und genieße zwei Tage den wunderbaren Radweg entlang der Maas!

Tour 21 // Seite 209

WERWOLF-SPUREN

Fahre ein Stück auf den Spuren des bekanntesten Werwolfprozesses Europas durch Kaster und Umgebung. Aber Vorsicht vor den dunklen Schatten!

Tour 9 // Seite 73

IN DEUTSCHLAND IN BELGIEN

Die leckersten Waffeln weit und breit isst du bei der Kaffeefee in Deutschland in Belgien. Wie das? Das kleine Kaffee liegt als belgische Exklave auf dem Vennbahnweg in Roetgen.

Tour 20 // Seite 195